日本語の文法1
　文の骨格

日本語の文法 1

【仁田義雄・益岡隆志 編集】

文の骨格

仁田 義雄
村木新次郎 [著]
柴谷 方良
矢澤 真人

岩波書店

第1章　仁田義雄
第2章　村木新次郎
第3章　柴谷方良
第4章　矢澤真人

〈日本語の文法〉へのいざない

文法とは何か

　私たちは，外的世界や内的世界との関わりの中で，言語を利用することによって，考えや感じを明確にしたり，また，考えたことや感じたことや意志や要求などを相手に伝えたりしている．このような活動を言語活動という．私たちの言語活動の所産が，たとえば，「あれっ？」や「おーい！」といった一語文的存在から，「ここに置いてあった僕の本，どこに行ったんだろう．」「山田君，こちらへ来てくれ！」に発展したとき，下位的構成要素・構成材としての単語と，統一体的全体としての文との分化が起こり，それをつなぐ存在としての文法が立ち現れ，文が内部構造を持つようになる．

　文法をどのように捉えるかは，立場や考え方によって異なってくるが，ここでは，上のことを受け，次のように捉える．もっとも，この捉え方は常識的ですらある．しかし，常識的であるということは，また一方ではその分それだけの確かさを持っている，ということでもある．文法とは，単語から文が形成されるにあたっての法則・きまりである．言い換えれば，単語を材料にして，当該言語（たとえば日本語）の適格な文を組み立てる組み立て規則・法則性が文法である．したがって，文法分析・文法記述の務めは，単語から文への組み立て規則を，なるたけ包括的かつ明示的に抽出することにある．究極的には，その組み立て規則に従って単語を組み立てていきさえすれば，誰でも，当該言語の適格文のみを形成し，不適格な文を形成することのないような規則群の総体を取り出すことである．これも，文の有している適格性を，どのように，あるいはどのレベルのものとして捉えるかによって，適格性（したがって不適格性）を生み出す要因として取り出さなければならない規則性の広狭が異なってくる．

　私たちは，日々必要に応じて，文を作り発話・伝達を行うとともに，与えられた文の示している表現形式の異なりを捉えながら，その文の表している意味

内容を解釈し理解している．このことが可能になるのは，私たちが，文がいかに単語から形成されるかを知っているとともに，与えられた文の解釈のされ方を知っているからである．したがって，上で述べた組み立て規則は，また，文の表現形式が担い表している意味内容のありようを説き明かし解析するものとしても，働きうるものでなければならないし，働いてもいる．

　日本語の文を作ったり解釈したりするとき，そこにどのような規則が働いているのかを，いちいち意識することは通常ない．母語話者にとって，文法は無意識的な存在である．文法分析・文法記述の務めは，通常意識の上に昇ることのない，文形成や文解析にさいして働いている規則性総体を，より十全に明るみに出すことにある．具体的には，単語の結合能力や単語が文の中に現れるときに取る形の変化のさまざま，形式の表す意味や使用条件，単語や形式の出現によって作り出される文の（意味的）構造や，単語や形式の出現によって生じる構文環境に対する変容や共起成分に対する影響などを，なるたけ包括的かつ組織的・体系的に分析・記述することに努めることになる．

日本語の文の基本的な構造

　文は，独立語文（「あれっ？」「車！」など）と述語文とに分けることができる．文の中心は述語文にある．上で触れたように，一語文的な独立語文から述語文に発展したとき，単語と文との分化が起こり，文法が立ち現れる．

　すでに触れたように，文は言語活動の所産であり基本的単位である．言語活動の所産であり基本的単位であることによって，文には，話し手が外的世界や内的世界との関わりにおいて描き取ったひとまとまりの事態・対象的な内容が表されているとともに，描き取られた事態・対象的な内容に対する話し手の立場からした捉え方，および話し手の発話・伝達的な態度のあり方が表されている．通例，前者を命題，後者をモダリティと呼ぶ．

　文はさまざまな対象的な内容を表しうる．文の表す対象的な内容のタイプの基本的なあり方を決めるのは，述語の語彙的意味のタイプである．動きや状態を表す述語と，動きや状態の参画者として述語の表す動きや状態を実現・完成するために，述語に要求されるいくつかの名詞句とによって，文の表す対象的

な内容の中核部分が形成される．たとえば，「贈ル」と，「贈ル」という動きの実現・完成のために要求される名詞句「博ガ」「花ヲ」「洋子ニ」との結びつきによって形成される[博ガ洋子ニ花ヲ贈ル]コトが，おおよそ対象的な内容の中核にあたる．

　対象的な内容の中核は，さらに，事態の成り立ちをさまざまな観点・側面から修飾・限定する成分を付け加えることによって，拡大していくことができる．たとえば，「塀がこなごなに崩れた．」「笠原はゆっくりと受話器を取り上げた．」「彼はわざと表に出ていかない．」「雪がすごく積もった．」「同じような人間がうじゃうじゃいる．」などがこれである．事態の成り立ちを修飾・限定する成分は，副詞を中心としながらも，「若い刑事が緊張した様子で椅子に座った．」「男はにやにやしながら私の方に近づいてきた．」「道代はたじろいだように顔をふせた．」のように，名詞句や従属性の高い節によっても表される．

　文は，また，独立語文から述語文へと展開することによって，話し手の眼前から解放されることになる．言い換えれば，発話時に眼前に生起している事態だけでなく，過去に生じた事態をも，未来に生じると期待されている事態をも描き出すことが可能になり，さらに，生起していない事態をも対象的な内容として捉えることが可能になった．いわゆるテンスや肯否が出現することになる．また，述語文は，事態形成に参画する参画者が複数である対象的な内容を表すことによって，参画者をどのように表現形式に実現・配置するかの選択の可能性を生むことになる．さらに，述語文は，対象的な内容としてさまざまな時間的な特性を持つ事態を表すことによって，事態の時間的なありようを表す必要が生じそれを可能にした．通例，いわゆる前者がヴォイスと呼ばれるものであり，後者がアスペクトと言われるものである．

　文は，独立語文から述語文へと展開することによって，ヴォイス，アスペクト，肯否，テンスなどといった文法的意味を担い表すことを必要とし可能にした．こういったさまざまな文法的意味は，日本語においては，述語の形態変化によって実現されることになる．たとえば，「走ルー走ラナイ」の対立によって肯否が，「走ルー走ッタ」の対立によってテンスが表し分けられている．さらに，日本語文の述語は，丁寧さという文法的意味を，「走ルー走リマス」の

対立によって担い表し分けている．ここに取り出した文法的意味は，文法カテゴリと呼ばれるクラス的な文法的意味である．たとえば，テンスという文法カテゴリは，非過去という文法的意味を表す形式である「走ル」と，過去という文法的意味を表す「走ッタ」を，対立メンバーとして成り立っている一つのクラス的な文法的意味である．

　上で触れた文法カテゴリは，その作用領域の大きさにおいて，包み包み込まれるという関係にある．日本語の文は，このように作用領域の異なる文法カテゴリが集まって，一つの層状の構造を形成している．たとえば，「まだ店は開け＋られ＋てい＋なかっ＋た＋かい．」からも分かるように，おおよそ，

　　　　[[[[[ヴォイス]アスペクト]肯否]テンス]モダリティ]

のような層状構造をとって，日本語の文は成り立っている．

　文は，構成要素からなる一つの統一体的全体である．構成要素は，統一体的全体形成のために他の構成要素と統合的(syntagmatic)な関係を取り結ぶとともに，文構造の同一位置を占めうる他の要素との系列的な(paradigmatic)な関係を含んで存在する．たとえば，「彼だけウオッカさえ飲んだ．」の，動作主体を表す「彼」や動作対象を表す「ウオッカ」が，動作主体や動作対象を占めうる他の要素に対して有している関係のあり方が，系列的な関係である．取り立ての基本的な働きは，系列的な関係の付与にある．

　私たちの言い表したい内容が一つの事態でつきる，ということはむしろ稀である．文は，複数の述語を有し複数の事態を表す複文として現れることも少なくないし，通例，文章・談話(これらを総称してテキストと呼ぶ)の中に存在する．文は，テキストの中にあることによって変容を受けるし，また，テキストの前後の文との連なりを作るための工夫を有している．たとえば，「鯨が泳いでいる．とてもでかいやつだ．」の第2文は，先行文との関わりにおいて，ガ格成分が省略されている．また，「本が机の上に置いてある．<u>表紙</u>はつるつるだ．」は，本に表紙があることを知っていることによって，第2文の「表紙」を「机の上に置いてある本の表紙」として解釈しうることになる．接続詞は，文と文とのつながりの表示を担う単語である．

本シリーズの概要

〈日本語の文法〉と題された本シリーズは,『文の骨格』『時・否定と取り立て』『モダリティ』『複文と談話』の4巻からなる.

第1巻『文の骨格』は,単語とは何かを論じ単語の語形変化や単語の類別を述べた章と,文の骨格に近い部分を扱った3章が含まれている.まず,文の表す対象的な内容の中核に位置する格の問題に迫った章,格と密接に関わるヴォイス的現象を分析・記述した章,さらに対象的な内容の中核を拡大する副詞的修飾の諸相に迫った章である.

第2巻『時・否定と取り立て』では,文の対象的な内容の中核部分に付け加わり,それを拡大する文法現象が扱われている.テンス・アスペクトを中心に時に関わる表現を分析・記述した章,否定のさまざまに迫り,否定の現象を説き明かそうとした章,基本的には系列的な関係の付与である取り立てという現象を組織的に捉えようとした章が含まれている.

第3巻『モダリティ』は,命題とモダリティという文を構成する二つの部分のうち,モダリティを扱った巻である.モダリティを表す形態を有標叙法と無標叙法に分けながら,モダリティに関わる現象を広く観察した章,認識のモダリティと呼ばれるものの体系化を試み,それに関わる形式の意味と使用条件を分析・記述した章,および副詞的表現からモダリティにきめ細かくかつ鋭く迫った章が含まれている.

第4巻『複文と談話』は,これまでの巻が単文を対象にしていたのに対して,複文およびテキストにおける文法現象を扱った巻である.単文から複文へ,文からテキストへの拡大を捉え,単文と複文・テキストに現れる文法カテゴリのあり方の異なりを分析・記述した章,複文を構成する従属節を分類し,それぞれの従属節を概観し,条件節と連体節を詳しく分析・記述した章,文と文をつなぐ形式・工夫を接続詞を中心に具体的に詳しく考察した章,テキストの中にあることによる名詞の使用のされ方を捉え,そのことを通して逆にテキスト的現象の解明に迫った章が含まれている.

このシリーズは,当該の文法現象を以前から,あるいは目下精力的に研究している代表的な研究者が,自らの最新の研究成果をなるたけ分かりやすく分

析・記述したものである.特徴の一つは,特定の理論を展開するのではなく,文法現象の掘り起こしに努め,それを包括的に捉え,組織的に分析・記述することによって,日本語の文法に対する良質な記述文法構築のための重要な基礎資料となることをめざしたことである.本シリーズは,驚きと発見に満ちた日本語文法の豊かな世界に,私たちをいざなってくれるだろう.本シリーズが,読者に,日本語文法の新しいそして興味深い景観を与え,さらにそのことが,新たな研究の契機になれば,執筆者一同望外の幸せである.

2000年5月

仁田義雄
益岡隆志

はしがき

　本巻は，シリーズ〈日本語の文法〉の第1巻である．本シリーズでは，分析・記述の中心を文に置き，文の統語構造と意味構造とを，ふたつながらに明るみに出すよう心がけた．また，文の命題部分の中核から始まり，さまざまな文法カテゴリが加わり，文の意味内容に話し手が顔を覗かせ，ついには文章・談話ができ上がる，という順に，諸巻を配列した．このことを受け，本巻では，文の中核に近い骨格部分が取り扱われている．

　第1巻である本巻では，単語への考察とともに，命題の中核をなす，名詞句の述語に対する関係である格，および，主語を軸にして，文法格が関わる交替現象であるヴォイスの現象，そして，命題内容の中核を，広い意味での事態の実現のし方の点から限定し特徴づける副詞的表現が，取り扱われている．つまり，「単語と単語の類別」「格」「ヴォイス」「副詞的修飾の諸相」と題された4章がそれである．

　第1章「単語と単語の類別」では，単語に対する筆者の考え，筆者の立場からした単語の規定・取り出しが行われている．そして単語の語彙-文法的なタイプについて触れられ，単語の語彙的意味と文法的な振る舞い方との相関が考察されている．

　筆者は，単語を，語彙的側面と文法的側面を備えた語彙-文法的単位であると捉え，語義・文法的機能・形態の最小統一体である語形群によって形成された存在であると規定する．その結果，いわゆる助詞やかなりの助動詞を，単語とは認めず，単語の語形を形成する，単語の内部要素として位置づける．したがって，「山」や「舞う」を一単語として扱うとともに，「山が」「山を」や「舞った」「舞って」も一単語として位置づけることになる．筆者にとっては，語形という概念は重要な概念である．こういった単語観は，筆者だけのものではないが，本章の一つの特徴をなすものである．第2章も，同様の立場に立っ

ている．ただ，この種の単語観は，広まりつつあるものの，日本語文法研究の世界では，中心的な考えになるに至っていない．

　第2章「格」では，格や格を表示する格形式についての筆者の考え方・捉え方が示され，さらに，格を抽出するにあたって留意すべき点などが触れられている．また，通例，深層格とか意味役割とか呼ばれる，名詞句の帯びる関係的意味は，〈叙述素〉という筆者特有の用語で捉えられ，叙述素のそれぞれについては，具体的な動詞と用例とを付しつつ，説明が施されている．

　本章の考察対象である格は，文中にある名詞にとっては，これを欠いては名詞としての資格を保つことのできない，本質的な文法カテゴリとして把握され，動詞などの表す運動や状態・関係を成立させるためのメンバーの形式と意味的な役割のあり方を担うものとして規定される．また，名詞の格への分析・記述は，動詞の有している結合能力(格支配)の側からの接近，というあり方で行われている．

　本章の特色は，何といっても，叙述素という捉え方である．叙述素は，名詞の取る格形式を基礎にして，それに名詞句や動詞の意味素性を加えることによって得られる，名詞の帯びる統語‐意味的情報である．その特色は，他の研究者の格の抽出とは異なって，単に動詞との関係だけでなく，下位の名詞句(特に場所格)を，上位の名詞句を介して動詞に対して関係づけるところにある．つまり，「山田が部屋から出た」の「部屋から」は主格の〈空間的起点〉，「山田を部屋から出した」の「部屋から」は対格の〈空間的起点〉，というふうに，動詞との関係だけでなく，主格や対格との関係をも加えて意味的関係が取り出されているのが，叙述素の特徴である．

　第3章「ヴォイス」では，ヴォイスを，動作主・対象などといった名詞の動詞に対する意味関係の表出パターンに関わる現象であり，動詞および文の基本形と派生形という形態的・構造的側面と，統語範疇である主語と動詞の意味関係という意味的側面とをあわせ持つ，包括的な文法現象であると捉えたうえで，能動と受動の関係およびそれに関わる現象が，集中的かつ詳細に取り上げられている．

　本章の特色は，何といっても，豊富な類型論的知識に裏打ちされた論の進め

方である．他の言語が示す当該現象に広く目配りすることによって，日本語のヴォイスを，その個別的側面と普遍的特性とをともに明らかにしながら，十全に明るみに出すことに努めている．また，現象を，典型的なものとそれからずれるところを有する周辺的なもの，というふうに，厚みと広がりをもって捉えている．

　筆者は，ヴォイス的現象を捉える三つの点として，主語という文法関係への言及，行為への言及，主語と動詞の表す行為との意味関係を挙げ，能動・受動を，まずもって，主語が行為を引き起こしているのか，主語が他によって引き起こされた行為の影響を被っているのか，という意味的対立であるとする．そして，この意味的対立をヴォイス的現象の中核に捉え，〈対象〉を主語にした自発構文が受動の母体になったとし，「能動・自発＞（能動・中相＞）能動・受動」という対立の展開を想定している．

　第4章「副詞的修飾の諸相」は，明治以来の副詞研究史を振り返り，副詞的修飾成分への分析・記述のあるべき方向を探りながら，命題の内部で働く，従来雑多なまま扱われてきた情態の修飾成分に対して分類・整理を施し，その体系的な分析・記述を図ろうとしたものである．

　本章の探究テーマの一つは，認定や体系的記述の困難な副詞的修飾成分を，いかにして体系的に取り扱うかということである．副詞的修飾成分を体系的に分析・記述するための方途として，被修飾成分である動詞の有している意味カテゴリを掘り起こし，副詞的修飾成分の意味と被修飾成分の意味との対応・結びつき方の類型を取り出すことを提案している．そして，動詞の変化の側面を修飾対象とする〈結果の修飾成分〉と，動詞の動きの側面を修飾対象とする〈様態の修飾成分〉とを，情態の修飾成分の主要な下位的タイプとして取り出している．その上で，それらの下位種やそれらの周辺に位置する存在に対して，さらなる考察を試みている．結果の修飾成分の周辺に位置するものとしては，さらに，「旗を高く上げる」のように，結果の修飾成分の一種として位置づけられる位置変化の修飾成分や，「電球が白く光る」のような，結果と様態との境界に位置する状況の修飾成分を取り出している．また，様態の修飾成分については，動詞のアスペクト的意味のあり方との相関に注目しながら，出来事の修

飾関係を表す成分や進展の修飾関係を表す成分などを取り出している．

　各章は，当該現象について筆者が見た景色を，それぞれのあり方で差し出している．

　最後に例文に付されている記号について説明を加えておく．「*」は，その文が非文法的な文であることを表している．また完全には適格であるとは言えない文には，「?」「??」が付されている．逸脱性は，「?」「??」の順に高くなっていく．

　2000年8月

仁　田　義　雄

目　次

〈日本語の文法〉へのいざない

はしがき

1　単語と単語の類別

1.1　日本語文法研究史の中での単語 …… 3
　(a) 大槻文彦 …… 4
　(b) 山田孝雄 …… 5
　(c) 松下大三郎 …… 7
　(d) 橋本進吉 …… 10

1.2　単語を求めて …… 13
　(a) 単語の規定に向けて …… 13
　(b) 語彙-文法的な単位としての単語 …… 14
　(c) 文の構成要素としての単語 …… 16
　(d) 単語の構成要素としての形態素 …… 19
　(e) 語形群としての単語 …… 20

1.3　語形形成 …… 22
　(a) 動詞の活用形について …… 22
　(b) 文法カテゴリの表し分け …… 25
　(c) 名詞の語形変化 …… 28

1.4　単語の語彙-文法的タイプ …… 30
　(a) 品詞一覧 …… 30
　(b) 動詞の語義と動詞の下位的タイプ …… 32
　(c) 形容詞の下位的タイプ瞥見 …… 42

2 格

- 2.1 格の概念 …………………………………………………… 49
  - (a) 格の表現手段 …………………………………………… 50
  - (b) 形態としての格 ………………………………………… 51
  - (c) 日本における格の研究史 ……………………………… 53
  - (d) 単語の結合性 …………………………………………… 59
  - (e) 格の意味役割 …………………………………………… 63
  - (f) 意味役割の対立 ………………………………………… 66
  - (g) 名詞の意味のネットワーク …………………………… 72
- 2.2 文の構造のモデル ……………………………………… 74
- 2.3 日本語の格の体系 ……………………………………… 78
- 2.4 名詞と動詞の意味的関係 ……………………………… 81
- 2.5 叙述素の具体例 ………………………………………… 88
  - (a) 場所に関する叙述素 …………………………………… 89
  - (b) 抽象的関係をあらわす叙述素 ………………………… 95
  - (c) 原因・目的に関する叙述素 …………………………… 99
  - (d) 変化・作用に関する叙述素 …………………………… 101
  - (e) その他の叙述素 ………………………………………… 106
  - (f) 〈全体−部分〉の関係 …………………………………… 107
  - (g) 〈主人−側面〉の関係 …………………………………… 108
- 2.6 叙述素の階層性 ………………………………………… 109
- 2.7 意味上の重なりと叙述素の重なり …………………… 111
- 2.8 叙述素の特徴 …………………………………………… 115

3 ヴォイス

- 3.1 ヴォイスの形態的・構造的側面 ……………………… 120

3.2 ヴォイスの意味的側面 ………………………………… 125
3.3 主語と態対立の分布 …………………………………… 130
3.4 行為と態対立 …………………………………………… 132
3.5 主語と動詞との意味関係としての態 ………………… 137
3.6 自動詞ベースの受身 …………………………………… 140
　(a) 他言語における自動詞ベースの受身 ……………… 140
　(b) 日本語の自動詞ベースの受身 ……………………… 145
　(c) 自動詞ベースの受身と「行為」の範囲 …………… 153
3.7 能動と自発・受身・可能・尊敬 ……………………… 159
　(a) ラレル文の統一性について ………………………… 159
　(b) 自発と受身 …………………………………………… 162
　(c) 自発と可能および尊敬 ……………………………… 170
3.8 受身文の分類 …………………………………………… 174
3.9 迷惑受身の意味論 ……………………………………… 179
3.10 まとめ ………………………………………………… 183

4　副詞的修飾の諸相

4.1 副詞の意味的分類 ……………………………………… 190
　(a) 明治期の副詞の意味的分類 ………………………… 190
　(b) 意味的分類への批判と機能的分類 ………………… 193
　(c) 山田孝雄の副詞分類 ………………………………… 194
　(d) 山田以降の副詞の意味的分類 ……………………… 195
　(e) 連用修飾語の再分類 ………………………………… 196
4.2 情態修飾関係の分類 …………………………………… 199
　(a) 副詞と形容詞 ………………………………………… 199
　(b) 同格と従属，修用と補用 …………………………… 201

(c) 結果修飾と様態修飾 ……………………………………… 202
4.3　結果の修飾関係 ……………………………………………… 205
　　(a) 結果の修飾関係の構成要素 …………………………… 205
　　(b) 結果と様態の両義性 …………………………………… 207
　　(c) 結果の修飾成分の出現位置 …………………………… 208
　　(d) 状況と位置変化 ………………………………………… 210
　　(e) 副詞的修飾成分と格成分との意味的関係 …………… 216
4.4　様態の修飾関係 ……………………………………………… 218
　　(a) 様態の修飾関係とアスペクト的意味の制限 ………… 218
　　(b) 出来事の修飾関係 ……………………………………… 219
　　(c) 進展の修飾関係 ………………………………………… 222
　　(d) 動質の修飾関係 ………………………………………… 226
　　(e) 主体めあての修飾関係 ………………………………… 228
　　(f) 頻度の修飾関係 ………………………………………… 230
4.5　情態の修飾関係の階層性 …………………………………… 232

参考文献 ……………………………………………………………… 235
索　引 ………………………………………………………………… 245

1
単語と単語の類別

本章では，単語がどういった存在であり，単語の有している語義と単語の示す文法機能がどのように相関するのか，また，そういった単語の語彙-文法的な下位類として，どのようなものが取り出せるのか，といったことについて述べる．

1.1 日本語文法研究史の中での単語

まず，明治以降の日本語文法研究史の中で，単語がどのように捉えられてきたのかを見ておく．

その前に，学校文法での単語認定・単語分類がどのようになっているかを瞥見しておこう．どの中等教育の国語の教科書を取り上げても，大差はないと思われるが，ある中学校の国語の教科書では，単語は，

> 単語　意味をもった最小の単位で，言葉としては，それ以上分けることができない．

のように規定されている．また，単語の文法的類別である品詞については，まず，単語は自立語と付属語に二分され，自立語に属する単語は，「動詞，形容詞，形容動詞，名詞，代名詞，副詞，連体詞，接続詞，感動詞」に分けられ，付属語としては，「助動詞，助詞」が単語として取り出されている．

学校文法だけでなく，研究の世界でも，伝統的ないわゆる国文法研究では，名詞，代名詞，動詞，形容詞，形容動詞，連体詞，副詞，接続詞，感動詞が取り出され，疑問が呈せられることがないわけではないが，あいかわらず，単語の一類として助動詞や助詞が認定されている．

伝統的な国文法研究における，品詞分類や助詞・助動詞の単語としての認定は，当然視され常識の感すらある．当然であり常識的であれば，なおさら，その源がどこにあり，そういった考えがどのように展開してきたのかを，再確認しておくことが，そういった通説に対する自覚的な位置づけ・把握のためには，

4—1 単語と単語の類別

必要になろう.

(a) 大槻文彦

　明治以降の日本語文法研究史の中で,単語がどのように捉えられてきたのかを概観する作業として,まず,大槻文彦の単語観・品詞分類への瞥見から始めよう.大槻が,文法研究における自らの主著とも言うべき『広日本文典』および『広日本文典別記』を刊行したのは,明治30(1897)年のことである.大槻の提唱した文法学説を大槻文法と呼べば,大槻文法は,かなりの程度に体系化に成功した,最初の近代的な文法学説であると言えよう.『広日本文典』の特色は,よく言われるように,和洋折衷文典である.このことは,品詞分類などにもよく現れている.たとえば,「国語ノ形容詞ハ,洋文法ノ訳語ニイフ形容詞ト,意義ハ相似タレド,語体,用法甚ダ異ナリ」(『広日本文典別記』p.72)と述べ,西洋語のAdjectiveと日本語の形容詞との似かよいと異なりを十分認識した上での,形容詞の定立なども,その具体的な一つの現れである.

　大槻は,単語の類別について,その著『広日本文典』において,
　　単語ノ種類ハ,名詞,動詞,形容詞,助動詞,副詞,接続詞,弖爾乎波,
　　感動詞ノ八品ニ分ル.　　　　　　　　　　　　　　　　　(p.49)
と述べている.形容動詞と連体詞を加え,弖爾乎波を助詞に変えれば,現在通用の品詞分類になる.ここに,現行の伝統的な単語分類の原型を見ることは,さほど困難なことではないだろう.

　もっとも,大槻が類別を施そうとしていたのは,基本的には,意味を有する最小の単位である,いわゆる形態素(morpheme)に対してではない.そのことは,大槻が,「コヽニイヘル「単語」ハ英語ノWordニ当ル」(『別記』p.32)と述べていることや,独立には用いられず,他と合わさってしか文中に現れないことから,接頭辞や接尾辞を八品詞の外に出していることなどからも,うかがえよう.

　大槻が,4分冊からなる,最初のよく完備した大規模な普通語の辞書である『日本辞書言海』を完成させたのは,『広日本文典』刊行以前の明治24(1891)年のことである.『言海』の第1分冊は明治22(1889)年に刊行されている.大槻

は，この第1分冊の巻頭に，「語法指南(日本文典摘録)」として，自らの文法学説の概要を述べ，単語分類・品詞名の付与を行っている．ここに，上述の八品詞が登場する．大槻の単語分類が，もともと，辞書に収録した単語に対する品詞名の付与から始まったことは，留意しておいてよい．大槻の単語分類の性格を考え評価するにあたっては，

> 余が文典中に，助動詞，弖爾乎波，感動詞，接尾語等，語を尽して，列挙して説きたるも，実は，辞書の範囲に入れる嫌ひありて，文典の体裁を失はむの思ひあるなり．然れども，斯くせざれば，意義を別ちかぬべくも思ひたれば，然せしなり．已むことを得ずしてなり．(『別記』例言 p.6)

といった，大槻の発言は注目される．上の発言から分かるように，助動詞や弖爾乎波の単語類としての定立に，大槻がまったく疑問を感じていなかったわけではない．大槻の助詞や助動詞の単語としての定立には，形態素をそれとして分離して取り出しやすい(日本語における「行った」と英語の'went'での，過去を表す形態素の取り出しやすさを比べられたい)といった，膠着語的な日本語そのものの性格が，大いに関わっているとともに，単語を辞書の中に類別して呈示する，といった要請の存在が，深く関わっていたものと思われる．

すでに触れたように，大槻の単語分類が，もともと，辞書に収録した語に対する品詞名の付与から始まったことは，大槻の単語観・単語分類の性格を考える上において，留意しておくべきであろう．単語は，語彙的存在であるとともに，文の成分になる文法的存在でもある．言い換えれば，単語は，辞書の中に存するとともに，文の成分として文の中に存する存在である．文法的存在としての側面を重視することによって，大槻の単語分類は，現行の単語観・単語分類とは異なった方向への展開もあったはずである．以下，少しばかり，それ以後の展開を追ってみることにする．

(b) 山田孝雄

次に，山田孝雄について見ていこう．山田が大著『日本文法論』を刊行したのは，大槻が『広日本文典』を刊行してから11年後の明治41(1908)年のことである．

1 単語と単語の類別

　大槻から山田への展開の主要な点として，次のことが指摘できよう．大槻には，単語を捉えるにあたって，辞書における単位体的存在としての側面への傾きが存したのに対して，山田は，すでに，単語の有する，語彙的側面と文法的側面の双方を十分把握した上で，単語を捉えていた．その一つの具体的な現れが，助動詞を複語尾と名づけ，単語以下の存在として位置づける，という助動詞に対する扱いである．
　山田は，H. Sweet〔スウィート〕の説に学びながら，
　　単語とは言語に於ける最早分つべからざるに至れる究竟的の思想の単位にして，独立して何等かの思想を代表するものなり．
　　　　　　　　　　　　　　　　　　　　　　　　　（『日本文法論』p. 76）
と，単語を定義づけている．さらに，
　　抑言語の目的は説話文章を組織するにあるものなれば，吾人が単語と称するものも亦直にこの文の成分ならざるべからず．直接に文の組織に影響を与ふるものならざるべからず．かく単語は文を組立つる直接の材料として相互の間に相依り相保つ関係を有し，たとへ観念用法上の差はありとも，文の構造材料として一個体をなせるものならざるべからず．
　　　　　　　　　　　　　　　　　　　　　　　　　（『日本文法論』p. 77）
と，単語の文法的側面について説明を加えている．山田は，単語と文との関係を正当に認識し，文の成分として文を形成するという，単語の文法的側面を十分かつ正しく見すえた，単語の規定・特徴づけを行っている．単語観・単語規定における，大槻から山田への発展の一つが，ここにある．
　単語を，文の成分を形成する存在として位置づけることによって，単独で文の成分を成すことのない助動詞は，当然，単語以下の存在になる．これが，山田の複語尾である．山田は，いわゆる助動詞を
　　……本来の性質はまさに一種の語尾にして独立したる単語にはあらざるものなり．　　　　　　　　　　　　　　　　　　（『日本文法論』p. 363）
と位置づけ，さらに，その特性・働きについて，
　　吾人が之を再度の語尾又は複語尾と称するは用言其の者の本源的語尾ありてそれ〳〵陳述の用をなせるに，なほ一層複雑なる意義をあらはさむが為

に其の本源的語尾に更に附属する一種の語尾なればかくの如く称したり．かく用言に緊密なる関係を有するものなれば用法上より見ても用言を離れて考ふること能はざるものにしてこれと用言の本源的語尾との間は如何なる場合といへども決して分離せしむること能はざるものなり．

（『日本文法論』p. 364）

と，説明を施している．上では，複語尾（いわゆる助動詞）は，用言本来の活用語尾では表せない文法的意味を担い表すための要素であり，用言から独立することはない，という主張がなされている．これは，用言を，述語を形成する単語類として捉え，それが述語として機能することによって帯びる，文法的意味などを詳しく観察し位置づけることから生まれた結論であろう．山田にあっては，単語は，単語の有する文法的側面とともに捉えられている．

また，複語尾の非独立性については，西洋語の助動詞と比べながら説き明かしている．西洋語の助動詞が，「形体上動詞と差別なく，又其の位置自由」（前掲書 p. 365）であること，「声音上一回こゝに断止あらざるべから（同）」ざるものであることを指摘し，単語の資格を有していることを述べ，それに対比させ，日本語の複語尾には，位置の自由がないこと，音声上の断止がないことを指摘し，複語尾の非独立性，複語尾が単語でないことを明らかにしている．

山田は，上述の単語観に立ち，単語を分類していく．そして，体言・用言・副詞・助詞という単語類を取り出している．山田の言う副詞には，広く，いわゆる副詞，接続詞，感動詞が含まれている．助動詞は，複語尾という単語以下の存在として位置づけられた（すべての助動詞に対してではない）が，助詞は，山田にあっても，単語として残る．文の成分を成すことが，単語の重要な要件であることからすれば，山田の助詞の扱いには問題が残ることになる．

（c）松下大三郎

山田の，助詞の単語としての取り扱いを批判したのが，松下大三郎である．松下は，明治41年（山田の『日本文法論』が刊行された年）の10月から，3回にわたって『国学院雑誌』に，「山田氏の日本文法論を評す」を書いている．松下は，山田の『日本文法論』をきわめて高く評価しながら，山田の学説に対

して批評を加えていく．

　山田の助詞の単語としての扱いに対しても，山田の単語の定義を認め，評価するからこそ，

　　単語の独立して何等かの意義を有するものなることは氏の定義既に之を示せり．然らば氏は，氏の所謂「単語」の一類として助詞を以て，独立して何等かの思想を代表するものと以為(おも)へるか．
　　　　　　　　　　　　　　　　　　　（『国学院雑誌』14巻10号 p.26）

のように，助詞をも単語の一類にする，山田の説に疑義を唱えている．助詞に対する松下の扱いは明快である．

　　助詞は自ら観念を表はすこと能はざるなり．但し助詞に意義無しといふに非ず．唯自立的に意義を表さゞるのみ．助詞の意義は依立的なり．本素に添ひて始めて意義あるなり．こは助詞のみに非ず．語尾も亦然り．「行ク」「書ク」の「ク」意義無きに非ず．唯自立的ならざるのみ．
　　　　　　　　　　　　　　　　　　　（『国学院雑誌』14巻10号 p.30）

と述べ，

　　…助詞は決して詞たること能はず，常に詞素なり．
　　　　　　　　　　　　　　　　　　　（『国学院雑誌』14巻10号 p.30）

のように，助詞が，単語であることを否定し，単語の構成要素であると結論づける．松下の詞とは，いわゆる単語に該当し，詞素は単語を構成する要素のことである．

　助詞は，単語ではない，単語を構成する要素であるとする，松下の単語観の背後には，

　　詞は観念を単位として章句を分析したるその成分なり……
　　　　　　　　　　　　　　　　　　　（『国学院雑誌』14巻10号 p.29）

といった単語観がある．章句とは文のことである．文の成分として取り出されるものが単語である，という単語観である．単語は文の成分という単語観は，山田にあっても観察されたものであった．松下が「山田氏は単語と詞素とを混同せり」(前掲書 p.30)と言うように，山田の，文の成分としての単語の取り出しには，不徹底なところが存した．

それに対して，松下にあっては，

「花ヲ」は「花」と「ヲ」と共に相助けて一単語たり．その場合に於ける「花」と「ヲ」とは倶に一単語内の成分にして各一単語たるに非ず．

(『国学院雑誌』14 巻 10 号 p. 27)

と述べているように，助詞の付加した名詞全体が一つの単語として，認定されることになる．この種の取り扱いは，彼の『日本俗語文典』(明治 34 (1901) 年)で，すでに展開されている．たとえば，「春が 来れば 花も 咲くし 鳥も 鳴く では 無いか」(同 p. 50)のように，それぞれを，詞いわゆる単語として切り出している．

かくして，松下によって，意味を有する最小の存在である形態素と，parts of speech たる単語と，文との，三つの単位が取り出されることになる．松下にあっては，形態素に該当するものは原辞と呼ばれ，単語に当たるものは詞と名づけられ，文に当たるものは断句と呼ばれている．観念を表すものとして，原辞と詞が位置づけられ，「原辞は言語の最低階級であつて詞を構成する成分である」(『改撰標準日本文法』(昭和 3 (1928) 年) p. 45)，「詞は断句の成分であつて，自己だけの力で観念を表すものである」(同 p. 19)と，それぞれ規定されている．

詞(単語)の類別，つまり品詞としては，「名詞・動詞・副体詞・副詞・感動詞」が取り出されている．松下の動詞は，いわゆる動詞と形容詞を含むものであり，副体詞は，いわゆる連体詞と言われるもので，「或る人，其の国，例の事，まさかの場合」のような下線部のようなものである．また，接続詞の一部は副詞に含まれている．

大槻から山田そして松下への展開は，大槻が単語として定立した助動詞と助詞を，文の成分としての単語という点から検討することであった．展開は，まず，助動詞が，山田において複語尾という単語以下の存在として位置づけられ，続いて，助詞が，松下によって単語以下の存在として把握される，といったものであった．

(d) 橋本進吉

　すでに見たように，大槻により単語として位置づけられた助動詞や助詞が，山田と松下によって，単語以下の存在として位置づけ直される，というのが，大槻以降の単語観の歩みであった．引き続き，その歩みが，橋本進吉の登場によってどのように展開していったのかを，見ていくことにする．

　橋本は，昭和9(1934)年，「国語科学講座」の1分冊として『国語法要説』を刊行し，自らの文法学説の概要を呈示している．その中で，従来の研究については，山田孝雄や松下大三郎の研究を高く評価しながら，それらは，意義の方面に焦点が当たり，形の方面への観察に足らないところがあった，と位置づけ，形の方面に力点を置いた研究への意図を表明し，自らの文法研究の基本的立場を述べている．

　橋本は，文法における単位体的存在として，文と文節と語の三つのレベルの存在を取り出している．そのいずれに対しても，音声的側面への詳しい観察が加えられている．文に対する，「文は音の連続である」「文の前後には必ず音の切れ目がある」「文の終には特殊な音調が加はる」(前掲書 p.6)といった特徴づけも，その一つの現れである．

　文節は，橋本文法の特徴・中核をなす存在であり概念である．したがって，また問題の多い存在・概念でもある．文節について，橋本は，

　　私は│昨日│友人と│二人で│丸善へ│本を│買ひに│行きました
といった分析例を示し，

　　文を実際の言語として出来るだけ多く句切つた最短い一句切

(『国語法要説』p.7)

と述べ，文と単語との双方の関係から特徴づけを行っている．文節は，文との関係において，

　　文節は，文を分解して最初に得られる単位であつて，直接に文を構成する
　　成分(組成要素)である．　　　　　　　　　　(『国語法要説』p.9)

と規定され，単語との関係において，

　　文節は更に意味を有する言語単位に分解する事が出来る．即ち文節は語
　　(単語)から成立つてゐる．　　　　　　　　　(『国語法要説』p.11)

と説明される．また，「続けて発音せられる(その中間に音の断止がない)」「アクセントが定まっている」「前と後とに音の切目をおく事が出来る」などといった音声上からの特徴を指摘することによって，その取り出しの客観化を期している．

　さらに，単語については，

　　語はそれぞれ意味をもつてゐる．それ故，意味を有する言語の単位の一種
　　であつて，文節を構成するものである．　　　　（『国語法要説』p.11）

と規定される．そして，文節構成の観点から，単語は，「自らで一文節をなし得べき語である」第一種の語と，「自らで一文節を形づくる事なく，常に第一種の語に伴ひ，之と共に文節を作る」第二種の語とに，大きく類別される．詞と名づけられているのが第一種の語であり，辞と呼ばれているのが第二種の語である．詞(第一種の語)と辞(第二種の語)は，それぞれ，

　　一，第一種の語は，形の上からいつて独立し得る語であるが，又独立しな
　　い場合がある．

　　二，第二種の語は，独立し得ぬ語であつて，いつも独立し得べき語と共に
　　用ゐられる．　　　　　　　　　　　　　　　　（『国語法要説』p.12）

と説明されている．さらに，辞については，

　　辞(附属辞)は独立し得ぬ語であつて，常に他の語(即ち詞)に附属して之と
　　共に文節を構成し，その語形又は意味を以て文節の断続に関与する．

　　　　　　　　　　　　　　　　　　　　　　　　（『国語法要説』p.58）

と，その性格づけを行っている．

　さらに，橋本は，単語の音声上の特徴にも触れ，「一語は常に一続きに発音せられる」(前掲書p.14)と述べるとともに，「第二種の語は常に他の語と一続きに発音せられる」(同p.14)とも述べている．

　詞や辞は，文節の断続・承接関係をどのように表すのか，といった点に焦点を当てて分類されている．詞は，「用言・体言・副用言・感動詞」に類別され，さらに，「動詞・形容詞」「名詞・代名詞・数詞」「副詞・副体詞・接続詞」「感動詞」に下位類化されている．辞は，助動詞と助詞に分けられている．

　橋本の認定する単語は，山田や松下のものとも，大槻のものとも，本質的に

異なっている．松下にあっては，きわめて意識的であり徹底しているが，山田においても，さらに大槻にあっても，単語は，英語などの'word'に対応するものであり，文の成分を成す存在であった．それに対して，橋本の単語は，決して文の成分にはなりえないものである．すでに見たように，橋本にあっては，文の成分を形成するのは，単語ではなく，文節である．単語は，そういった文節の構成要素としての存在である．橋本にあっては，単語は，文節を経由して，間接にしか文の成分になりえない存在である．大槻や山田が，理念としては，文の成分たる単語を目指しながらも，実際には，文の成分にはなりえない助動詞や助詞を含むという，不統一を一部有していたのに対して，実際に合わせて，単語の規定を変更してしまったのが，橋本の単語観である．その結果，単語は間接的にしか文の形成に関わらない，言い換えれば，単語は文形成の基本的・一次的な要素ではない，という，独特の単語規定が成立することになる．橋本の認定する単語は，意味を有する最小の単位である形態素に近似してくるものの，形態素を取り出したものでもない．事実，松下にあっては，原辞として取り出される「松下さん」や「お名前」の「さん」「お」などは，橋本では，接辞という単語以下の存在として位置づけられている．

　もっとも，橋本も，単語に対するこういった扱い・規定のあり方の有する問題点，西欧語での伝統的な単語認定との異なりを，十分意識していたようだ．『国語法要説』の刊行に先立ち，昭和4(1929)年度の大学での「日本文法論」と題された講義において，次のような趣旨のことを述べている．昭和4年度の講義の内容は，『橋本進吉博士著作集7 国文法体系論』の解説部分において，林大によって要約が試みられている．

　たとえば，自らの設定する文節・単語，および，それと西欧語での単語との異なりについて，

　　　文節は，西洋の言語に於ける「語」と同性質であるが，日本の文法家の「語」とは必ずしも合致しない．……

　　　　文節を単語と呼ぶならば，単語の概念ははつきりするが，従来の習慣と離れすぎる．便宜上の取扱として，単独で一文節をなし得るものを単語，常にその単語と共に一文節をなすもののうち，結合が自由であつて，どん

な単語にもつき得るものをも単語と名づければ，文節は常に一つ又は二つ以上の単語から構成されることになり，単語は文節構成上の単位，間接に文構成の要素となる．……．

　要するに，文構成の単位としては，文節を認むべく，その文節を構成する一種の単位として単語を認めるのも便宜であらうといふことになる．

(『橋本進吉博士著作集 7 国文法体系論』p. 409-410)

といった趣旨のことを述べている．

　現代の学校文法の単語観，伝統的な国文法研究での通説的な単語観の基底にあるものは，橋本の単語観である．ただ，橋本の単語観が上述したようなものであることは，十分認識しておく必要があろう．

1.2　単語を求めて

(a) 単語の規定に向けて

　ここでは，単語に対する本章の基本的な考え方・立場を簡単に述べる．本章の取る考え方・立場は，決して新しいものではない．古くは松下大三郎，近いところでは森岡健二，さらに，彼らと立場や分析方法は少しばかり異なるが，奥田靖雄や鈴木重幸らを中心とする「言語学研究会」のメンバーによってすでに提唱されているものに，きわめて近いものである．松下大三郎や森岡健二さらに言語学研究会の単語に対する基本的な考え方・立場を，本章の筆者は，正しい方向にあると考えている．単語をめぐっての彼らの考え方・立場は，一般言語学的に見ても，通言語的なレベルで伝統的な方法に照らしてみても，正当なものである，と思われる．しかしながら，彼らの考え方・立場は，伝統的な日本語文法研究の世界(いわゆる国文法の世界)では，まだまだ少数意見であり，正当に理解・評価されているとは思われない．

　いわゆる助詞の方が，いわゆる助動詞に比べて自立性が高いことは認めるし，また，助動詞の一部は，単語として位置づけられるにしても，本章の基本的な考え・立場は，次のようなものである．従来いわゆる付属語という資格やあり方で，単語として認定され，単語の地位を付与されていた助詞や助動詞を，単

語とは認めず，単語以下の存在，単語に様々な文法的意味・機能を付与し表示する，単語の内部構成要素として位置づける，というものである．

上述のような本章の立場では，次のようになる．「山」が単語であり1単語であるとともに，「山ガ」「山ニ」「山ヲ」「山デ」が単語であり1単語である（つまり，2単語ではない）．また，いわゆる単純語(simple word)ではないものの，「オ山」「ミ山」「山々」「山里」「山人」なども，単語であり1単語である．さらに，「舞ウ」が単語であり1単語であるとともに，「舞エ」「舞オウ」「舞エバ」「舞ウト」「舞イ」「舞ッテ」「舞ッタ」が，単語であり1単語である．また，「舞ワセル」「舞エル」「舞イ踊ル」「舞イ狂ウ」や「舞イ（転成名詞）」「舞イ姫」なども，単語であり1単語である．

(b) 語彙-文法的な単位としての単語

言語学の世界には，単語という存在はさほど必要不可欠なものではない，という考えもあるが(たとえば，A. Martinet の "La linguisitique: Guide Alphabétique" 1969，邦訳『言語学事典』大修館書店，など参照)，本章では，文法とは，単語を材料にして当該言語(たとえば日本語)の適格な文を組み立てる際の規則・法則性であるとし，文とともに単語を，文法という領域における基本的な単位体的存在である，とする立場を取る．

単語をどのように規定・定義するかは，文をどのように規定・定義するかと同様に，はなはだむずかしい問題である．そういったものに対して，十分な規定を下せるとは思えないが，やはり，本章なりに，単語の規定・定義を行っておく必要があろう．

単語を，語彙-文法的な単位である，とまず規定しておく(この考え方・立場は，奥田靖雄らの言語学研究会の考え方・立場と基本的に同じものである)．単語が語彙-文法的な単位である，ということは，単語が，ある一定の語彙的意味を表すという，語彙的な側面を有しているとともに，ある一定の文法的な意味や機能(群)を担うという，文法的な側面を有している，ということを意味している．

語彙的意味(lexical meaning)とは，物，事，動き，状態，動きや状態のあ

り様などといった世界の一断片をある切り取り方で切り取って表したものである．もっとも，こう述べたからといって，すべての単語が同じような語彙的意味を有していると主張しているのではない．単語の表す語彙的意味は，名詞のように素材的-対象的性格の高いものから，感動詞やいわゆる陳述副詞のように，話し手の心的態度を内容とするもの，さらに，接続詞のように，文と文との関係・つながりのあり方を表す，といったものまで多岐にわたっている．特に，接続詞が表すものは，文と文とのつながりといった関係的なものである．その意味で，接続詞が担う語彙的意味は，特殊で，典型的なものではない．そうではあるにしても，「しかし！」などのように，単独で文をなしうることなどから，接続詞は単語の資格を有している．

　単語が，語彙的意味を有していることによって，文は一定の意味内容を担い表すことができる．単語に語彙的意味が存在しなければ，単語は，一定の語彙的意味を表すところの，文を構成する分節された文の構成要素にはなりえない．たとえば，天井や床や壁が部屋全体に対して，天井・床・壁として存在しうるのは，天井・床・壁が，部屋全体に対して，天井・床・壁といった関係を帯びさせられているからだけではなく，天井・床・壁が，天井・床・壁にふさわしい実質・材質を持っているからにほかならない．無内容なものが関係を帯びさせられることはない．関係とは，内容の存在の様式である．単語が，ある関係を帯びて文の構成要素でありうるのは，まずもって，単語に語彙的意味が存するからにほかならない．

　単語は，語彙的意味を有することによって，文の構成要素になりうる資質を持つ．自らが有している語彙的意味の類的なあり方（これを，その単語の有する範疇的語義あるいはカテゴリカルな語義と呼んでおく）を反映して，その単語がどういった文の構成要素になるのかが，大枠において決まってくる．より正確に言えば，単語の有している類的な語彙的意味のあり方が，その単語の帯びている文法的な意味・機能（群）に，大きな影響を与える．

　単語の有している文法的側面とは，文形成にあたっての，単語の有している結合能力・結びつき方や結びつきのある位置（たとえば，述語の終止の位置）を占めたときに担う文法的意味の総体である．単語は，一定の結合能力を持ち，

ある結びつき方において他の単語と結びつきながら，文という上位の統一体的全体を形成する．単語が文を構成しうるのは，単語が他の単語と結びつく能力を有しており，他の単語との結びつき方が，何らかのあり方（配列順をも含めて）で表示され，単語に担われうるからにほかならない．単語は，他の単語と結びつく能力を有し，それを何らかのあり方で表示していることによって，文の構成要素になりうるのである．上位の単位を構成するにあたっての結びつき方というものを持たない下位的単位といったものは，ありえない．単語が言語における最上位の単位ではなく，文という，上位の存在の構成要素であることからすれば，単語は，他の単語との結びつき方を帯びた形でしか存在しえない．単語がその文の中で帯びている，他の単語との結びつきのあり方は，その単語のその文の中における存在のあり方である．

(c) 文の構成要素としての単語

　きわめて素朴に，単語は文の構成要素であり，文は単語から構成されている（当然，その間に中間的な構成要素の存する場合のあることを認めたうえで）という考えを承認するかぎり，言い換えれば，単語は，常に間接的にしか文を構成していない，といった立場を取り，それを証拠立てないかぎり（「花，咲ク．」といった文の存在することからして，この立場を堅持することは，不可能だと思われる），単語は，常に一定の文法的な意味や機能（群）を帯びてしか存在しないことを認めざるをえないであろう．文法的に無機能な単語など存在しないのである．単語の語彙的意味を担い表す部分と，その単語の帯びている文法的な意味や機能を表示する部分とが，相対的に独立性を有し，比較的自由に取り外しできる場合（たとえば，日本語の名詞といわゆる格助詞などがこれに当たろう）があるにしても，語彙的意味だけを担う単語といったものは，単語の文構成要素といったあり方からして，基本的にはありえない．通例の辞書が行っているように，単語の語彙的意味の側面に焦点を当てて捉えることが可能であるにしても，文法的な機能（群）から解放された単語など存在しない．当の単語を文中において他の単語と結びつける働きである，文法的な機能（群）を喪失してしまえば，単語は，もはや文法的な存在であることを止めてしまう．

以上述べてきたことから，自立することのない，いわゆる助動詞や助詞は，単語以下の存在であり，単語が担う文法的な意味や機能の表示者といった，単語の内的構成要素として扱うべきだ，ということが分かろう．

また，アメリカ記述言語学の創始者であるL. Bloomfield（ブルームフィールド）の"LANGUAGE"(1933)における

> 二つ以上のヨリ小さい自由形式ばかりからなる自由形式…は，句（phrase）である．句でない自由形式は，単語（word）である．従って単語とは，（二つ以上の）ヨリ小さい自由形式ばかりには分析できない自由形式である．約言すれば，単語とは最小自由形式（minimum free form）である．　　　　　　　　　　　　　　　　　　　　　(p. 231-232)

といった，単語の規定・取り出しも，単語が文の構成要素であり，文は単語から構成されている，ということを，ある観点から捉え表現したものとして理解できる．自由形式とは，単独で発せられる形式のことである（上の引用は，邦訳本『言語』(大修館書店)からのものである）．

単語が文の最小の構成要素である，ということは，言い換えれば，最小の文は1単語でなっているということでもある．1語文や，場や文脈と相補い合ういわゆる省略文といった存在が，これである．単語であることの現象的な現れは，最小自由形式であるとともに，単独で文を形成しうることである．単独で文を形成しうる存在は単語である．さらに言えば，最小の文章・談話は1文によって形成されうることによって，単語とは，最小の文，さらに最小の文章・談話になりうる存在である．

上で触れたように，単語は基本的に単独で文になりうる．以下少しそのことを見ていこう．

(1) （すごいスピードで走ってきた車を見て）「車！」
(2) （落ちそうな網棚の荷物を見て）「荷物が！」
(3) （街角で知り合いのAさんに会って）「どちらへ？」
(4) 「君も行くか？」「<u>行く</u>．」
(5) （木枯らしの吹く戸外に飛び出して）「寒い！」
(6) 「どれくらい痛い？」「<u>とても</u>．」

(7)　「彼, 来る?」「<u>たぶん</u>.」
(8)　「<u>その</u>…….」「何だよ. はっきりしろよ!」
(9)　「何にしましょう.」「<u>例の</u>.」
(10)　「すぐにやれよ.」「<u>でも</u>.」
(11)　「<u>あれっ</u>!」

のそれぞれは, いずれも, 文であり, 文として機能している. また, いずれも, 単独で発せられる形式を一つしか含んでいない. したがって, これらの文を形成している存在は, 単語であり, しかも一つの単語である(つまり, 2単語や句ではない). (1)(2)(3)は, 名詞1語によって形成された文である. (4)は動詞1語からなる文であり, (5)は形容詞1語によってできている文である. また, 「いたっ!」も形容詞に由来する1語文である. さらに, いわゆる形容動詞も, 「(真っ赤に色づいた紅葉を見て)「きれいだぁ.」」のように, それだけで文を作りうる. (6)はいわゆる程度副詞1語からなる文であり, (7)はいわゆる陳述副詞1語でできている文である. (8)(9)は, 連体詞と呼ばれることのある単語1語から形成されている文である. (10)は接続詞1語からなっているし, (11)は感動詞1語でできている文である. これは, いずれも単独で文を形成している. したがって, これらはいずれも単語である.

それに対して, いわゆる助詞や助動詞は, 言うまでもないが, 単独で文を形成することはない. たとえば,

(12)　「誰が来るの?」「*<u>が</u>.」
(13)　「たくさん着込んでいるね.」「*<u>からね</u>.」
(14)　「僕の提案, どうなる?」「*<u>られるよ</u>.」
(15)　「とうとう当日になったね.」「*<u>ましたね</u>.」

のようである.「が.」「からね.」という助詞だけでは文にならない.「{彼が／彼}.」とか「寒いからね.」にしなければ, 文を形成できない. また, 「られる.」や「ました.」という助動詞だけでも, 文にはならない.「受け入れられるよ.」とか「なりましたね.」にする必要がある. 単独で文を形成することのない助詞や助動詞は, したがって, 文の構成要素としての単語ではない.

ただ, 従来, 助動詞として一括されていたものの中には,

(16)「こんどの事件で,原子力行政は根底から見直しを迫られそうだよ.」
　　　「{だろうな. ／らしいね.}」
(17)「ここ,あなたの席ですか？」「ですよ.」

のように,文を形成しうるものがある.「ヨウダ」「ミタイダ」「ソウダ」なども,このタイプである.さらに,「カモシレナイ」のような形式も,

(18)「台風,上陸するんじゃない.」「かもしれないね.」

のように,文を形成しうる.これらの形式は,それ自体で文を形成しうることにおいて,単語としての資格を有している.本章では,単独で文を形成するこれらの助動詞類を,**判定詞**と呼んで,単語の一類として扱う(すでに,山田孝雄が,存在詞あるいは形式用言と呼んで,これらの一部を単語として扱っている).

(d) 単語の構成要素としての形態素

単語が,語彙-文法的な単位であり,文を構成する最小の自立的存在である,ということは,何も,単語がそれ以上分割できないといったことを,意味しはしない.ここで,ごく簡単に単語の構成要素について触れる.たとえば,

(19)「本が」「こぶねに」「ふなたび」「ふなびとら」「高さ」「受けました」

などは,「本」「たび」と「-ぶね」「ふな-」「-びと」「高-」「受け-」「-が」「こ-」「-に」「-ら」「-さ」「-まし-」「-た」に分けることができる(「-」は,その方向に従属していくことを表している).このような,繰り返し現れうる意味を有する最小の言語単位を,**形態素**(morpheme)と呼ぶ(形態素については,森岡健二(1994)が詳しい).厳密には,単語を分割して得られるのは,形態素の一つの顕現体・実現体である**形態**(morph)である.

形態素は,常に同じ形態で顕現するわけではない.異なった環境においては,異なった顕現のされ方をすることがある.たとえば,形態素/ふね/は,単独で現れうる環境では「フネ」といった形態で顕現し,前接要素を必要とする環境では「ブネ」になることがあり,後接要素を必要とする環境では「フナ」で現れることがある.一つの形態素の異なった環境におけるそれぞれの顕現体を,**異形態**(allmorph)と呼ぶ.「フネ」「ブネ」「フナ」は,それぞれ/ふね/の異形

態である.

　また, 形態素の中には, 「本」や「ふね」のように, 単独で独立して現れる可能性を持ったもの(これを, **自由形態素**(free morpheme)と呼ぶ)と「高-」「こ-」「-が」「-ら」「-た」のように, 単独で独立して現れることのできないもの(これを, **拘束形態素**(bound morpheme)と呼ぶ)とがある. 拘束形態素は常に拘束形態であるが, 自由形態素は, それが現れる環境の異なりに応じて, 自由形態として現れる場合もあれば, 拘束形態として現れる場合もある.「フネ」は/ふね/の自由形態であるが,「ブネ」「フナ」は/ふね/の拘束形態である.

　また, 形態素の中には, 単語の表す語彙的意味の主要部分を担い, 単語の基幹をなす**語基**(base)と, 自立することなく, 語基に付加されて単語を形成する広い意味での**接辞**(affix)とがある. すでに挙げた例で示せば,「本」「ふね」「ぶね」「高-」「受け-」などが語基である. 広い意味での接辞とは,「-が」「こ-」「-ら」「-さ」「-まし-」「-た」などがそうである.

(e) 語形群としての単語

　単語は, 語彙-文法的な単位である. したがって, 単語は, 語彙的意味を有するとともに, 他の単語に対する結びつき方・関係のあり方(群), つまり, 文法的な意味-機能(群)を帯びて存在する. 複数の文法的な意味-機能を有する単語は, 自らの有する異なった文法的な意味-機能を表し分けるために, 外形の一部を変える. 単語が, 自らの有する異なった文法的な意味-機能を表し分けるために, 外形の一部を変えることを, **語形変化**と呼ぶ. 語形変化によって作り出される, ある特定の文法的な意味-機能を具有した特定の形式を, **語形**と呼んでおく.

　形態素が潜在的な存在であったのと同様に, 単語も潜在的な存在である. 文を分割して得られるのは, ある特定の文法的な意味-機能を具現した単語の顕現体・実現体である語形である. 文中に具体的に現れるのは, 単語でなく, 語形である. 形態素がいくつかの異形態を束ねる抽象的な潜在的存在であったのと同様に, 単語は, いくつかの語形を束ねる抽象的な潜在的存在である.

1.2 単語を求めて

　一つの単語を形成する語形群は，語彙的意味と，基本的な〈受け〉としての統合的(syntagmatic)な意味-機能を同じくし，〈係り〉的な統合的な意味-機能および，系列的(paradigmatic)な文法的意味を異にして存在している．同一の単語を形成する語形群によって作り出される語形群のひと組を，**語形系列**(paradigm)と呼ぶ．たとえば，

(20)　tabe・tari, tabe・∅, tabe・te, tabe・tara, tabe・ru, tabe・ta, tabe・yô, tabe・ro, ……

(21)　友人-∅，友人-ガ，友人-ヲ，友人-ニ，……，
　　　友人-コソ，友人-ヲ-コソ，友人-ニ-コソ，……

のそれぞれは，「食ベル」「友人」という単語の語形である（どこまでを，その単語の語形群として扱うのかは，大きな問題であり，当の文法記述の単語観に基本的に依っている）．「食ベル」を例に取れば，それぞれの語形は，語彙的意味や格成分を受けうるなどといった受けの機能を同じくし，係り方やテンスなどの文法的意味において異なりながら，対立しあって，語形系列を形成する（もっとも，語形系列は上のような平面的な存在ではない．それぞれの語形は，ある係り方を担う語形ごとに，文法カテゴリのあり方に応じて，相互に対立しあいながら，体系的な語形系列を形成する）．

　系列的な関係・意味の指定を受けない語形（たとえば，「さあ」「とても」などはこの例）は存するが，統合的な関係づけを受けない語形はない．語形および語形の形成にとって，統合的な関係づけは一次的である．どのような系列的な関係・意味が文法的な存在であるかは，言語によって異なる．また，文法記述の文法的意味の取り扱い方によっても，変わってくる．言い換えれば，言語や，当の文法記述における文法的意味の取り扱いいかんによって，ある系列的な意味や関係は，派生的な単語の形成であったり，語形の形成であったりする（日本語の「少年」から「少年たち」へは，派生的な単語の形成であるが，英語の 'boy' から 'boys' へは語形の形成である）．

　以上述べてきたところから，単語の規定を行えば，次のようになろう．単語は，語義・文法的機能・（語）形態の最小統一体である語形（群）によって形成された語彙-文法的単位である．

1.3 語形形成

語形変化を実現するための形態論的過程が,語形形成である.語形形成は,「本-ガ」「本-ヲ」のように助辞の付着や,'yom・i' 'yom・e' のように,屈折語尾の取り替えによって行われる.以下,少しばかり語形形成について見ていく.

(a) 動詞の活用形

語形形成のうち,まず,いわゆる動詞の活用について考えてみる.従来の国文法での動詞の活用論が問題を有していることは,鈴木重幸(1954)が早くから指摘している(この論文は,鈴木(1972)に収録されている).たとえば,国文法での動詞の活用形とは,「書カ／書コ(未然形)」「書キ／書イ(連用形)」「書ク(終止形)」「書ク(連体形)」「書ケ(仮定形)」「書ケ(命令形)」といったものである.この活用形は,基本的な点で問題を有している.問題点としては,「書カ」「書コ」「書イ」,さらに仮定形の「書ケ」という,決して単独で文中に出現することのない形式を,動詞の活用形として含んでいることが,まず挙げられる.これでは,単語の部分でしかないものを,単語の,統合的な意味-機能を担い表し分ける語形として定立することになってしまう.次に,この活用論では,終止形や連体形が担い表している文法的カテゴリを,正確には取り出せないことが挙げられる.たとえば,従来の活用論では,「書イ・タ」が「動詞+過去の助動詞」と分析されるのに対して,「書ク」は,動詞のみということになる.これでは,「書ク」は,テンス的意味を帯びていない語形ということになってしまう.[書ク―書イタ]が形成している,[非過去―過去]というテンスの上での対立を正確には取り出せない.

本章では,活用形を,次のように規定する.動詞の活用形とは,動詞の有している係りの統合的(syntagmatic)な意味-機能の,それぞれを担い表し分けている語形である.これは,単語を上述のような姿勢で捉え,動詞の活用形を,動詞の統合的な意味-機能による変化形である,とする立場に立っていることによる.

表 1.1 動詞の活用形一覧

	書ク	受ケル
並列形	kai・tari	uke・tari
副詞形	kak・i-nagara	uke-nagara
	kak・i-tutu	uke-tutu
中止形	kak・i	uke・∅
	kai・te	uke・te
連体形	kak・u	uke・ru
	kai・ta	uke・ta
条件形	kak・eba	uke・reba
	kai・tara	uke・tara
	kak・u-to	uke・ru-to
逆条件形	kai・temo	uke・temo
	kai・tatte	uke・tatte
終止形	kak・u	uke・ru
	kai・ta	uke・ta
	kak・e	uke・ro/uke・yo
	kak・ô	uke・yô

　表1.1に，いわゆる五段活用の「書ク」(強変化動詞・子音動詞)と，一段活用の「受ケル」(弱変化動詞・母音動詞)を例にとって，本章で考える一次的な活用形を掲げる．

　以下，この活用形一覧について簡単に説明を加えていく．述語を形成することが，動詞の主要な機能であることを受けて，動詞のそれぞれの活用形は，タイプの異なる**節**(clause)の述語形成でもある．つまり，副詞形で形成される節は副詞節であり，中止形で作られる節は中止節であり，連体形によって形成されるのが連体修飾節であり，終止形でできているのが主節である．

　活用形の内部構造について見ておく．**子音動詞**(いわゆる五段活用の動詞)には，語幹が2種ある．上掲の「書ク」で示せば，'kak'となる基本語幹と'kai'となる音便語幹とである．それに対して，**母音動詞**(いわゆる一段活用の動詞)では，語幹は1種類である．上掲の「受ケル」であれば，'uke'がそれである．語幹は自立することはない．母音動詞では，語幹と語基が同じ形をしているだけである．「<u>受け</u>がいい」「もらい<u>受け</u>」のように，自立し，語構成の要素になるのが語基である．語幹に接着しているのが語尾である．語尾には，

基本語幹に接着するものと，音便語幹に接着するものとがある．それぞれ，次のようになる．

  基本語幹 kak＋語尾 i u e o eba

  音便語幹 kai＋語尾 te ta tara temo tatte tari

また，音便語幹につく語尾には，「飛ンダ」の場合の 'da' のように，異形態が存在する．「ta／da」「te／de」「tara／dara」「temo／demo」「tatte／datte」「tari／dari」が，音便語幹につく語尾の異形態である．語尾には異形態が存するが，助辞には，異形態という形態の異なりは存在しない(このことについても，鈴木重幸(1996)がすでに触れている)．語尾と助辞における異形態の有無は，両者に存する自立性の異なりの現れであろうか．

 それに対して，「nagara」「tutu」は助辞である．これらは語幹ではなく，語基に付着している．語基が自立性を有していることに応じて，助辞は，語尾に対して独立性(切り離せる度合い)の高いものとなっている．くっつく相手が自立することのない形式であるということは，全体がより高い一体性を有しているということである．したがって，自立することのない語幹に接着する語尾は，独立性がきわめて低い(ちなみに，活用表における「・」は語尾の接着を，「-」は助辞の付着を表している)．

 単独で出現することのない語幹に語尾がついて形成されるのが，活用形の基本であれば，語基に助辞のついた「書キナガラ／書キツツ」は，周辺的な活用形ということになろう．さらに「書クト」になると，語幹 'kak' が語尾 'u' を伴った形式に，助辞「ト」のついた形であり，活用形形成の形態論的過程という点からすれば，より周辺的である(ただ，「書クート」は，「書イタート」が存在せず対立を成さないことから，次に述べるものとは，タイプが違う)．

 また，動詞が表し分けている係りの統合的な意味-機能は，表 1.1 に挙げられた語形で尽きているわけではない．表 1.1 の語形以外の語形が用意されている．次のようなものがそれである．

   条件を表す語形   書クーナラ
   原因を表す語形   書クーノデ／書クーカラ
   逆原因を表す語形 書クーノニ

1.3 語形形成――25

接続関係を表す語形　書クーシ／書クーガ／書クーケレドモ
「ナラ」「ノデ」「カラ」「ノニ」「シ」「ガ」「ケレドモ／ケレド／ケド」は，助辞であり語尾ではない．上に挙げられた語形は，それぞれの統合的な意味-機能を担う語形のすべてではない．さまざまな文法的意味を積極的に表す付加的な形式を帯びていない無標の語形を代表形として挙げてある．上掲の語形は，いずれもテンスによる変化形を持つ．つまり，「書イターナラ」や「書イターカラ」が存在する．言い換えれば，これらの助辞は，自由形態としても現れうるテンスを帯びた形式に，さらに付着しているものである．その点，これらの助辞は，「ナガラ」「ツツ」に比して，さらに独立性が高い．その独立性の高さは，名詞本体に付着して，係りの統合的な意味-機能を表し分ける，いわゆる**格助詞**（本章ではこれを**格助辞**と呼ぶ）の独立性と同程度である，と考えられる．

　上掲の「書クナラ」「書クカラ」「書クガ」などが，動詞が有する係りの統合的な意味-機能の，それぞれを表し分けるための変化形であることは確かである．したがって，これらの形態的な異なりが語形変化であり，それぞれの形式は「書ク」の語形である，と考えられる．ただ，これら諸形式を活用形（つまり，原因形と接続形など）と呼んでいいかは，議論の余地がある．かりに活用形扱いをするにしても，二次的なものである．

　さらに，係りの統合的な意味-機能を表し分けている形式には，「居ルーウチニ」「来ターオリ(ニ)」「出タートタン」や，「ヤルー以上」「ヤルー上ハ」「ヤルータメニ」のように，形式化した単語が付加されているものさえ存する．動詞の，係りの統合的な意味-機能を表し分ける形式には，1単語が明確であるものから，2単語的なものへと，様々な段階があることを認めておかなければならない．

（b）**文法カテゴリの表し分け**
　表1.1に連体形として挙げられている'kak・u' 'kai・ta'は，連体という統合的な意味-機能以上のものをすでに含んでいる．'kak・u' 'kai・ta'という二つの語形は，テンスという文法カテゴリにおける系列的（paradigmatic）な文法的意味を，表し分けるためのものである．言い換えれば，'kak・u' 'kai・ta'は，

連体という統合的な意味−機能において，異なっているわけではない．ただ，動詞が連体形を取るとき，その活用形は，テンスを帯びた語形でしか現れない，ということである．

　動詞の有する文法カテゴリとして，肯否・丁寧さ・テンスが挙げられる．文法カテゴリの出現は，節のタイプによって決定されている．すでに述べたように，活用形は，節の述語の形成でもあった．したがって，それぞれの活用形には，その活用形に実現する文法カテゴリが決まっている．表1.1は，テンスについてのみ，文法カテゴリによる変化形を加えたものである．連体形や終止形以外の活用形が，文法カテゴリによる変化形をまったく持たないわけではない．また，出現する文法カテゴリがテンスだけでもない．図1.1に，文法カテゴリによる変化形を加えた活用形を示す．

　以下少しばかり説明を加える．並列形は，肯否と丁寧さによる変化形を有している．下段の丁寧体形の使用は多くない．特に「丁寧＋否定」の「書キマセンデシタリ」は稀である．副詞形には，文法カテゴリによる変化形は存在しない．連体形は，肯否・丁寧さ・テンスの三項対立であり，したがって，三次元的な対立構造を有している．ただ，丁寧体形の生起は低いものと思われる．「スレバ」型の条件形では，丁寧体形は生起しない（「書キマスレバ」はめったに使わないし，「書キマセネバ」はない）．「シタラ」型でも，「丁寧＋否定」の「書キマセンデシタラ」の生起は低い．「スルト」型は，省略されているが，基本的に「シタラ」型と同じである．逆条件形では，「シテモ」型が丁寧さを有するものの，否定「書カナクテモ」に対立する丁寧体形は通例存しないと考えられる．「シタッテ」型においては，丁寧さの分化はない．以上触れた並列形・中止形・連体形・条件形・逆条件形では，全体として丁寧さの分化が不十分であろう．これには，これらの節の文的度合いの低さが起因している．最後に終止形について触れる．終止形の「kak・u」「kai・ta」「kak・e」「kak・ô」の四つの語形は，モダリティの異なりによる変化形である．「kak・u」「kai・ta」は述べ立てに属し，「kak・e」は命令を表し，「kak・ô」は意志および誘いかけを表す語形である．文法カテゴリによる変化形が問題になる述べ立てが取り上げられている．この活用形には，肯否・丁寧さ・テンスの文法カテゴリによる

並列形　書イタリ───書カナカッタリ
　　　　　　　｜　　　　　　｜
　　　　　　書キマシタリ─書キマセンデシタリ

副詞形　書キナガラ／書キツツ

中止形　書イテ───書カナイデ(書カズニ)
　　　　　　｜　　　　　｜
　　　　　書キマシテ─書キマセンデシテ

連体形　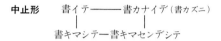
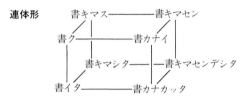

条件形　書ケバ───書カナケレバ

　　　　　書イタラ────書カナカッタラ
　　　　　｜　　　　　　｜
　　　　書キマシタラ─書キマセンデシタラ

逆条件形　書イテモ────書カナクテモ
　　　　　　　｜　　　　　　｜
　　　　　　書キマシテモ──φ

　　　　　　書イタッテ──書カナクタッテ

終止形
（述べ立て）
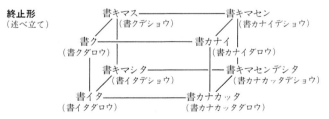

図 1.1　文法カテゴリによる変化形を加えた活用形

変化形が存し，さらに，認識のモダリティによる変化形がそれに加わる．認識のモダリティによる変化形を（ ）の中に入れて示してある（ただ，付加される形式「ダロウ」が単語相当であるということも，その一つであるが，認識のモダリティの，文法カテゴリとしてのあり方は，他のものとは少しばかり違う）．また，「書キマシタデショウ」のような，「マス」のさらに加わった，丁寧さの2回出現するタイプは抜いてある．

以上見てきたように，活用形が文法カテゴリによって形成された変化形を包んでいる．言い換えれば，動詞は，文法カテゴリによる変化系列を含み込んで活用している．統合的な機能を表し分ける語形は，系列的な意味を表し分ける語形変化を内に含んで，変化している．

図1.1では，文法カテゴリとして，肯否・丁寧さ・テンスが取り上げられている．肯否・丁寧さ・テンスは，すべて動詞に存在する．出現する動詞のタイプを選ばない．その意味で，これらは，純粋に文法的なカテゴリである．それに対して，ヴォイスに属する語形として扱われる使役の「書カセル」や受身の「書カレル」，およびアスペクト形式である「書イテイル」は，図1.1から除いてある．これらのカテゴリは，その出現を動詞の語彙的タイプによって制限されている．その意味で，これらは語彙-文法的なカテゴリである．これらの有標形式は，無標の形式と対立しつつも，何らかの派生的意味を含んで存在している（「スル」が動き動詞であるのに対して，「シテイル」は状態動詞である，というふうに，すでにカテゴリカルな意味に異なりが生じている）．

(c) 名詞の語形変化

ここで，少しばかり名詞の語形変化を見ておく．名詞にも，統合的な意味-機能の表し分けに関わる語形変化と，系列的な意味を表し分ける語形変化がある．語形形成は，助辞の付着によって行われる．

まず，統合的な意味-機能を表し分ける語形変化を取り上げる．

  連用 海-∅, 海-ガ, 海-ヲ, 海-ニ, 海-ヘ, 海-カラ, 海-ト, 海-デ,
     海-マデ, 海-ヨリ
  連体 海-ノ

1.3 語形形成

　並列　海-ト(山ト)，海-ヤ(山)，海-カ(山カ)，海-ナリ(山ナリ)，
　　　　海-ヤラ(山ヤラ)，海-トカ(山トカ)

のようになろう．連体のタイプには，ほかに格関係を分化させた「海-ヘ-ノ」「海-カラ-ノ」「海-ト-ノ」「海-デ-ノ」「海-マデ-ノ」「海-ヨリ-ノ」が存在する．並列のタイプには，「突クナリ，切ルナリ」のように，動詞の並列形(二次的なタイプ)と同じ語形形成のものが，少なくない．

　系列的な意味を表し分ける語形変化は，取り立て助辞の付着によって行われる．

　　本-ハ，本-モ，本-ナンテ，本-デモ，本-シカ，本-コソ，本-サエ，
　　本-ダケ，本-バカリ，本-グライ，……

などがこれである．これらは，「本-グライ-ハ」「本-ダケ-デモ」「本-コソ-ハ」のように，連鎖をなして現れうる．(もっとも「*本-ハ-グライ」「*本-デモ-ダケ」「*本-ハ-コソ」といった連鎖はない．言い換えれば，取り立て助辞の連鎖には順序が定まっているし，「*本-ダケ-バカリ」「*本-バカリ-グライ」や「*本-デモ-ハ」「*本-ハ-デモ」といった組み合わせもない．)

　系列的な意味を表し分ける語形が，まったく統合的な機能を持たないというわけではない．(i)連体の統合機能を持たない，(ii)格関係の分化を表さないが，連用の統合機能を持つ，という統合機能を持ちうる．連体の統合機能を持たない，ということに関しては，「*本ダケ箱」はだめであり，「本ダケノ箱」にする必要がある，ということに現れている．また，「本ダケ倒レタ」「本ダケ読ム」のように，連用の統合機能を持ちうることが分かる．連用の統合機能を持ちうるものの，ガ格やヲ格の関係で述語動詞に連なっていく，ということが了解できるのは，「-ダケ」の働きではない．動詞の格支配(の強さ)によるものである．したがって，格支配の勢力圏の外では，「本ダケデ知ッタ」「本デダケ知ッタ」のように，格助辞を付着させる必要がある．ただ，「-ハ」のタイプは，格関係のレベルとは異なった統合機能である，[題目－解説]という連用の統合機能を担っていると考えられる．

　以上見てきた形式を，本章では，動詞や名詞の変化形つまり語形である，という立場を取る．ただ，語形であるということは，これらの形式が，辞書とい

う倉庫に，でき合いの既製品的存在として蓄えられていなければならない，ということを意味しはしない．日本語では，語形形成がきわめて規則的であり，語形そのものを，形態素と形成規則による組み立ての産物として扱えばよい．日本語が膠着語であるということの現れであろう．

1.4 単語の語彙-文法的タイプ

(a) 品詞一覧

単語は，ある語彙的意味を持ち，その類的な語彙的意味からの強い影響のもとに，ある一定の文法的機能・文法的な振る舞い方(syntactic behavior)を取り，それを果たすために，一定の語形変化をする．単語の有する語義的・文法的・語形的な特性の類似性・相異性によって類別された，単語のタイプを**品詞**(parts of speech)と呼ぶ．品詞として，本章で設定する単語類は，別に目新しいものではない．従来から設定されている類いのものである．

本章で類別する単語類は，

　　動詞，イ形容詞，ナ形容詞，名詞，連体詞，副詞，接続詞，感動詞

である(それにすでに触れた判定詞を，補助的な品詞として加える)．**イ形容詞**は，従来，単に形容詞と呼ばれていたものであり，**ナ形容詞**とは形容動詞と呼ばれていたものである．(いわゆる形容動詞は，形容詞と，語形形成のあり方の点で異なりを有するものの，語義のタイプや文法機能のあり方においてほとんど異なるところがない．したがって，本章では，形容詞の一種とし，ナ形容詞と呼んでおく.)所属する単語を列挙するあり方で，これらの品詞類の概要を示す．「割る，学ぶ，立つ，走る，困る，転ぶ，倒れる，枯れる，広がる，響く，臨む，ある」などが動詞である．イ形容詞には，「痛い，まぶしい，暑い，憎い，恋しい，怪しい，優しい，新しい，甘い，重い，広い，丸い，青い」などがある．ナ形容詞には，「空腹な，嫌いな，愉快な，面倒な，上品な，静かな，平らな，真っ赤な」などがある．名詞には，「山田，父，つばめ，石，バター，いす，薬，川，運動場，獲物，うわさ，調べ，良心，平和，文化，人生，都会，量，遠さ，間違い，やりくり，すれ違い，研究，開通」など，いろ

1.4 単語の語彙-文法的タイプ──31

いろなものがある．連体詞としては，「この，ある，例の，くだんの，きたる，ろくな，とんだ」などがある．副詞としては，「がさがさに，びっしょり，ぐったり，にこにこ，のろのろ，ギュウと，しげしげと，ゆっくり，不意に，たちまち，うっかり，だいぶ，とても，少し，しばしば」などが挙げられる．また，接続詞には，「そして，そこで，すると，しかし，それで，あるいは，つまり，いわば，では，さて」などがある．感動詞には，「あれっ，おやっ，わおっ，ふうん，ねえ，へえ，はあ」などが挙げられる．

　すべての品詞が同じように，その存在を確立し強固にしているわけではない．連体詞などは，所属語彙数も少なく，存在の希薄な品詞である．また，すべての品詞が，単語の下位類として，同程度に切り離されているわけでもない．品詞は，似かよいと異なりによって，分けられまとめ上げられて，単語類をなしている．似かよいの大きい品詞群もあれば，異なりの大きい品詞群もある．また，一つの品詞に属する単語がすべて一枚岩的存在であるわけではない．言い換えれば，それぞれが同程度に似かよいと異なりを共有しているわけではない．典型的存在として，下位類の形成に関わる特性をより多く有しているものもあれば，周辺的存在として，下位類の定立に関わる特性のいくつかを欠落させたものもある．さらに，下位類の形成に関わる特性の中核を欠落させ，もはや他の下位類に移行した存在として扱う方がふさわしいものもあろう．

　たとえば，「割る」や「走る」は動詞の典型的存在であると考えられるが，「ある」になると，動詞の典型からかなり外れたところに位置する存在である．さらに，「優れている，しゃれている，にがみばしっている，にやけている，尖っている，ばかげている，ありふれている」のような，終止の位置では，テイル形でしか現れないような動詞は，語彙的意味の類型や文法的な振る舞い方の点で，動詞というよりは，形容詞に近い．

　また，「山田，石，つばめ，ケーキ，部屋，山」などが典型的な名詞であるのに対して，「彼とすれ違いだ」「宇宙船を開発の途中で」のように，「すれ違い」や「開発」などは，連用の格助辞を取りうる．

　さらに，次の文を比べてみよう．

（22）＊あの人は少し山田です．

(23) *これはとても石だ.
(24) あの子は少し子供だ.
(25) ここはとても都会です.

程度副詞は,「今朝は少し寒い」「あの花はとてもきれいだ」のように,形容詞を修飾するのが,中心的な働きである.したがって,(22)(23)が示しているように,通例,名詞述語を修飾することはない.しかし,(24)(25)から分かるように,「子供,都会」のように,程度副詞に修飾されうる述語名詞も存在する.これは,「山田」や「石」が,モノ(者・物)性を有し,名詞の典型であったのに対して,「子供,都会」が形容詞性(性質に関わるという意味的特性)を有していることによる.このように,同一の下位類(同一の品詞)に属する単語(群)が,すべて同じ文法的な振る舞い方を取るわけではない.ある下位類に属することによって,文法的な振る舞い方の主要な部分を,同一類の他の要素と共有しながらも,他の下位類が示す文法的な振る舞い方の一部を有する,といった,異なりを持った要素も存在する.品詞や,品詞に属するということを,あまりに固定的に考えてはいけない.同一品詞に属する要素(群)が,連続性を有しながらも,さらにいくつかの下位的タイプを形成することがある.

(b) 動詞の語義と動詞の下位的タイプ

すでに触れたように,同一の品詞に属する単語(群)が,すべて同じ文法的特性・文法的な振る舞い方を有しているわけではない.同一類に属するものとして一括することができるものの,文法的な特性や振る舞い方の点から,さらなる下位類を設定できることが少なくない.

単語の有している語彙的意味と,その単語が取る文法的な特性・振る舞い方とは,従来考えられていたほど無関係な存在ではない.さらに言えば,単語がどういった文法的な特性・振る舞い方をするかの基本的な要因が,その単語の有している語彙的意味のタイプにある,ということが少なくない.

ここでは,動詞を取り上げ,単語の有している語彙的意味の類的なあり方(カテゴリカルな語義)と,文法的な特性からした下位的タイプとの相関関係の一つ具体的な例を見ておく(動詞は,文の述語になり,文構成の中核的存在で

1.4 単語の語彙-文法的タイプ——33

ある．文の意味-統語構造の大枠が，当の動詞の文法的な特性によって，決定されている）．

　動詞は，様々な文法的特性から下位類化できるが，紙数の関係もあって，ここでは，テンス(tense)・アスペクト(aspect)からした動詞の下位的タイプについて，簡単に見ておく．

　まず，その動詞が〈動き〉といった意味素性(類的な語義の特徴)を有しているか否か，といった点から動詞を見ていく．〈＋動き〉とは，時間の流れの中で発生・展開・終結する事象のことであり，事象は，外部ないしは内側から何らかのエネルギーが補給されている間だけ存続している(これを**動き動詞**と仮称)．それに対して，〈－動き〉とは，時間の流れにかかわらず(ある一定の時間)，主体のあり様が，変動なく同質的に存続する事象のことである．〈－動き〉には，ある時間帯の中に存在する主体の一時的なあり様を表した〈状態〉と，主体の有している特性や性質を表した〈属性〉とがある．

　動き動詞には，

　　愛する，会う，上がる，上げる，開く，開ける，預かる，預ける，遊ぶ，暖まる，暖める，集まる，集める，暴れる，浴びる，あふれる，甘える，編む，洗う，荒れる，荒らす，争う，歩く，言う，生きる，行く，痛む，祈る，入る，入れる，イライラする，植える，受ける，動く，動かす，失う，歌う，訴える，うつむく，うなる，埋まる，埋める，売る，買う，選ぶ，得る，おおう，起きる，起こす，置く，送る，教える，教わる，押す，落ちる，落とす，おどかす，踊る，泳ぐ，降りる，降ろす，折れる，折る，終わる，傾く，傾ける，勝つ，担ぐ，かむ，枯れる，枯らす，借りる，貸す，乾く，乾かす，消える，消す，聞こえる，聞く，着る，……，泣く，嘆く，悩む，眠る，飲む，……

など，たくさんのものが属する．動詞の大多数は，このタイプの動詞である．(動詞のある語形がどのような文法的な意味を表すかは，動詞のタイプによってのみ決定されているわけではないが)動き動詞は，基本的に，ル形(「走ル」「歌ウ」など)で，テンス的意味として未来を表し，アスペクトを分化・存在させている．

(26) あっ，荷物が落ちる．
(27) 「テレビ，早く消しなさい．」「今，消す．」
(28) 彼の部屋を訪ねた時，彼はワインを {飲んだ／飲んでいた}．

(26)(27)の動詞は，いずれも動き動詞であり，そのル形は未来を表している．また，(28)から分かるように，ル形(「飲ム」)とテイル形(「飲ンデイル」)が，アスペクト的対立でもって存在している．

ある時間帯の中に存在する主体の一時的なあり様を表す**状態動詞**の中心は，動き動詞のテイル形である．日本語では，状態動詞は派生動詞が主流である(ちなみに，「庭で子供が遊んでいる．」が表すものは，まさに，現在という時間帯の中に存在する主体の一時的状態である)．もっとも，単純動詞に状態動詞がないわけではない．

　　ある，存在する，居る，要る，占める

などは，状態動詞である(もっとも，これらに属性動詞としての使われ方がないわけではない)．状態動詞のル形は，テンス的意味として，事象が顕在的に現在ないしは未来の一定の時間帯の中に存在することを表す．また，状態動詞には，アスペクトの分化・存在がない．

(29) この部屋には大きな机がある．
(30) 今僕には君の助けが要る．
(31) 反対派が多数を占める(占めている)．
(32) 教室に学生がたくさん {居る／*居ている}．

などのル形は，顕在的な事象の現在を表している(「明日お金が要る」のように，未来を指示する時の成分の働きによって，ル形は未来を表しうる)．(32)が示すように，このタイプの動詞には，ル形とテイル形をアスペクト的対立でもって分化させてはいない((31)のル形とテイル形はアスペクト的に対立していない)．

主体の有している特性・性質を表した動詞を，**属性動詞**と仮称しておく．属性動詞には，

　　(おじに)当たる，大きすぎる．劣る，(才能に)欠けている，角張っている，
　　くだけている，異なる，こっている，優れている，しゃれている，適する，

尖っている，違う，できる，（栄養価に）富む，成る，にがみばしっている，
　　にやけている，似る，ばかげている，反する，（ビタミンCを）含む

などがある．属性とは，主体が永続的に有している，特性・性質あるいは他との関係のあり方のことである．したがって，そのル形は，広げられた現在に存在する事象，ないしは恒常的な事象を表し，時間的限定から解放される傾向にある．また，ル形とテイル形の双方が存する場合にあっても，それはアスペクト的対立をなすものではない．したがって，このタイプの動詞には，アスペクトは分化・存在していない．

(33) 彼は私のおじに<u>当たる</u>．
(34) この服はあの子には<u>大きすぎる</u>．
(35) この庭はとても<u>こっている</u>．
(36) 水は酸素と水素から<u>成る</u>．
(37) あの男は妙に<u>にやけている</u>．
(38) 君のやり方は規則に｛<u>反する</u>／<u>反している</u>｝．

などのル形は，いずれも厳密に現在という時間帯に限定されていない．

　上で見たように，テンス（ル形のテンス的意味の現れ）やアスペクトの分化・存在に関与する動詞の下位的タイプに，動き動詞と非動き動詞（状態動詞と属性動詞）とがあった．

　次に，動き動詞の下位種について見ていく．動きの中には，主体の状態に変化をもたらす動きと，動きの終了後も主体に変化が生じたとは捉えられていない動きとがある．主体に変化をもたらす動きを〈主体変化〉と仮称し，主体変化を表す動詞を主体変化動詞と呼ぶことにする．それに対して，主体に変化をもたらすとは捉えられていない動きを，〈主体運動〉と仮に名づけ，主体運動を表す動詞を主体運動動詞と呼ぶ．

　主体変化動詞には，
　　開く，行く，浮く，埋まる，移る，うつむく，生まれる，熟れる，起きる，治まる，落ちる，衰える，降りる，折れる，終わる，変わる，帰る，掛かる，重なる，かすむ，固まる，傾く，枯れる，乾く，消える，結婚する，決まる，くずれる，壊れる，下がる，裂ける，刺さる，冷める，茂る，沈

む，死ぬ，湿る，閉まる，ずれる，成長する，育つ，……，立つ，近づく，縮む，着く，嫁ぐ，止まる，なおる，濁る，入社する，寝る，乗る，入る，外れる，戻る，破れる，……

など，主体の様や質の変化や位置の変化などを表す動詞が存する．主体変化動詞のテイル形は，まずもって〈結果状態の持続〉を表す．結果状態の持続とは，動きが終わりその結果生じた新しい状態が，基準時に主体に存在・持続していることを表す．事実，

(39)　ドアが開いている．
(40)　「いないんだ．今朝から二人とも東京に行っている．」
(41)　入口の近くにマッチが落ちていた．
(42)　「勝代は洋子が死んでいるのを見て，どうした？」

などは，いずれも，テイル形が結果状態の持続を表している．

主体運動動詞には，

扇ぐ，上げる，開ける，預ける，遊ぶ，暖める，集める，編む，謝る，洗う，争う，歩く，営む，祈る，動く，動かす，歌う，打つ，うなる，奪う，生む，売る，追う，拝む，起こす，置く，教える，教わる，押す，落とす，踊る，泳ぐ，折る，変える，輝く，掛ける，書く，飾る，数える，固める，担ぐ，乾かす，きたえる，切る，くだく，消す，ける，こする，殺す，壊す，叫ぶ，騒ぐ，……，たたく，束ねる，食べる，散らかす，使う，つかむ，突く，包む，飛ぶ，泣く，無くす，流れる，塗る，走る，はう，……

など，様々な動詞が存在する．主体運動動詞のテイル形は，基本的に結果状態の持続を表さない．

動詞のテイル形のアスペクト的意味の現れに関与する意味素性には，主体変化・主体運動以外に，持続性の有無がある．〈＋持続性〉とは，動きそのものが時間幅を持って存在している，というものである．動きが時間幅を持って存在しているということは，動きの始まりと終わりが分離可能である，ということである．動きの持続性は，状態の持続と異なって，始まり・展開・終わり，といった展開のプロセスを有した過程的持続性である．〈－持続性〉とは，動きが時間幅を持っているとは捉えられていないものである．動きの始まりと終わり

が分離できない,と捉えられているものである.主体変化・主体運動と持続性の有無は,相互に独立的である.したがって,動き動詞は,主体変化・主体運動という意味素性と,持続性の有無という意味素性の二つの軸で下位類化される.

主体運動でありながら非持続性の動詞は,多くない.主体運動でありかつ非持続性の動詞には,

(宝くじを)当てる,(家具を)傷める,失う,生む,得る,(事件を)起こす,(恥を)かく,勝つ,殺す,仕上げる,しくじる,実現する,違える,つまずく,出会う,遂げる,無くす,果たす,発見する,発明する,負かす,設ける,目撃する,許す

などが存する(意志動詞として使うか,無意志動詞として使うかで,持続性の有無に異なりの生じるものもある).

それに対して,主体運動でかつ持続性を有する動詞には,上掲の主体運動動詞の多数が属する.

扇ぐ,上げる,開ける,遊ぶ,暖める,編む,洗う,争う,歩く,営む,動く,動かす,歌う,打つ,うなる,追う,拝む,起こす,置く,教える,教わる,押す,踊る,泳ぐ,折る,輝く,掛ける,書く,飾る,数える,固める,担ぐ,乾かす,きたえる,切る,くだく,消す,ける,こする,壊す,叫ぶ,騒ぐ,……,たたく,束ねる,食べる,使う,つかむ,突く,包む,飛ぶ,泣く,流れる,塗る,走る,はう,光る,……

などが,主体運動でかつ持続性を有する動詞である.

主体運動動詞のテイル形のアスペクト的意味の現れには,持続性の有無が関与している(もっとも,主体変化動詞は,持続性の有無にかかわらず,まず,等しく結果状態の持続を表す).動詞のテイル形が〈動きの最中〉を表すのは,主体運動でかつ持続性を持つ動詞である.主体運動という意味素性だけでは,動詞のテイル形は,動きの最中を実現しない.動きの最中とは,基準時に,主体が,動きが始まって終わるまでの動きの最中の状態にあることを表す.

(43) みんな外で遊んでいます.
(44) 夫は鉄工所を営んでいた.

(45) その下にわき水があり，小川が流れている．
(46) コロンブスはアメリカ大陸を発見している．
(47) その男はとんでもない事件を起こしていた．
(48) 彼は大事な友を事故で失っている．

「遊ぶ，営む，流れる」は，主体運動でかつ持続性を有している動詞である．いずれも，テイル形は動きの最中を表している．それに対して，「発見する，(事件を)起こす，失う」は，主体運動動詞であるものの，持続性のない動詞である．主体変化動詞でないことによって，そのテイル形は結果状態の持続を表さない．これらの動詞のテイル形は，結果状態の持続でもなく動きの最中でもなく，〈経験・完了〉と呼ばれるものを表す．経験・完了とは，動きが終わったことを基準時から眺めて捉えたものであり，以前に生じた動きが基準時に何らかの影響・痕跡を残している，という捉え方がなされているものである．

　主体変化でかつ非持続性の動詞には，

　　(年が)明ける，行く，(お宅に)伺う，生まれる，(事件が)起こる，折れる，終わる，返る，帰る，(病気に)かかる，決まる，来る，刺さる，定まる，死ぬ，(締切りが)過ぎる，済む，(人通りが)絶える，達する，つかえる，着く，つながる，止まる，取れる，抜ける，眠る，化ける，はじける，外れる，(床に)伏す，向く，戻る，……

などがある．

　主体変化動詞のかなりのものは，持続性を有している．主体変化でかつ持続性の動詞には，

　　(物価が)上がる，開く，(果物が)傷む，(傷口が)うむ，熟れる，治まる，衰える，変わる，かげる，固まる，傾く，枯れる，乾く，消える，腐る，崩れる，曇る，狂う，(日が)暮れる，肥える，凍る，焦げる，栄える，下がる，さびれる，冷める，しおれる，茂る，静まる，しぼむ，湿る，熟す，(研究が)進む，廃れる，迫る，育つ，染まる，倒れる，近づく，縮む，疲れる，つぶれる，積もる，溶ける，なおる，濡れる，……

などが存する．

　持続性が存するということは，動きの始まりが動きの終わりから分離して取

り出せる，ということである．動きの始まりが動きの終わりから分離して取り出せることによって，このタイプの動詞は，「(シ)ハジメル」「(シ)ダス」という形式を分出させうる．「(シ)ハジメル」や「(シ)ツヅケル」や「(シ)オワル」のように，動きの展開の局面 (Aktionsart) を表し分ける形式をも，本章ではアスペクト形式として位置づける．ただ，[スルーシテイル]の対立に対して，二次的アスペクト形式として位置づける．「(シ)ハジメル／(シ)ダス」が表す動きの展開の局面を始動相と呼んでおく．

(49) 万年筆を取り出して，左衛子は手紙を書き始めた．
(50) 男は急に走りだした．
(51) 早くも汗でシャツが濡れはじめた．
(52) 昨夜からの大雨で堤防が崩れだした．

(49)(50)は，持続性の主体運動動詞であり，(51)(52)は，持続性の主体変化動詞である．いずれも，動きの始まりを取り出し，始動相を持つ．

それに対して，非持続性の動詞は，「*彼は仕事をしくじりはじめた」「*抗議のFaxが一通届きだした」のように，単一事象では「(シ)ハジメル／(シ)ダス」を取りえない．「彼は次から次へと仕事をしくじりはじめた」「抗議のFaxが次々と届きだした」のように，複数事象にしなければならない．

また，(シ)ツヅケル形の使用の可否も持続性が関わっている．

(53) 男は必死に走りつづけた．
(54) 昨年末から物価は上がりつづけている．

これらは，いずれも持続性を持った動詞である．ただ，(シ)ツヅケル形は，動き動詞にしか共起しないわけではない．前掲の状態動詞は，一定期間存在する主体のあり様を表すことによって，(シ)ツヅケル形を基本的に取りうる．

(55) 男は女の家に居つづけた．
(56) 不利な状況がいつまでも存在しつづけることはない．

などは，いずれも適格な表現であろう．それに対して，属性動詞は，存続する事象を表すものの，時に縛られない主体の特性を表すことによって，(シ)ツヅケル形を取らない．

(57) *彼は僕のおじに当たりつづける．

(58) *彼の顔は角張りつづけている．

などは，いずれも逸脱性を有した形態連鎖である．

　さらに，主体変化動詞の場合，持続性を有していることによって，変化の進展的持続を表すテクル形・テイク形を取りうる．

(59) 体力がじょじょに衰えてきた．
(60) このまま放置すれば，傷口がだんだん腐っていく．

などがこれである．

　動きの始まりと動きの終わりが分離できる，ということは，また，動きの終わりが明確に取り出せることの前提である．動きの終了点を明確に取り出せるという意味素性を〈完結性〉と仮称しておく．完結性を持つ動詞は，(シ)オワル形を取りうる．ここでいう完結性は，いわゆる臨界性(telic)と呼ばれるものと，重なりはあるものの，完全には一致しないようである．「机を作る」などは，臨界性の動詞の代表である．それに対して，「ギャーギャー騒ぐ」や「運動場を歩く」などは，非臨界性(atelic)の動詞である（もっとも「学校まで歩く」にすれば臨界性が生じる）．「机を作っている」からといって，「机を作った」とは言えない．それに対して，ギャーギャー騒ぎはじめれば（つまり「ギャーギャー騒いでいれば」），ギャーギャー騒いだことになる．「食べる」は，一口食べれば，食べたことになる（その意味で臨界性がない）タイプの動詞であるが，「子供がやっとご飯を食べおわった」のように，(シ)オワル形が共起しうる．臨界性が生じているはずではあるが，「??学校まで歩きおわる」は座りが悪い．

　完結性を持った動詞には，

　　(靴を)はく，着る，着替える，脱ぐ，巻く，(包帯を)換える，たたむ，包む，(ツルを)折る，編む，ぬう，作る，こしらえる，建てる，(堤防を)築く，読む，書く，食べる，飲む，報告する，説明する，講義する，演奏する

などがある．

(61) カズコは着物を着替え終わった．
(62) 彼は水を飲みおわって，立ち上がった．

(63) *弘は洋子を愛しおわった．
(64) *男は大声で叫びおわった．

(61)(62)の動詞は，完結性を持った動詞である．(シ)オワル形が共起している．それに対して，(63)(64)の「愛する」や「叫ぶ」は，あらかじめ終了点を持つような動きではない．完結性を持たないこれらには，(シ)オワル形は出現しない．

動詞は，テンス・アスペクトの観点から，まず，動き動詞と非動き動詞に分かれる．図示すれば，図1.2のようになる．

図1.2　テンス・アスペクトからした動詞の下位類化

そして，動き動詞は，テイル形式のアスペクト的意味の異なり，二次的アスペクト形式の現れに関与する意味素性から，さらに下位類化される．下位類化の相互関係は，図1.3のようになる．動きは，主体変化と主体運動，および持続性の有無という二つの意味素性から交差分類され，持続性はさらに下位類化される．

図1.3　動き動詞の下位類化

以上述べてきた動詞の下位的タイプは，動詞の語彙-文法的タイプである．言い換えれば，動詞の有する語彙的意味の類型と，その動詞の有している文法的な振る舞い方との双方によって，取り出された動詞の下位タイプであった．上述の動詞の下位的タイプが，その動詞の示すテンス・アスペクトのあり方を，基本的に規定してくる．もっとも，そうではあるものの，動詞の中には，共起成分との関係によって，主体変化として捉えられたり，主体運動として捉えら

れたり，また，持続性の有無や，完結性の有り無しの変わってくるものが，少なくない．たとえば，「ズボンが光っている」のように，光っていない状態から光った状態への変化として捉えれば，テイル形は結果状態の持続と解釈されるし，「月が光っている」のように，主体の光を放つ運動として捉えれば，テイル形は動きの最中になる．また，「彼は右に動いている」は，変化の側面に焦点が当たっており，テイル形は結果状態の持続を表すのに対して，「男が激しく動いている」は，運動の側面に焦点が当たっており，テイル形は動きの最中を表している．さらに，「塞がる」のような動詞の場合，「傷口がじょじょに塞がりはじめた」では持続性があり，「*部屋が塞がりはじめた」では持続性がない．また，「彼は芝居を見おわった」は完結性を有しており，「*彼は山を見おわった」には完結性がない．

(c) 形容詞の下位的タイプ瞥見

ここでは，動詞以外の品詞として，形容詞(特にイ形容詞)を取り上げ，その下位的タイプについてごく簡単に見ておく．

まず，形容詞と動詞の用法上の偏りを見てみる．このことを見るにあたって，**装定**(名詞を修飾限定する用法)と，**述定**(述語として働いている用法)とに注目してみる．

(65) 寒い夜で，風が冷たかった．

の「寒い」が形容詞の装定であり，「冷たかった」が形容詞の述定の例である．また，動詞について言えば，

(66) 男は奇妙によく光る瞳を和郎に向けた．

の「光る」が装定の例であり，「向けた」が述定である．

動詞にも形容詞にも，述定と装定がともに存在する．もっとも，このことは，何も動詞と形容詞にあって，この両者が同じ意味合いを持って存在している，ということを意味しはしない．510ページ余りの文庫本(講談社『ミステリー傑作選4』)を使って，述定・装定両者の数を調べてみた．動詞については，その1割ほどを調査対象にし，形容詞については，全ページを調査した．動詞では，述定が890例(85%)あったのに対して，装定は159例(15%)であった．そ

れに対して，形容詞では，述定が 250 例（37％）存在したのに対して，装定は 428 例（63％）存在している．この小調査からも，動詞の中心は述定であり，それに対して，形容詞の本領は，やはり名詞を修飾限定する装定にあることが分かろう．

次に，形容詞の下位的タイプについて瞥見する．ここでも，従来のように，イ形容詞を属性形容詞と感情形容詞，感覚形容詞に分ける．感情形容詞と感覚形容詞をまとめて状態形容詞と仮称しよう．

属性形容詞は，形容詞の中でも数が最も多く，

新しい，古い，青い，赤い，黒い，白い，明るい，暗い，浅い，深い，厚い，薄い，粗い，細かい，淡い，濃い，大きい，小さい，重い，軽い，堅い，柔らかい，狭い，広い，高い，低い，安い，強い，弱い，太い，細い，長い，短い，美しい，かわいらしい，きたない，きよい，ごつい，等しい，まるい，四角い，優しい，きつい，きびしい，ずるい，むさい，若い，おさない，偉い，賢い，にぶい，むつかしい，易しい

などが挙げられる．

また，**感情形容詞**には，

うれしい，おかしい，かなしい，さびしい，楽しい，つらい，くやしい，憎い，憎らしい，いまいましい，むなしい，わびしい，惜しい，かわいい，恋しい，なつかしい，いとしい，こわい，おそろしい，ねたましい，うらやましい，恥ずかしい，てれくさい

などが挙げられる．

感覚形容詞は，最も数が少なく，

痛い，（目が）まぶしい，かゆい，くすぐったい，こそばゆい，（体が）だるい，ひもじい，けむたい，ねむたい，息苦しい

などが挙げられる．

(67) 膵臓の新しい手術方法を考案し，……．
(68) 不安と疑惑だけが，小波のように依頼人の美しい顔に拡がっていた．
(69) 新聞社は速達で採用通知をくれたのである．給料は安かった．
(70) 急な坂がつづいて息苦しかった．

(71)「ぼくはこわかったんだ．ほんとうに，ぼくはこわかったんだ．」
(72)「売春をやってる女がボスと手下二人を射殺して逃げたっていう事件だよ．」「こわい事件ね．」

(67)(68)(69)の「新しい」「美しい」「安かった」は属性形容詞である．そして，(67)(68)が装定の例であり，(69)が述定の例である．それに対して，(70)(71)(72)の「息苦しかった」「こわかったんだ」「こわい」は状態形容詞であり，(70)(71)が述定で，(72)が装定の例である．

ここで，属性形容詞と状態形容詞における装定・述定の現れ方を見ておく．それぞれの装定・述定の現れ方は，次のような結果であった．（同じ資料を用いて調査した．ただし，「多い，少ない，おびただしい，とぼしい」のような存在に関わるもの，「すごい，ひどい，はなはだしい，すさまじい」のような評価的なものは省いた．）属性形容詞では，装定が325例存在しているのに対して，述定は99例しかなかった．それに対して，状態形容詞では，逆に，装定が27例しかないのに対して，述定は49例存在していた．このおおまかな小調査でも，属性形容詞と状態形容詞での，装定と述定の現れ方の異なりが分かる．用法の中心が述定ではなく装定にある，というのは，属性形容詞のみである．それに対して，状態形容詞では，述定が装定の倍近くあり，逆に，述定が装定を上回る．属性形容詞と状態形容詞は，装定・述定の現れという点からも，下位的タイプをなす．装定を本領とするという形容詞のあり方は，属性形容詞にこそ当てはまり，述定が多いという意味で，状態形容詞は，動詞への近さを有する．装定優位である，という形容詞の全体的なあり方からすれば，形容詞の中心は，やはり属性形容詞であると言えよう．

属性形容詞と状態形容詞，さらに状態形容詞の下位的種である感情形容詞と感覚形容詞では，述定表現の時への位置づけられ方（したがって，テンスの現れにおいて）も異なりを有している．

(73) 僕，おなかが痛い．
(74) 僕はいまだに父親がこわい．
(75) ダイヤモンドはとても堅い．

(73)の「痛い」は感覚形容詞であり，(74)の「こわい」は感情形容詞であり，

1.4 単語の語彙-文法的タイプ

(75)の「堅い」は属性形容詞である．表されている事象が最も明確に発話時に位置づけられているのが，感覚形容詞である．感覚形容詞は，基本形で，発話時に顕在的に存在する身体的感覚を表している．感情形容詞の基本形も，発話時に位置づけられた事象を表している．ただ，その事象は，通例，発話時のみではなく，発話時を含む広げられた時間帯に位置する．それに対して，属性形容詞では，事象は，主体の有している特性を表し，発話時に限定的にしばられていない．したがって，「ダイヤモンドはとても<u>堅かった</u>」のように，タ形にしても，ダイヤモンドの堅さが発話時にはなくなっていることを意味しない．また，感覚形容詞では，基本形「僕，おなかが<u>痛い</u>」であれ，タ形「昨夜僕はおなかが<u>痛かった</u>」であれ，基本的に変化はなく，限定を受けた時間の中に生起した出来事を表している．それに対して，感情形容詞では，「僕は父親が<u>こわい</u>」は，広げられた時間帯に存在するのに対して，「昨夜僕は父親が<u>こわかった</u>」は，限定を受けた時間の中に生起する出来事に変化している．もっとも，上述の説明は，いずれも，各タイプの典型的な形容詞の基本的な用法についてであり，それぞれのタイプにおいて，当然これとは異なった用法も存在する．

以上，単語をどういうものとして捉えているのか，また，本章のように単語を捉えると，語形はどうなるのか，さらに，単語の有している語義と単語の示す文法的特性の相関の具体的な一端を示した．

2
格

2.1 格の概念

　格とはなにか．格という文法用語には，さまざまな使い方があって，統一された見解があるわけではない．それが文法用語であるという点では共通しているものの，あるときは名詞の形の体系であり，あるときは名詞の他の単語に対する意味関係であり，またあるときは主語や目的語など，文や動詞句における名詞の機能を指し示したりというふうに，いくつもの違った使われ方をしている．それで，格とはそもそもなにかという問いからはじめたい．

　格（英語 case，フランス語 cas，ドイツ語 Kasus/Fall，ロシア語 падеж）は，その語源であるラテン語 cāsus に由来し，ギリシャ語 ptōsis の原義である「かたむき」「逸脱」を訳したもので，もともとは名詞だけではなく，動詞にも適用される語形変化を意味したが，格を名詞類の語形変化に限定し，かたむかない基体（斜格に対する直格）をも，格の一形態とすることで，今日いうところの格の概念が確立した．つまり，格とは，

　　名詞類が文の中で他の単語に対してとる関係のあり方をあらわす文法カテゴリ

と定義することができる．格は，狭義には，名詞類が他の単語に対してもつ意味的な関係のあり方を明示している語形上の特徴である．この伝統的な定義のもとでは，語形変化の対立にもとづく形態論的なカテゴリであるということを確認しておきたい．サンスクリットには，主格，対格，与格，属格，奪格，処格，具格，呼格の八つの格がみとめられるが，多くの印欧語では格の融合によって，格の数を少なくしていった．すなわち，ラテン語では具格と処格が奪格に統一され，6 格に，ギリシャ語では具格と処格が与格に，奪格が属格に統一され，5 格にというふうに格の数をへらした．今日のドイツ語では主格，対格，与格，属格の四つの格をとどめるにいたっている．

　これらの形態上の格は，格の種類がすべて異なる屈折形でしめされているというわけではなく，しばしば名詞の文法カテゴリである性や数の区別をも同時にしめす役割をになっているために，同一の語形が二つ以上の格をあらわす場

合が少なくないことにも注意しなければならない．また，呼格は，独立の成分で，文中の他の成分との関係をしめすものではないので，他の格と同列にあつかうのは問題かもしれない．現代の英語では，代名詞に格の体系を残すだけで，一般の名詞は無標識の通格と有標識の属格（'s）だけとなり，格にもとづく語形変化をなくしている．通格は語順のたすけによって，すなわち，述語動詞の前に位置するか，それとも後に位置するかによって，主語と直接目的語の違いをあらわし，多くは副詞から発達した前置詞が，分析的に名詞の格の機能をはたしているということになる．

また，他動詞の目的語と自動詞の主語が同一の形態をとり，他動詞の主語（行為者）が特別の形態をとる，いわゆる**能格**は，コーカサス諸語やバスク語をはじめ，多くの言語にみられることが知られており，**能格言語**のタイプとして，自動詞と他動詞の主語が共通し，他動詞の目的語が特別の形態をもつ**対格言語**と大きく対立する関係にある．印欧語はおおむね対格言語に属するが，そこでは動詞は無標の格である主格との一致をしめし，有標の対格をとるかとらないかで他動詞と自動詞に分かれる．名詞の格の体系が，述語動詞のタイプと対応しているわけである．

一般に，膠着的な言語には格の数が多く，（b）で紹介するエストニア語では，14の格があり，コーカサスの言語には，その倍以上の格を有する言語もしられている．これら多数の格の大部分は，場所や運動の方向をしめすものである．

(a) **格の表現手段**

ところで，格の概念を「名詞類が文の中で他の単語との関係をあらわす文法カテゴリ」と定義するとき，うえで述べたような狭義の語形変化にとどまらず，接辞の付加や付属語などの文法的な単語の添加によるもの，あるいは単語の位置関係すなわち語順も格をあらわす表現手段として加えられるであろう．言語は時間の軸に沿うという線条性をもつゆえ，同時に二つ以上の単語を発話することができない．つまり，一つの文の中に二つ以上の名詞が使われるなら，それらのあいだに必ず先後関係が生じることになる．その先後関係に一定の法則があるなら，それは，格の機能すなわち他の単語（たとえば述語である動詞）と

の意味関係に関与しうる．中国語には名詞の形態的な格は存在しないが，文の中での名詞の位置が格のはたらきをしているということができる．印欧語にみられる語の屈折にみる語形変化によるもの，日本語やフィンランド語にみられるような膠着的な接辞によるもの，あるいは，前置詞や後置詞といった測置詞（adposition）によって分析的に迂言的に表現されるものなどがある．アフリカの言語の中には，音調やイントネーションによって格の機能をはたしている言語も多くあるという（橋本萬太郎 1984）．いずれにしても，これらは格が広い意味での形態的な特徴づけをうけているものであると理解される．格の表現手段にはさまざまな姿があるということであり，格の本質は，こうした表現手段の如何に左右されることはない．

(b) 形態としての格

フィンランド語と姉妹関係にあるエストニア語の場合，表 2.1 のような 14 の格があるという（松村一登 1993）．これらの格は，名詞の形態にもとづくもので，エストニア語においては，「教会」という単数の名詞が文の中でとる形が 14 種類あるということを示している．この言語では，こうした名詞の格の

表 2.1 名詞 kirik「教会」の単数の格変化

格	格変化	意 味
主格（nominative）	kirik	教会（が）
属格（genetive）	kiriku	教会の／を
分格（partitive）	kiriku-t	教会を
入格（illative）	kiriku-sse	教会（の中）へ
内格（inessive）	kiriku-s	教会（の中）で
出格（elative）	kiriku-st	教会（の中）から
向格（allative）	kiriku-le	教会へ
接格（adessive）	kiriku-l	教会で
奪格（ablative）	kiriku-lt	教会から
変格（translative）	kiriku-ks	教会に[なる]
様格（essive）	kiriku-na	教会として
到格（terminative）	kiriku-ni	教会まで
欠格（abessive）	kiriku-ta	教会なしで
共格（comitative）	kiriku-ga	教会と／を用いて

形式によって，文の中での他の単語への意味的な関係をふるいわけているのである．現代日本語にこうした形態上の格をもとめるとしたら，どのような形式がえられるであろうか．

　主として名詞につく「ガ」「ヲ」「ニ」などの形式は，伝統的な国文法の世界で格助詞としてとらえられてきた．これらの形式は，自立しない付属語に属し，付属語の中で語形変化をしない助詞のうち，名詞について文中の他の単語との関係をしめすものとして位置づけられてきた．そのために格の研究は「名詞＋格助詞」についての研究とされていた．そこでは，しばしば，格の考察が格助詞の意味・用法として，名詞から切り離されてしまう傾向にあった．格助詞「に」の用法，「で」の用法といったふうに．しかし，格の概念は，あくまでも名詞の文の中でのはたらきであり，本体の名詞をぬきにして問題にすることはできない．また，

　(1)　「もう昼ごはん∅　食べた？」
　(2)　「このあいだ，借りた本∅　とってもおもしろかった．」
などにおける∅(格助辞のつかない形式)がとりあげられなかったり，
　(3)　おとこの特徴によって判断した．
　(4)　交通事故のためにひとつき休まざるをえなかった．
の「によって」や「のために」のような形式を名詞の存在形式として正当にあつかうことができなかった．国文法の世界では，日本語の名詞は無機能である，といった説も出されたことがある．自立的な単語が文の中で機能をなんらはたさないというのは不思議な定義である．格を格助詞の問題としてとらえると，そのような奇妙な提案となってあらわれる．

　筆者は，従来の国文法で格助詞としてとらえられてきた「ガ」「ヲ」「ニ」などの形式を，命名の単位ではない(そして典型的な単語が語彙的な意味をもっているのに対して，これらの形式はそれをもたない)ことと，非自立的な形式で文の一次的な成分ではなく，単語に従属している形式であることを重視し，名詞が文の中でとる存在形式として，広義の接辞のあつかいをし，**格助辞**とよぶことにする．格助辞として，「−ガ」「−ヲ」「−ニ」「−カラ」「−ヘ」「−ト」「−ヨリ」「−デ」「−マデ」「−ノ」といった形式があげられる．

2.1 格の概念

格は名詞の文法的なカテゴリとして多くの言語にみとめられる．では，いったい，なぜ名詞に格があるのであろうか．

動詞述語文と形容詞（あるいは名詞）述語文とでは事情が異なるのだが，名詞が一つの文の中に一つしか（ここでは，述語にかかる成分だけを問題にし，名詞にかかる連体修飾すなわち規定語用法を除いて考える）存在しないとしたならば，格の発達はなかったであろう．一つしか存在しないものに他と区別する必然性は生じないからである．ある特定の時空間の中に展開する事態にあっては，その具体的なできごとに参加する項が複数存在し，それが名詞として文の中に表現される．名詞の格の存在の根拠は，一つの文の中に複数あらわれうることにもとめられるであろう．形容詞（あるいは名詞）述語文では，多くは，主語と述語からなる二項性をその構造とするゆえに，格の表現は限られていて，貧弱である．しかし，動詞を述語とする文にあっては，そこに意志や作用が関与しえて，いくつかの名詞があらわれる可能性をもち，それらの結びつきも多様になる．格は動詞述語文でゆたかに開花するといえる．

(c) 日本における格の研究史

ここで，日本における格の研究の歴史を素描してみたい．

山田孝雄や松下大三郎は，自立的な単語における文中での資格を格ととらえていて，格の概念は名詞にとどまらないのであるが，二人が名詞の格としたものの分類をみておく．

山田孝雄は日本語における格を，「英文典にいふ case よりも一層意義汎く，句の構成分子が句の組成に関して保つ所の一定の資格の義」に用いるとし，名詞が他の名詞に対して限定的に機能する場合，用言に対して主位，補充，修飾などの地位にたつ場合，また副詞に属してその意義を完全にする場合などを格としてとらえようとした（山田1936）．山田によると格は，呼格，述格，主格，賓格，補格，連体格，修飾格の七つに分類される．日本語の形態論の研究で先駆的な仕事をした松下大三郎は，現代日本語の格を，以下のように10種に分類している（松下1930）．松下の分類は，客格の下位区分を除けば，格はまず特殊格と一般格に，特殊格は連用格と連体格に，連用格は主格とそれ以外の客

格に分かれるというふうに2分類が貫かれている点にも特徴がある.

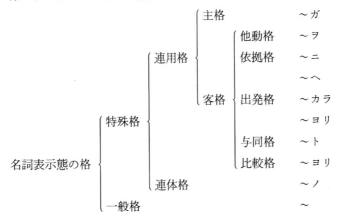

松下の格の扱いで特に注目される点は,一般格という名称で,今日いうゼロ格を設定していることである.伝統的な国文法の世界では,名詞は無機能で,名詞につづく「助詞」が名詞を機能化するととらえられてきたことはさきにもふれた.「助詞」が文法的な機能をになっていることはたしかであるが,以下の例文のように,名詞が「助詞」をともなわない姿で文中であらわれた場合,いずれも「助詞」をともなった場合と同じように文中での機能をはたしている.すなわち,(5)では,よびかけの機能をはたす独立語として,(6)では並列成分のまえにたつ要素として,(7)では修飾成分として使用されている名詞が「助詞」をともなわずに文中にあらわれた諸例である.

(5) 諸君,いまこそ立ち上がらなくてはならない.
(6) ブダペスト,プラハ,ウィーンの順によかった.
(7) 体重が3キロふえました.

これを格の一つの形としてとらえる立場がある.鈴木重幸(1972)の「はだか格」や城田俊(1983)の「不定格」がそれで,渡辺実(1971)のいう「無形化」は格が無表示であることをいい,これを格ととらえる点で共通している.一方,対象が古典語にかたよるのであるが,名詞にこのような姿に係助詞的な側面をよみとろうとする立場もある.本居宣長は「徒」という用語をもちい,係り結びの研究をまとめた際に,終止形の結びを要求する助詞として「は,も,徒」

とあげ,「徒」を「は」や「も」とならべている.山田孝雄による「独立提示語」も,「は」に代表される提題もしくは係助詞としての性質を「助詞」のつかない名詞にみとめている.

　三上章(1955)にいたって,格とは,「名詞が文中において他の単語に関係するその関係の在り方」という定義が下されている.三上は,格を大きく上位下位に二分し,上位の格として時の格,位格,主格,対格の四つを,下位の格として与格,奪格,共格,具格の四つを立てている.時の格は時や時に類似する名詞が格の接辞をしたがえずに,文中にあらわれる場合をさし,時を意味するものでも,「に」がつけば位格と考える.そして同じ「に」でも「彼に子どもがある」では位格とし,「彼にかさを貸す」では与格,「彼にかさを借りる」では奪格とする.ここでは,上位の格と下位の格が大きく分けられたことと,格の形式だけではなく,意味関係の違いが考慮され,区別されている点が注目される.

　1970年代から1980年代にかけて,日本語の格の研究はもっとも盛んであった.一つには日本語の言語事実にもとづく実証的な連語論の研究成果が次々と発表され,自立的な単語の結びつきの詳細が明らかにされたことであり,もう一つは,ヨーロッパやアメリカで展開された結合価理論や格文法が紹介され,その影響をうけた研究が,日本語の分析に応用されたことである.

　奥田靖雄をリーダーとする言語学研究会のメンバーは,膨大な現代日本語の書きことばを資料とする単語の結びつき(これを連語とよぶ)の実態を報告した.実例の徹底的な記述研究で,言語現象を包括的にとりあげていることが大きな特徴である.**連語**とは,自立的な単語の組合せで,命名(さししめし)の側面のみを問題にした文法的単位を意味している.連語は文とは異なり,陳述性を欠いていて,事態を写し取っている側面だけを抽象した単語の結びつきをいっている.連語は,現実の現象を写し取っているという点では単語と共通しているが,現象の写し取りの際,要素に区分しているか否かによって,単語と区別される.奥田靖雄の「を格の名詞と動詞の組合せ」によれば,このタイプの連語は,次のように分類される.

対象へのはたらきかけ ┌ 物にたいするはたらきかけ
　　　　　　　　　　 ┤ 人にたいするはたらきかけ
　　　　　　　　　　 └ 事にたいするはたらきかけ

所有のむすびつき

心理的なかかわり ┌ 認識のむすびつき
　　　　　　　　 │ 通達のむすびつき
　　　　　　　　 ┤ 態度のむすびつき
　　　　　　　　 │ モーダルな態度のむすびつき
　　　　　　　　 └ 内容規定的なむすびつき

状況的なむすびつき

そして，それぞれがさらに細分化される．たとえば，物に対するはたらきかけは，

　　(a) もようがえ　　　　髪をたばねる／格子戸をあける
　　(b) とりつけ　　　　　受話器を耳にあてがう／ゆかたにたすきをかける
　　(c) とりはずし　　　　川魚をくしからぬく／男からかばんをひきたくる
　　(d) うつしかえ　　　　炭を火鉢にうつす／島に重油をはこぶ
　　(e) ふれあい　　　　　ほおをさする／火をいじる
　　(f) 結果的なむすびつき　花環をこさえる／家屋をたてる

のように六つのグループに分けられる．こうした研究は，ヲ格だけではなく，ニ格，デ格，カラ格，ノ格といったすべての名詞の格におよび，連語の姿があかるみになった．こうした単語と単語のくみあわせの法則は，一般的な文法的くみあわせの性格をとどめながらも，個々の単語に個別的な性格をつよめて，いわば辞書的な性質をおびてくるというふうにも考えられる．

　一方，**結合価**(valence)あるいは**結合能力**(結合価のことを展開値と呼ぶ研究者もいる)の概念は，古くLeibnizやFregeらの哲学者の思想にさかのぼるという．18世紀には，ドイツのJ. W. Meiner(1781)に単語の結合能力についての言及があり，それはプラグ学派のBühlerらにもうけつがれているが，今日

2.1 格の概念──57

　もっともよく知られているのは，フランスの L. Tesnière(1959)であろう．Tesnière によると，文を一つのドラマとみたてて，動詞が行為をあらわし，その行為に参加する登場人物(ただし，ヒトとは限らない)が actant(s)(共演成分)で，背景の舞台装置が circonstants(状況成分)であるとする．ドラマはある時空間の中で，登場人物と大道具小道具などのメンバーによって展開していく．そして，actant の数は動詞によってきまっていて，これによって動詞の分類ができるという考えである．動詞の actant(s)と結びつく可能性を，化学の原子価になぞらえて，動詞の valence(結合価)と呼んだ．

　日本では，Bühler の理論に通じていた佐久間鼎(1957, 1961)が，「番手」という用語で，動詞をかなめとする文の手くばり構造式をしめしていた．オルガノンモデルで有名な Bühler には，「ある特定の語類の単語は他の語類の単語によって満たされねばならない，ひとつあるいはいくつかの空位がひらかれている」という記述がある(Bühler 1934:173)．佐久間の手くばり構造式では，いわゆる主語を番手(一番手)としてとらえている点で，Tesnière と相通じるところがある．

　結合価理論は，個々の動詞(あるいは形容詞)がいくつ，そしてどのような補語と共起すれば適格な文を構成するかを記述するもので，適格文をつくるために必須の補語の数と種類があきらかにされる．適格文構成に必要な補語と任意的な構成要素とが区別され，これにより動詞(あるいは形容詞)が下位区分されるのであるが，この理論は形態的な格が発達していて，格の適格性が相対的に厳密なロシア語やドイツ語などで，主として第二言語教育の世界で注目され，一定の役割をはたしてきた．こうした言語では，結合価辞典が早くからつくられ，その記述はしだいに詳細におよんできている．

　また，コンピュータの発達のなかで，言語情報処理，とりわけ文の生成の領域で有効性を発揮してきた．日本語の機械処理の世界では，この結合価の考え方に大きな影響をうけており，機械処理の進歩とあらたな問題提起をつづけてきた．

　格の研究に刺激を与えた，もう一つの考え方は Fillmore らによる**格文法**(case grammar)である．格の概念を形態格から解放し，意味上の深層格をも

って文の解析を試みた格文法は，結合価の考えと生成文法の発展途上でうまれたとみることができる．深層格は，しばしば，その体系が人間の認識構造の反映であって，個別言語に依存しない普遍的なものであることを前提とすることがある．すなわち，深層格とは，述語と共起する名詞句の述語に対する意味的関係，または述語の意味する現実の一断片，あるいは動作・状態・関係においてその必須または任意の参加者のになう意味役割とする．Fillmoreの格文法理論(1971)では，動作主格，経験者格，道具格，対象格，源泉格，目標格，場所格，時間格，経路格などの深層格を認めたが，深層格の種類とその認定については，浮動的で安定したものではない．

　一般に深層格はそれを設定する厳密な基準が与えられていないにもかかわらず，そこで採られた格規定では意味的な役割をになうカテゴリとして認定可能であり，それぞれの意味役割は異なるカテゴリとして区別することが可能であるという前提にもとづき，典型的な用例による記述の一般化がなされてきた．しかしながら，実際には，そうした深層格では一律に規定できない事例が広範に存在し，複数の意味役割が統合された形で示される工夫などもあるが（たとえば，具格-原因格，結果-目標格など），格の解釈には大きなゆらぎが見られる．深層格は，離散的な意味的関係の集合というよりは，互いに出入りを許すような連続体をなすものである．連続体が，なんらかの言語形式として反映しているかいなかということが重要である．あるいは，統語的な構造に関与している意味的な関係というべきかもしれない．

　名詞の格をめぐる問題は，すでにふれたように，コンピュータによる言語情報処理の世界でとりあげられることが多かったが，一方で，外国人に対する日本語教育の世界でも，しばしば問題にされてきた．

　英語を外国語として学習しようとするとき，日本語の「着く／到着する」にあたる単語は，reach, arriveであると知っても，それだけでは不十分である．これらの動詞は目的地が，前者の場合には，to reach the stationであり，後者の場合はto arrive at the stationのように前置詞を必要としないか必要とするか，必要な場合，それはどのような前置詞かという情報が不可欠である．日本語についても同様のことがいえる．「侵入する」は「～に」を要求するが，

「侵略する」は「～を」を要求するといったことにあたる．類義語の関係にある「恐れる」はその対象を「病気を恐れる」のように「～を」でいうのに，「おびえる」の方はそれを「病気におびえる」のように「～に」であらわす．また「わかる」は普通その内容を「結果がわかる」のように「～が」でいうのに，「知る」はそれを「結果を知る」のように「～を」であらわす．辞典にも，このような格支配の記述がしめされていることが望ましい．外国人を対象とした日本語辞典には，こうした格支配，あるいは，形式的な格を提示するにとどまらず，それぞれの格にどのような名詞がたちうるかといったことをしめしたものがあらわれた．

　日本語を母語としない人に日本語を教えると，相手をあらわすのに，「～に」を用いるのか「～と」を用いるのかといったことが問題になる．「～に」は一方的な方向性を，「～と」は相互的な方向性という点で対立的であるが，これが個々の動詞のもつ格支配の性質というだけにとどまらず，以下のようにさまざまな意味分野でこの特徴がみられることを知ることによって学習の成果が期待されよう．表2.2は，「～に」と「～と」の格支配をめぐる，あらそい・言語活動・結婚・合流・接近など，さまざまな意味領域における動詞の用法を整理したものである（宮島達夫1972による）．

(d) 単語の結合性

　名詞の格とは，名詞が文の中で他の単語にかかっていくときの形式である．もちろん，その形式は，そのかかっていくさきに対してなんらかの意味的な関係をになっている．文の中に存在する主要な単語には，こうした依存関係が成立する．

　そもそも一般に，自立的な単語には，他の単語とむすびつく能力がそなわっている．それは人間の言語が分析と総合によってなりたっていることに由来する．われわれは，現実のある事態を表現するときに，現実の断片を一般的にうつしとっている単語をもちい，その単語をくみあわせるという操作をおこなっている．単語をくみあわせて，あるできごとを表現する．単語には，現実に対応して，他の単語とくみあわさるという性質がある．つまり，単語には他の単

表 2.2 ニ格, ト格における動詞の用法 (宮島 1972)

AがBに〜	AがBと〜	AがBに／と〜
手向かう はむかう 抗する 敵する	あらそう たたかう わたりあう 対戦する	対抗する
	ちぎる	ちかう 約する 約束する
いう のべる おっしゃる	かたらう はなしあう	はなす かたる しゃべる
	うちあわせる	相談する 交渉する
よりすがる		よりそう
とつぐ 嫁する	結婚する	
あやかる		にる
くわわる		あわさる まざる 合流する 合同する
せまる		ちかづく

語にかかる性質や他の単語をうける性質がみとめられる．単語の支配とか従属とか依存といった名称でよばれるものは，単語のもつむすびつきの性質をいったものである．

　ただし，すべての単語が同じように，かかる性質やうける性質をそなえているわけではない．「おや」「まあ」「あら」「おーい」「もしもし」のような感動詞といわれている単語のグループには，このような他の単語にかかる性質もうける性質も欠けている．感動詞に属する単語は，単語すなわち文という，分析と総合を経ない未分化な特徴をもつものである．また，多くの副詞は，かかる

性質はあっても，うける性質をもっていない．一方，名詞は文の中ではたす機能が多岐にわたっていて，その機能に応じて，かかる性質もうける性質もそなえている．名詞の格とは，この名詞の他の単語にかかる性質のことである．ちなみに，名詞の他の単語をうける性質とは，

(8)　父の本
(9)　おもしろい本
(10)　きのう買った本

のように，下線部の形式が名詞「本」にむすびついていく性質のことである．(8)は名詞「父の」による，(9)は形容詞「おもしろい」による，(10)は動詞「買った」による，それぞれの名詞にかかる形式である．つまり，名詞はさまざまな単語群(ここでは統語的特徴を異にする品詞)をうけるという性質をもっている．

一方，動詞も文中ではたす機能はいくつかみとめられるが，動詞のもっとも中心的なはたらきである述語になる機能に対応して，他の単語をうける性質がそなわっている．次の文の下線部の単語は，それぞれの文末の述語動詞にかかっている．

(11)　戸が　あいた．
(12)　信吾が　ゆっくり　戸を　あけた．
(13)　庭に　桜の木が　ある．
(14)　黙っているのは　失礼に　あたる．

動詞にかかる成分は「戸が」「信吾が」「戸を」「庭に」「桜の木が」などの名詞の格の形をとるものと「ゆっくり」のような副詞などである．動詞の側からみると，名詞や副詞などをうける性質であり，動詞の名詞をうける性質を結合能力とか**格支配**とよぶことがある．単語のむすびつきの関係を，ひきよせる側である動詞に力点をおいた名称である．

動詞が述語となる文では，あるできごとがあらわされている．そのできごとは，典型的にはなんらかの運動であり，ときに状態や二つのものの関係をあらわしていることもある．そうしたできごとは，運動や状態・関係そのものをあらわす動詞とそれらのできごとに参加するメンバーをあらわす名詞あるいは名

詞相当句とによって表現される．(11)と(12)の文は運動を，(13)は状態を，(14)は関係をあらわしている文である．「戸」「信吾」「庭」などの名詞ができごとに参加するメンバーであり，「黙っているの」という形式は名詞相当句で，これもできごとの参加メンバーである．ちなみに，「-の」「-こと」「-か」などは，句や文相当のものを名詞化する助辞である（「彼女がまもなく結婚することを知っている．」「いまなにをするかを決める．」）．運動や状態・関係をあらわす動詞とくみあわさって文をつくるメンバーとなる単語は，ヒト（「信吾」），モノ（「戸」「桜の木」），トコロ（「庭」），コト（「黙っている」「失礼」）などのさまざまな意味をもつが，いずれも，それぞれの文の中で，述語である動詞の意味を具現化するために必要な要素として，動詞によってもとめられたものである．こうした動詞の性質は，むすびつく関係の中で動詞の側の優越性を考慮して，動詞の結合能力あるいは格支配とよばれるわけである．

　動詞の結合能力には，意味と形式の二つの側面がみとめられる．たとえば，例文(12)における「あける」という運動が成立するためには，動作主と対象が必要不可欠である．また，例文(11)における「あく」ならば，対象（ただし，(12)とちがった意味での対象）があれば，それで十分である．このような性質は，動詞の結合能力の意味上の側面である．意味上の結合能力は，一般に名詞のある形式をとってあらわされる．名詞の格の形式がそれで，(11)における「〜が」，(12)における「〜が」「〜を」がそうした名詞の格形式である．これは動詞の結合能力の形式上の側面である．述語となる動詞が名詞とむすびつくのは，一つ一つの動詞の固有な意味がさまざまな意味上の結合能力をそなえているからである．動詞の意味上の結合能力のもとで，その動詞の形式上の結合能力を理解することができる．

　名詞の格はかかりさきの単語におおきく依存しているのである．こうして，名詞の格の記述は，動詞の結合能力あるいは格支配に代表されるように，支配する側すなわち動詞の側からながめることが可能で，今日の格をあつかう研究は，このような立場が優勢である．動詞に代表されるという表現をとったのは，名詞の格のすがたが動詞との関係でもっともゆたかであるからである．形容詞の格支配は，動詞の場合のように多くの格があらわれないし，名詞の格支配も

「〜の」に集約されてしまうか,「〜からの」「〜での」といった合成的な形態をとり,これらは動詞との平行関係をとどめていて,動詞にくらべると,きわめて限られた範囲で格の現象がみられるのである.

名詞の格は,動詞(あるいは広く,形容詞や名詞など自立的な単語)のあらわす個別的な運動や状態・関係・事物などの語彙的な意味に対応して,その運動や事物を成立させるためのメンバーの形式と意味的な役割をになうものである.

格についての記述が多くの場合,動詞述語文について問題とされるのは理由のあることである.動詞を述語とする文では,典型的には,時間の軸にそって展開する事態を描きとっていて,運動や変化に,いくつかの名詞句であらわされる参加者(人だけでなく,ものや抽象的なことがらも含まれる)がそれに関与するからである(もっとも,動詞述語文であっても,あるものごとの,時間によって規定されない,一般的な性質をのべるときには,形容詞述語文と類似した特徴があらわれる).形容詞述語文や名詞述語文では,あるものごとの一般的な性質をのべることが普通で,述語にかかる名詞は動詞述語文の場合に比べて複数あらわれることはそれほど多くなく,たいていの場合,一つである.

(e) 格の意味役割

動詞述語文では,形容詞述語文に比べて,豊富な格支配の諸パターンがみられる.たしかに,以下にみるように,一つの文に一つの名詞だけが存在するということも,とりわけ話しことばの世界ではよくあることである.

(15)　ともちゃんが　来た.
(16)　彼に　手渡した.

しかし,これらは,文脈や場面など発話される状況によって,文にあらわれてもよい潜在的なメンバーが表に出ていないだけである.必要ならば,

(17)　きのう　ともちゃんが　東京から　新幹線で　来た.
(18)　わたしが　誕生日のプレゼントを　彼に　直接　手渡した.

のように表現することができ,(17)では,「きのう」「東京から」「新幹線で」といった成分を,(18)では,「わたしが」「誕生日のプレゼントを」「彼に」といった成分をそれぞれ補充することが可能である.そして,その場合,それぞ

れの文で出現した名詞の格の形式には違いがあるのが普通であり，また，異なる意味役割をになっていると考えられる．異なる意味役割に応じて，異なる格形式が与えられているというべきであろう．すなわち，(17)では，「きのうφ〈時間〉」「ともちゃんが〈動作主体〉」「東京から〈出発点〉」「新幹線で〈手段〉」が，4種類の意味役割〈時間〉〈動作主体〉〈出発点〉〈手段〉に対応して，四つの格の形式「-φ」「-が」「-から」「-で」となってあらわされているし，(18)では，「わたしが〈動作主体〉」「誕生日のプレゼントを〈対象〉」「彼に〈相手〉」が，3種類の意味役割〈動作主体〉〈対象〉〈相手〉に対応して，三つの格の形式「-が」「-を」「-に」となってあらわされている．

しかし，一つの文の中に同一の格の形式があらわれることがある．次の場合がそうである．

(19)　母は　市場に　買い物に　行った．
(20)　田中さんは　雨の中を　ひとりで　荷物を　新しい住まいに　運んだ．
(21)　山田は　友だちを　げたのことで　げたで　なぐった．

これらの文では，(19)では「-に」が，(20)では「-を」が，(21)では「-で」がそれぞれ2項ずつあらわれているが，それぞれの意味役割は違っている．(19)における「市場に」は〈目的地〉，「買い物に」は〈動機〉であり，(20)における「雨の中を」は〈状況〉，「荷物を」は〈対象〉，(21)における「げたのことで」は〈原因〉，「げたで」は〈手段〉というふうに，それぞれ異なる意味役割が与えられる（ここでは，意味役割の中身を吟味せず，相互に区別できればよいというぐらいの意味で用いている）．これらの用例を観察してみると，名詞の格の形式は同一であっても，名詞そのものの意味的な特徴が異なっていて，それが意味役割の区別にはたらいていることがうかがわれる．たとえば，(19)の文では，「市場」が意味特徴として場所性をもつ名詞で，その性質が意味役割〈目的地〉となじみ，「買い物」が意味特徴として動作性をもつ名詞で，その性質が〈動機〉となじむのである．つまり，名詞のもつ内在的な意味特徴が名詞の格の意味役割に関与しているわけである．(20)の文では，具体的なもの「荷物を」が〈対象〉を，非具体的な「雨の中を」が移動の空間につながる〈状況〉をあらわすというように，名詞が異質な意味的特徴を備えていることによ

2.1 格の概念

って，異なる意味役割がになわれている．(21)の文でも，具体的なもの「げたで」は動作の〈手段〉をあらわし，抽象的なことがらである「げたのことで」は〈原因〉をあらわすというふうに，名詞の意味特徴の違いによって，意味役割がになわれているのである．ちなみに「～のこと」は具体名詞を抽象名詞化するはたらきをもった形式名詞である．

　以上のことは，名詞の格の形式以前に，名詞本体の語彙的な意味が，意味役割をきめてかかる重要なはたらきをしていることをしめしている．これは，無標の格形式である「-∅」で表示されても，格の意味役割がはたされていることを考えれば承認されることであろう．(22)(23)の文中の名詞「ぼく」「来年」「東京」，「お金」「ご飯」「気」は，いずれも「-∅」の形式で用いられているが，名詞として他の単語に対する意味的な関係，すなわち意味役割がになわれている．すなわち，格関係において，(22)は(24)と，(23)は(25)と等価であり，形式は違っていても，意味役割は共通している．このことから，有標の格形式は，必ずしも，意味役割をきめてかかるものではなく，それをきわだたせるものであるとみなすべきであろう．

(22)　ぼく　来年　東京　行くよ．
(23)　お金　あっても　ご飯　食べる　気　しない．
(24)　ぼくが　来年(に)　東京に　行くよ．
(25)　お金が　あっても　ご飯を　食べる　気が　しない．

　言語には，格をもたない言語もある．中国語はそのような言語の一つで，形態的な格をもっていない．次の単語の結びつきは，動詞と目的語の結合で，同一の形式構造をもってはいるが，名詞の違いによって，それぞれの目的語が，(26)では狭い意味の〈対象〉，(27)では〈道具〉，(28)では〈場所〉といった意味役割が認められるであろう．

(26)　吃　午飯　　　　　　　(昼ご飯を食べる)
(27)　吃　大碗(用大碗吃飯)　(どんぶりで食べる)
(28)　吃　食堂(在食堂吃飯)　(食堂で食べる)

　このように格は，文の中にある名詞にとって，これを欠いては名詞としての資格を保つことができないような，本質的な文法カテゴリである．

同一文の中で，意味特徴が共通する複数の単語が存在するような場合には，文中での意味役割を区別するなんらかの特徴づけが義務的となる．

(29) 太郎　次郎　おいかけた．
(30) 太郎　花子　好きだ．
(31) 太郎　次郎　花子　紹介した．
(32) 太郎が　東京　大阪　向かった．
(33) グルジョアのワイン　日本のワイン　すぐれている．

のような文では，同一文に，意味特徴を共有する単語が二つ以上ふくまれていて，それらの意味役割が特定できない．単語の順序関係が多少は意味役割に関与しているものの（たとえば，(32)における「東京」〈出発点〉，「大阪」〈到着点〉など）これは決定的なものではない．

(29)での，「-が」「-を」の選択，(30)での「太郎が花子を好きだ．」あるいは，「太郎に花子が好きなこと」といった格形式の区別，(31)での「-が」「-を」「-に」の選択，(32)での「-から」「-より」と「-に」「-へ」「-まで」の選択，(33)での「-が」「-より」の選択は，それぞれの文のあいまいさを解消するために義務的であるといえる．ただし，(30)については，「太郎が花子が好きだ／好きなこと」という例も，あいまいさをとどめつつ，適格な文として許容されている．

(f) 意味役割の対立

名詞の格には，意味役割と形式という二つの側面がある．この格の意味と形式が1対1に対応しているならば問題は単純である．ところが，実際には，両者のあいだには齟齬がある．多様な意味関係をかぎられた形式で表現するわけであるから，そこには当然，同一の形式構造であっても，異なる意味的関係がみとめられることになる．たとえば，

(34) 橋を　こわす
(35) 橋を　わたる

において，(34)の「橋」は動作の対象をあらわしているが，(35)の「橋」は動作のおこなわれる空間をあらわしていて，両者の単語の結びつきの中ではたす

役割は同じではない．そのことは，(34)の運動「こわす」が，対象を前提として物理的な動作であるのに対して，(35)の運動「わたる」が，対象を必要としない移動動作であることと無関係ではない．「坂道をあるく」「山をのぼる」のように，動詞が移動をあらわす場合には，移動する空間を対格の名詞にとり，「夏休みを(海外で)すごす」「青春時代をいきる」のように，動詞がその語彙的意味として時間的な経過をあらわす場合には，その経過する時間を対格の名詞にとるのが普通である．また，対格の名詞と動詞の意味的関係には，「歌をうたう」「踊りをおどる」「舞をまう」のような同族目的語とよばれるものがあることもよくしられている．これらの中には，「眠りをねむる」「うらないをうらなう」といった表現はうけいれがたいのに，「深い眠りをねむる」「妙なうらないをうらなう」のようになんらかの規定語を付加すると自然さがますという結びつきもある．

　名詞の対格の用法の中心としては，動作の対象をよみとることができる．しかし，一口に対象といっても，その中身は多様である．以下には，同じ動詞が対格の名詞と結びつき，意味的な関係が異なる例をあげていくことにする．

1.1. 〈N_1: 対象の起点(出発点)〉vs〈N_2: 対象の着点(到達点)〉

　[N_1(対象)ヲ V シテ N_2(結果)ニスル]という関係が成立するもの．変化する前の対象を N_1 があらわし，変化した後の対象を N_2 があらわしている．動詞であらわされている動作主体による運動には，対象の変化が含意されており，その変化の起こる前の状態と変化の起こった状態の違いが表現の違いとなっているものである．次のような例がある．

　　「苗をそだてる」と「花をそだてる」

　　「卵をかえす」と「ひなをかえす」

　　「紙をもやす」と「火をもやす」

　　「水を凍らせる」と「氷を凍らせる」

　　「地面をほる」と「穴をほる」

　動作主体の運動が，ある対象に変化をもたらすといったことがらをあらわす場合に，上のような2通りの表現がありうる．一方は，変化する前の対象を対格の名詞にとり，それに動作がおよぶという局面を表現したものであり，他方

は，その動作によって変化した後の対象を対格の名詞にとり，動作と変化の局面を二重に表現したものである．これらの中には，

　　苗を花にそだてる／卵をひなにかえす／水を氷に凍らせる

のように「N_1 ヲ N_2 ニ V」の形式で，対象の着点を「～ニ」によって明示的にあらわされるものがある．また，

　　苗から花をそだてる／卵からひなをかえす

のように「N_1 カラ N_2 ヲ V」の形式で，対象の起点が「～カラ」によって明示的にあらわされることもある．名詞の対格は共通していて，これを無標項であると理解すると，「N_1 ヲ N_2 ニ V」では起点が無標で着点が有標となり，「N_1 カラ N_2 ヲ V」では，その逆で，起点が有標で着点が無標となる．

　次のような表現では，動作の対象と，その対象のなんらかの起点と着点が顕在化しているものである．

　　信号を赤から青にかえる．
　　住まいを東京から京都にうつす．
　　会議の開催を1月から2月に延期する．

「赤」は「信号」の変化する前の状態で，「青」は「信号」の変化した後の状態である．「東京」は「住まい」が変化する前の場所であり，「京都」は「住まい」が変化した後の場所である．「1月」は「会議の開催」が変化する前の時間をあらわし，「2月」は「会議の開催」の変化した後の時間をあらわしている．起点や着点となるのは，対象の状態・場所・時間などさまざまであるが，いずれも対象のなんらかの側面をあらわしている．このような表現では，対象の存在は義務的である．ただし，起点と着点を表現するかどうかは任意的で，つねに形式化されるものではない（「住まいを東京からうつす」「会議の開催を2月に延期する」）．起点と着点は対象に帰属し，対象から遊離して独立には，意味役割が成立しない．

1.2. 〈N_1: 材料〉vs〈N_2: 生産物〉

　[N_1 ヲ材料ニシテ，N_2 ヲ V スル]という関係が成立する．N_1 が N_2 の材料であり，N_2 は N_1 からつくりだされる生産物である．N_1 と N_2 の関係が，N_1 が N_2 に変化する前の対象であり，N_2 が N_1 から変化した対象であるという点

で，1.1. と共通した特徴をもつ．1.1. は変化そのものに注目されるが，1.2. は，その中でも，とくに，あるものを材料にしてなにかを生み出すという点に違いがある．

　　「布地をぬう」と「浴衣をぬう」
　　「木をほる」と「仏像をほる」
　　「毛糸をあむ」と「セーターをあむ」
　　「丸太をくむ」と「矢倉をくむ」
これらは，
　　布地で浴衣をぬう／木で仏像をほる／毛糸でセーターをあむ
のように「N_1 デ N_2 ヲ V」の形式で，材料を明示的に表現できる．また，
　　布地を浴衣にぬう／木を仏像にほる／毛糸をセーターにあむ
のように「N_1 ヲ N_2 ニ V」の形式で，生産物を明示的に表現できる．共通する対格を無標項であると理解すると，前者では，材料が有標で生産物が無標である．後者では，材料が無標で，生産物が有標である．前者は動作の局面が，後者では動作と変化の局面の双方がいいあらわされる．「ぬう」「ほる」「あむ」「くむ」などは，生産物を対格や与格の名詞にとる生産動詞である．

2.1.　〈N_1: 対象〉vs〈N_2: 道具〉

　［N_2 ヲ道具トシテ，N_1 ヲ V スル］という関係が成立する．N_1 は，動作主体の動作のおよぶ対象をあらわし，N_2 は，その動作を実行する際にもちいる道具もしくは手段をあらわす．「N_2 ヲ V」の結びつきがあらわれるのは，動作の対象が，文脈や場面によってわかっているか，重要でないといった理由から，背後にしりぞいているような場合である．そこでは，動作の対象よりも道具に注目されている（「熊に鉄砲をうつ」「熊をめがけて，鉄砲をうつ」というふうに，拡大成分によって，また，分析的な表現によって，対象をしめすこともある）．

　　「熊をうつ」と「鉄砲をうつ」
　　「手をさす」と「針をさす」
　　「髪をとかす」と「櫛をとかす」
　　「ドアをあける」と「鍵をあける」

「ボートをこぐ」と「オールをこぐ」
「月をみる」と「望遠鏡をみる」
これらは，

鉄砲で熊をうつ／針で手をさす／櫛で髪をとかす／鍵でドアをあける

のように，「N_2 デ N_1 ヲ V」と表現できる．「(鉄砲の)弾をうつ」「(弓で)矢を射る」のように，対象にむかうものを対格の名詞でいいあらわすこともある．道具と対象に一定の距離がある場合にこのような表現がうまれる．

このタイプと類似するものに，次のようなものがある．「火をつける」と「マッチをつける」の対立は，「マッチで火をつける」といいかえられ，「マッチ」は道具を，「火」は結果の対象(現象)を意味している．同様に「ピアノをひく」と「ソナタをひく」，「たいこをうつ」と「リズムをうつ」の関係は，「ピアノでソナタをひく」「たいこでリズムをうつ」といいかえられ，「ピアノ」や「たいこ」は道具を，「ソナタ」や「リズム」は結果の対象(現象)を意味している．しかし，このタイプの結びつきでは，「マッチ」「ピアノ」「たいこ」は，単に動作主体のもちいる道具にとどまらず，「火」「ソナタ」「リズム」という現象を生み出す主体でもあるという二重の性格をもっている点で特徴がある．道具には，ときに，運動の起こし手という特徴が発揮されることがある(「船が(で)石油をはこぶ」).

次の例は，対格の名詞が，〈対象の起点〉〈対象の着点〉〈道具〉をそれぞれにあらわすもので，相互に対立的である．

豆をひく／米をつく　（対象の起点）
粉をひく／餅をつく　（対象の着点）
臼をひく／杵をつく　（道具）

これらは，「臼で豆を粉にひく」「杵で米を餅につく」というふうに，すべてを同じ句の中でいいあらわすことができ，その場合には，名詞のになう意味役割はそれぞれ異なる格形式であらわされ，明示的であるといえる．

3. 〈N_1：対象〉vs〈N_2：場所〉

[N_2 ノ中ニ存在スル N_1 ニ V スル]の関係が成立する．N_1 は動作の(せまい)対象を，N_2 は動作の対象が位置する空間やひろい対象をあらわす．

「財布をさがす」と「カバンの中をさがす」

前者の対格部分の疑問形は「何を?」であるが,後者のそれは「どこを?」である.これは,

カバンの中の財布をさがす

のように一つの句でいうことができる.後者は「カバンをさがす」ともいえるが,この場合には「カバン」が対象である場合と場所である場合といずれの解釈もでき,二義的である.

次の例はせまい対象とひろい対象が対立をしているものである.N_1 と N_2 は包摂関係にあり,N_1 は N_2 の部分である.

「(意味のわからない)単語をひく」と「辞書をひく」

この例は,「辞書」を道具として解釈できないわけではないが,ひかれる「単語」は「辞書」の中に存在している.

3.1. 〈N_1: N_2 ニ付着スルモノ〉vs〈N_2: 対象,N_1 ノ持チ主〉

[N_2 ニ付着シテイル N_1 ヲ V スル]が成立する.N_1 は N_2 からとりさられるものをあらわしている.

「(黒板の)字をけす」と「黒板をけす」

「(身体の)汚れをあらう」と「身体をあらう」

「(顔の)汗をぬぐう」と「顔をぬぐう」

「(机の)ごみをはらう」と「机をはらう」

これらの動詞の意味するところは,いずれも〈ある対象に付着しているものをそこから離す〉ということである.前者は,付着しているものを対格の名詞にとり,付着物をとりさる変化の局面に焦点がおかれる.これらは

黒板から字をけしさる／身体から汚れをあらいとる／顔から汗をぬぐいとる／机からごみをはらいとる

のように「けしさる」「あらいとる」「ぬぐいとる」「はらいとる」などの「-さる」「-とる」などの後要素をもつ合成動詞によって付着物とその持ち主の双方をいいあらわすことができる.一方,後者は,対象にむけて,ある動作をすることに焦点がおかれ,とりさられることは,動作の目的や結果として潜在的である.

3.2. 〈N_1: 対象ノ部分〉vs〈N_2: 対象ノ全体〉

[N_1 ガ N_2 ノ部分デアル]という関係が成立する．二つの句が同義的な場合もあれば，そうでない場合もある．

「梨の皮をむく」と「梨をむく」

「ペダルをこぐ」と「自転車をこぐ」

「(冷蔵庫の)ドアをあける」と「冷蔵庫をあける」

「(カバンの)チャックをしめる」と「カバンをしめる」

動作の直接およぶところをいいあらわすか，それともそれを部分としてふくむ全体をさす単語でしめすかの違いである．なお，「梨の皮をむく」と「梨をむく」の関係は 3.1. と類似するし，「ペダルをこぐ」と「自転車をこぐ」，「(カバンの)チャックをしめる」と「カバンをしめる」の関係は 2.1. と類似している．ここに分類したものは，一方が他方の一部で，本来切り離されていないものである．これに対して，3.1. にあげたものは，一方が他方にくっついているもので，とりさることのできる別の対象である．また，2.1. の道具は，一般には，人間の手足などの延長であり，これも対象から切り離されたものである．「オール」や「ペダル」は手足の延長というふうにも理解できるし，「ボート」や「自転車」の一部分ともとらえられるであろうから，少なくともその意味で二側面的である．

4. 接触しているものの二つ

「手を(ハンドルから)はなす」と「ハンドルを(手から)はなす」

たがいに接しているものの，どちらも対格の名詞として表現できる．

以上みてきたように，対格の名詞と動詞の結びつきという形式構造の中にさまざまな意味的な関係をよみとることができる．かぎりなく多様で複雑な意味世界を特定の形式で表現しているわけであるが，そこにはなんらかのルールがはたらいているはずである．ここでこころみた方法は，そのようなルールをみいだすいとぐちになるであろうか．

(g) 名詞の意味のネットワーク

前項では，対格の名詞と動詞の二項対立で，意味役割の張り合い関係をみた

2.1 格の概念 ── 73

が，ここでは，名詞の意味するものが典型とそれに関連するさまざまな要素と入れ替わる現象に簡単にふれておきたい．

「祝う」という動詞と結びつく対格の名詞を例にとる．この動詞の語彙的意味は，〈めでたいことを喜び，それをことばや態度にあらわす〉ことである．そして，「合格を祝う」「優勝を祝う」のように，対格の名詞に，〈めでたいこと＝合格，優勝〉があらわされるのが典型である．ほかにも「勝利」「入学」「卒業」「結婚」「誕生」「当選」「就職」「栄転」といった動作名詞がこの格の名詞として候補になる．しかし，これらの動作名詞にかわって，ある動作に関わる動作の主体や時間などを対格の名詞としてとることがある．「(入学試験に合格した)友人を祝う」「(野球大会で優勝した)仲間を祝う」といった例は動作主へのスライドした例であり，「弟の誕生日を祝う」「国の独立記念日を祝う」のような例は時間にスライドした例である．さらに，これが「雑煮を祝う」とか「屠蘇を祝う」のような結びつきもみられ，これは新年をむかえためでたさを「雑煮を食べて，祝う」「屠蘇を飲んで，祝う」とパラフレーズできるものである．「雑煮で／屠蘇で 祝う」という言い方もできそうで，意味役割として手段がよみこめそうな用法である．ただし，これは慣用性のつよいもので，ほかの名詞に一般化することはできないであろう．

「祝う」と結びつく対格の名詞は，動作をあらわす名詞が，その意味のネットワークにしたがって，動作主や時間や手段といったものにずれていくのであろう．

このような典型的な結びつきから，意味のネットワークによって他のものにとってかわる現象は，ひろくみられるもので，たとえば，主格における動作主のかわりに道具がくるという例(「懐中電灯が道路を照らす」「バーナーが蠟をとかす」「カメラが事態をうつしとる」「船が石油をはこぶ」など)もこのような例と考えることができる．動作主が道具を媒体にして行為するので，道具が動作主にかわって主格にたつこともありうる．動作主と道具は，エネルギーを発する起点であるという点で共通するが，意志をもつ動作主とそれをもたない道具という違いがある．

2.2 文の構造のモデル

以下の節では,筆者が考える現代日本語における格のシステムを提示する.これは,筆者がコンピュータ用の辞書作成のプロジェクトに参加し,そこで試作したものにもとづいている(情報処理振興事業協会技術センター1987).日本語の基本的な和語動詞約900語を対象に文法情報を詳細に記述しようとしたものである.なお,今回の執筆にあたって,若干用語の修正や補充などをおこなっている.

最初に,日本語の文をどうとらえるかという基本的な問題をあつかっておきたい.文の統語的な構造をどのように把握するかという点については,いくつかの考え方がみられるが,現在もっともよく知られているモデルは次の二つであろう.第一のモデルは,文を主語(あるいは主部,NP)と述語(あるいは述部,VP)からなるとみて,それぞれをさらに構成要素に分解していくものであり,伝統的な文法にはこの考えにもとづくものが多い.第二のモデルは,述語を文の中核とさだめて,この述語にいくつかの名詞句や副詞句などが従属して文がなりたっているとみるものである.2.1で言及した格文法や結合価文法とよばれている文法理論がこのタイプに属する.ちなみに(36)の文を図示すると,第一のモデルでは(37)(37′)のようになり,第二のモデルでは(38)(38′)のようになる.

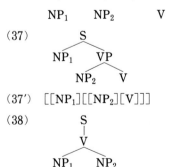

(38′)　[[[NP$_1$][NP$_2$]][V]]

　第一のモデルでは，文の構造における「主語」と「述語」を第一義的に解釈するが，第二のモデルは，「述語」を中心に文の構造をとらえる立場であり，「主語」の「目的語」や副詞句に対する優位性を一義的には考えない．ただし，述語中心のモデルは，「主語」が他の名詞句や副詞句などと違って，文の中でより中心的な役割をはたしているという，主語の優位性を一義的には考慮しないというだけで，「主語」の特殊性を排除しているわけではない．必要ならば，特定の名詞句を，それが主語であれ，目的語であれ，副次的に特別あつかいすることはできる．本章で提示しようとする「叙述素」は，日本語の文構造を，述語がいくつかの補語(アクタント，共演成分)とむすびついて文の骨格をつくっていると考える，述語を中心とする依存関係文法の一部分であり，上で分類した第二のモデルの一種である．**依存文法**では，文の要素を支配する要素とそれに依存する(支配される)要素との関係で構造をみていく．ただし，日本語の名詞の格の体系にもとづき，主格および対格の名詞の，他の格の名詞に対する優位性が考慮されている点に特徴がある．なお，第一のモデルと第二のモデルでは，「述語」の意味する範囲が一致しない．

　補語と述語との関係については，いくつかのレベルが考えられるので，まず，そのレベルのちがいを確認しておきたい．

　第一のレベルは，(39)にしめされるように，補語が述語に対してどのような意味論的な関係をあらわしているかというもので，格文法などでいう深層格や意味役割にあたるものである．そこにあたえられる「動作主」「対象」「手段」などのラベルは，名詞の格形式「-ガ」「-ヲ」「-デ」などとある程度の対応関係をしめすが，意味論的な役割がつねに格の形式に拘束されているわけではない．

(39)　太郎が　次郎を　車で　おいかけた．
　　　［動作主］［対象］［手段］

　次に，第二のレベルは，補語の統語上の形式に関するもので，名詞句の形態論的なレベルである．日本語には，こうした名詞の形態論的な指標が発達していて，述語との関係をあらわすものにかぎっていえば，主格(ガ)，対格(ヲ)，

与格(ニ),出発格(カラ),方向格(ヘ),共同格(ト),比較格(ヨリ),具格／状況格(デ)といった,格助辞が存在する.主格,出発格,状況格などの名称は,それらの格形式がもっている中心的な意味にもとづいて命名されているだけで,これらの名称にふさわしくない用法も実際にはありうる.意味的な表示をさけて,ガ格,ヲ格,ニ格,…といった純粋に形式にもとづく名づけのほうが誤解をまねかない点ですぐれているかもしれない.このレベルでは,「-ガ」「-ヲ」「-デ」などは(40)にしめされるように,補語の述語に対する関係をあらわす名詞の存在形式である.

(40) 太郎が　次郎を　車で　おいかけた.
　　　［主格］　［対格］　［具格］
　　　（ガ格）　（ヲ格）　（デ格）

つづいて,第三のレベルは,機能統語論的な範疇のもとで,一般に,「主語」「目的語」などの名称でよばれているものである.日本語で,こうした「主語」や「目的語」という概念がどの程度に重要であるかという点については,多くの議論がある.英語では,平叙文と疑問文の場合で,「主語」と述語の位置が異なるとか,命令文にかぎって「主語」が削除されるとかいった統語現象があって,こうした統語上の置換,削除さらに文の構成要素間の順序などが「主語」の存在を明確にするものである.また,「主語」に三人称単数の名詞がおかれ,その文の時制が現在であるならば,述語である動詞の語尾に -s がつくという,いわゆる一致現象(agreement)も,英語における「主語」の統語的な特徴をきわだたせているものの一つである.日本語においては,「主語」の統語的特徴として以下のようなものが確認されている(柴谷方良 1978).

(ⅰ) 尊敬語化現象の誘発
(ⅱ) 再帰代名詞化現象
(ⅲ) 特定の述語を除き,題目化されない文では,主格助詞「ガ」を伴う.
(ⅳ) 存在文を除き,基本語順において,文頭におかれる.

以上の特徴は,「目的語」にはみられないもので,たしかに日本語における「主語」の存在を根拠づけるものではある.しかし,上の(ⅰ)と(ⅱ)は主として人間をあらわす名詞に限定された特徴であること,(ⅲ)の特徴は,第二のレベ

ルに依存していること，(iv)の特徴も，標準的な語順についてであり，その拘束はゆるやかである，といった点で，英語における「主語」にくらべると，日本語の「主語」の存在は相対的に影がうすいということが指摘できる．この機能統語論的なレベルは，第一，第二のレベルから区別され，(41)のようにしめされる．

(41) 太郎は　次郎を　車で　おいかけた．
　　　［主語］［目的語］

最後に，もう一つの残された第四のレベルは，通達統語論的な側面ともいうべきもので，文の構造を「主題」と「叙述」にわかち，あることがらについて，「述べられる部分（テーマ）」と「述べる部分（レーマ）」とからみるレベルである．日本語の文構造で重要なはたらきをしめす，助辞の「-ハ」は，この「主題」あるいは「述べられる部分」を形態的に明示するものの一つである．この「主題」-「叙述」の構造は，これまでにあげた三つのレベルとは独立したレベルであり，一般に，文のどの要素も「主題」になりうる．たとえば，(42)では「太郎」が，(43)では「次郎」がそれぞれ「主題」としてとりたてられている．

(42) 太郎は　次郎を　車で　おいかけた．
　　　［主題］

(43) 次郎は　太郎が　車で　おいかけた．
　　　［主題］

「主題」は普通，文頭にきやすいので，(43)は(39)～(42)とは語順が異なっている．こうした「主題」は，発話のうえで，文のある要素を強調したり，他のものと対比したりするはたらきをもっている．この通達統語論的な側面というのは，文の情報構造といってもよく，文のアクセントや語順などの手つづきによってあらわされるものでもある．

以上にあげた，四つのレベルは，いずれも広義の統語論に属するが，
（Ⅰ）意味統語論的なレベル
（Ⅱ）形態統語論的なレベル
（Ⅲ）機能統語論的なレベル
（Ⅳ）通達統語論的なレベル

として、それぞれ異なるレベルとしてとらえられる．ただし，これらのレベルは相互に関係しあってもいる．例文(44)でみるように，その文に「動作主」がふくまれているならば，普通，それは，形態上は「主格」であり，機能上は「主語」としてあらわれるというふうに，三つのレベルが相関している．

(44) 太郎が　次郎を　（車で）　おいかけた．
　　　〔動作主〕〔対象〕
　　　〔主格〕　〔対格〕
　　　〔主語〕　〔目的語〕

この章で提示するものは，(Ⅰ)と(Ⅱ)を統合するもので，(Ⅲ)と(Ⅳ)のレベルには原則として立ちいらない．(Ⅲ)と(Ⅳ)に関わる事項は，個々の動詞を超えて，より一般的に記述されるべき性質のものである．

2.3　日本語の格の体系

　動詞とむすびつく名詞は，文の中でさまざまなかたちをとってあらわれる．格をあらわす助辞と，その周辺に位置づけられる格助辞に後置詞とよんでよい補助的な単語がくわわった形式がそうした名詞の存在形態としてある．さらに，単語の配列，すなわち名詞句の順序も，文の中での名詞の形式的な側面であるし，名詞のもつ範疇的な意味も内的形式として，名詞の広義の形式面をになっている．**範疇的な意味**というのは，個々の単語にかぶせられた一般的な意味をさし，継起的な構造に関与するものをいう．名詞における，ヒト，モノ，トコロ，コトなどは，そうした範疇的な意味の例である．これについては，あとでくわしくふれる．

　動詞の結合能力の形式面は，まず名詞の格支配という現象にあらわれる．個々の動詞は，その**語彙的意味**を充足させるために，主格をもふくめて一つ以上の名詞句を要求し，それぞれの名詞句は，ある格をともなってあらわれる．主格は，ほとんどすべての動詞によってもとめられる．事態を描くときに，動詞のあらわす運動や状態の持ち主が主格であらわされる．日本語の格は，比較的独立性のつよい接辞によってあらわされ，「-ガ」「-ヲ」「-ニ」「-カラ」「-ヘ」

「-ト」「-ヨリ」「-デ」と「-∅(ゼロ)」がある．「-∅」は(45)(46)のような話しことばの中でしばしばみられるほか，書きことばでも(47)の「1時間」，(48)の「3キロ」のように，特に数量をあらわす名詞句にあらわれる．こうした助辞のつかない姿も名詞が文の中で存在するときの一形態であり，名詞の格形式の一つである．もっとも，数量をあらわす名詞の場合は一般に副詞的ではある．

(45) 「君，きのう　どこ　行った．」
(46) 「例の本　読んだよ．」
(47) 準備に　1時間　かかる．
(48) 体重が　3キロ　ふえた．

ところで，日本語の名詞の格形式は，その統語的な機能のうえで，すべてが等しい力で相互に張り合っているのではなくて，それらの間に階層性がみとめられる．

日本語の**主格**(ガ格)と**対格**(ヲ格)は，他の格より優位にあり，さらに，主格は対格より優位にあることが，以下に示すような，形態ならびに統語上の特徴によって確認される．

構文のかなめとなり，主語や目的語の機能をはたす**文法格**として，「ガ／ヲ／ニ(与格)」があり，他の格形式よりも優位にある．この文法格をとりまくかたちで，広義の**場所格**としての「ニ(位格)／カラ／ヘ」と，基準・異同・対

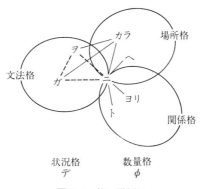

図 2.1　格の階層性

称・比較などの抽象的な関係をあらわす**関係格**としての「ニ(依拠格)／ト／ヨリ」がある．この他に，多くは副詞相当句をつくる**状況格**としてのデと**数量格**のφ(1時間,3キロ,…)があり，それらを図示すると図2.1のようになる．なお，文法格の中では，主格は対格よりも，対格は与格よりも優位にある．

図2.1にみるように，格助辞「ニ」は，文法格，場所格，関係格の三つのグループにまたがる位置を占める．「弟に わたす／あたえる／話す」は文法格(与格)の，「東京に いる／住む／のこる」は場所格(位格)の，「叔父に あたる／似る／頼る」は関係格(依拠格)の，それぞれの例である．

場所格のグループは，同一の文の中で共起している文法格のメンバー，とくに主格と対格の名詞の，広義の場所(静的場所・起点・着点)を規定する．一方，関係格のグループは，同一の文の中で共起している文法格のメンバー，とくに主格と対格の名詞の，抽象的論理的なかかわりを規定する．

図でしめされた格形式をつなぐ線は，同じ事象をさししめすのに，同じ動詞をもちいて，しかも名詞の格形式のみが交替する可能性をあらわしている．これについては叙述素の重なりとしてあとでふれる．

文法格が他の格から区別される特徴がいくつかみとめられるが，以下にその主なものを列挙しておこう．

(i) 連体の格助辞(ノ)，係助辞(ハ)，副助辞(ダケ，バカリ，…)の後接のしかたに差がみとめられる．すなわち，格助辞が残るものと消えるものがある．「*ガノ／ヲノ／ニノ→ノ」「*ガハ／ヲハ→ハ」「*ガダケ→ダケ」となる．これらの特徴は，「カラ／ヘ／ト／ヨリ／デ／φ」に共通するので，「カラ」で代表させると以下の表のようになる．

	ノ	ハ	ダケ
ガ	*ガノ	*ガハ	*ガダケ
ヲ	*ヲノ	*ヲハ	ヲダケ
ニ	*ニノ	ニハ	ニダケ
カラ	カラノ	カラハ	カラダケ

(ii) ヴォイスにおける格の交替現象は，主として主格，対格，与格の間でおこる．受動文の主語になるのは，対応する能動文の対格もしくは与格の名

詞である．ヴォイスの交替は，同じ事態を，事態に関わるどの関与者を中心に文を描くかというパースペクティブの問題である．
(iii) 数量詞が遊離するのは，一般に，格形式がガとヲの場合に限られる（柴谷 1978）．**数量詞の遊離**とは，次のような統語現象をいう．
(49)　三人の　学生が　歩いている．
(49′)　学生が　三人　歩いている．
(50)　三人の　学生を　調べた．
(50′)　学生を　三人　調べた．
(51)　三人の　学生から　聞いた．
(51′)　*学生から　三人　聞いた．
(iv) 話しことばで，格形式が∅になるのは，書きことばでガ，ヲがあらわれる名詞句が多く，まれにニの場合もある．格の明示化が義務的ではない．
(v) 形式動詞の「する」とむすびつき，固定的なシンタグマをつくるのは，ガ，ヲ，ニの三つの格形式の名詞である．

　　においが　する　　味が　する
　　勉強を　する　　　注意を　する
　　前提に　する　　　根拠に　する
　　（「前提と　する」「根拠と　する」も可）

以上にあげた(i)～(v)の特徴は，日本語では，名詞の主格，対格，与格が他の格に対して特別の位置を占めることを意味している．文の骨格をつくる文法格として，このガ，ヲ，ニ(与格)の三つの格がみとめられる．そして，この文法格をとりまく格好で，広義の場所格と関係格がある．ここで重要な点をくりかえすと，場所格の名詞は，主格や対格のかたちをとる名詞の広義の場所をあらわし，関係格の名詞は，主格や対格の名詞との間に成立するなんらかの抽象的論理的な関係をあらわすということである．

2.4　名詞と動詞の意味的関係

動詞がいくつかの名詞の格を支配するという現象は，動詞のもつ意味すなわ

ち内容上の結合能力にもとづいている．「たべる」という動詞は，内容上の結合能力として，動作主と対象を要求し，その結果として，動作主をあらわす主格の名詞と対象をあらわす対格の名詞があらわれる．動作主，対象などは，意味論的な格，深層格，意味役割などの名で呼ばれ，多くの枠組みが提示されてきた．その際，つねに問題となるのは，

(i) どのような意味論的な格をどれだけ認めたらよいか
(ii) そうした意味論的な格はどのような手つづきによってとりだされるか
(iii) 個々の動詞の格スロットにはどのような単語がはいりうるか

といったことで，これらの問題点についてはさまざまな解釈があって，一致をみていない．(i)の意味論的な格をいくつ認めるかという問題は，記述の精度と抽象度の度合に関係し，内容上の結合能力の種類は，細分すればいくらでも多くできる性質のものであって，その数は目的によって多くも少なくもできるものである．重要なのは(ii)の問いに答えることである．(ii)を吟味することによって，その結果として(i)が得られるものである．

内容上の結合能力は，われわれの直観によって得られるとしても，全体の安定した枠組みをつくることはきわめて困難なことである．内容上の結合能力の量と質は，動詞自身の意味と名詞句の形式と意味とに求められる．ここでいう意味とは，個々の単語に固有な語彙的意味にかぶせられた範疇的な意味のことであり，継起的な構造を前提にした一般的な意味をさす．これを潜在的な文法範疇とよぶこともできよう．

以下にしめすのは，日本語の動詞の構造を，名詞の格形式と範疇的意味および動詞の範疇的意味を手がかりとして分類し類型化しようとしたものである．ここでは，名詞と動詞のあいだになりたつ意味的関係を**叙述素**と呼ぶ．叙述素は，名詞の格形式をベースにして，それに名詞句や動詞の意味素性をかぶせて得られる，統語＝意味情報である．叙述素を認定するにあたっては，それゆえ，(1)名詞の格形式，(2)名詞の意味素性，(3)動詞の意味素性，が考慮される．これらのほかに，いくつかの基本的な命題が利用される．

ここで以下に提示する叙述素は，従来の深層格や意味役割と類似したものではあるが，そうしたものにはみられなかったいくつかの特徴をもっていて，動

2.4 名詞と動詞の意味的関係

詞文を構成する,名詞と動詞の関係と名詞間の関係をあわせて表示しようとしたものである.

叙述素は,以下のように定義される.

叙述素とは,ある名詞句(N_j)が,他の上位の名詞句(N_i)を介して当該の動詞に対してもつ意味的関係をいう.

名詞句の上位・下位の関係は,名詞の格形式に依存し,

　　ガ ＞ ヲ ＞ ニ, カラ, ヘ, ト, ヨリ, デ, ∅

である.

N_j が格形式ガ／ヲであるときには,N_i が存在しないこともある.

N_i の格形式は,ガまたはヲであり,前者は添字1,後者は添字2によって区別される.

叙述素には,以下のようなものがあげられる(＃は,当該の叙述素が格形式によって,細分されることをしめす).

場所に関する叙述素

LL＃(Locational Locative)　　　空間的場所
NL＃(Non-locational Locative)　非空間的場所
LS＃(Locational Source)　　　　空間的起点
LG＃(Locational Goal)　　　　　空間的着点
DR＃(DiRection)　　　　　　　　方向
SP(SPace)　　　　　　　　　　　(移動)空間
TM(TiMe)　　　　　　　　　　　(経過)時間
RA(RAnge)　　　　　　　　　　　範囲

抽象的関係をあらわす叙述素

SY＃(SYmmetrical)　　対称
CC＃(ConCern)　　　　関連
PT＃(ParTner)　　　　相手
CP＃(ComParative)　　比較
QU＃(QUantitative)　 数量
ES＃(ESsive)　　　　 資格

CT#(ConTent)　　　　　　　　　内容
原因・目的に関する叙述素
AS(AScritive)　　　　　　　　　起因
MT#(MoTive)　　　　　　　　　動機
変化・作用に関する叙述素
A(Agent)　　　　　　　　　　　動作主
O(Object)　O#e(effective)　　　対象(出現)
　　　　　　O#d(disappearance)　対象(消滅)
　　　　　　O#c(change)　　　　対象(変化)
　　　　　　O#a(affective)　　　対象(受影)
AT(ATitude)　　　　　　　　　　態度の対象
NS#(Non-locational Source)　　　非空間的起点
NG#(Non-locational Goal)　　　　非空間的着点
その他(上記以外)の叙述素
O#(Object)　　　　　　　　　　対象(上記以外のもの)
IN(INstrumental)　　　　　　　　道具
〈全体-部分〉の関係
PA(PArtitive)　　　　　　　　　部分
FC(FoCus)　　　　　　　　　　焦点

　それぞれの叙述素の定義は，表2.3の通りである．
　叙述素は，基本的には，2項の名詞と動詞を問題にする．たとえば，叙述素〈空間的起点〉は，格形式「カラ」をもつ名詞と主格もしくは対格の名詞と動詞のあいだになりたつ意味的関係であるといえる．例文(52)(53)の「部屋から」はいずれも〈空間的起点〉をあらわすが，そこを起点として離れていくのは(52)では「山田」であり，(53)では「娘」である．〈空間的起点〉をLSであらわし，主格が介在するものを添字1で，対格が介在するものを添字2であらわすことにする．

　(52)　山田が　部屋から　出た．[LS_1]
　(53)　山田が　娘を　部屋から　出した．[LS_2]

2.4 名詞と動詞の意味的関係

意味的関係は，下線部の名詞と動詞とのあいだでなりたつのではなく，波線部の名詞もそれにくわわっているのである．例文(52)(53)は，いずれも波線部の名詞が下線部の名詞から離れていくわけである．ちなみに，例文(54)では LS_1 と LS_2 の両方の叙述素がとりだされる．部屋を出て，移動したのは「本」だけではなく，動作主体の「山田」でもあるからである．「部屋」が「山田」と「本」の，ともに空間的な起点をあらわすからである．(53)の文では，移動したのは，「娘」だけで，動作主体の「山田」は移動していないという読みである．少なくとも，(53)の文では，「山田」が「部屋」から移動したかどうか不明である．

(54) 山田が 本を 部屋から 出した．[LS_1, LS_2]

意味格や深層格をあつかったもので，従来このような区別に注意がはらわれてこなかったようである．(52)の「部屋から 出た」も，(53)(54)の「部屋から 出した」も，起点や源泉格(source)のような格が与えられるだけであった．

同様に，次の(55)(56)のような文でも，(55)では，実際に移動したのは「荷物」だけであるのに対して，(56)では(とくに，述語が「送っていった」の形式をとるとき)，「山田さん」と「息子」の双方が移動したことが明示的にあらわされる．つまり，(55)の文では，動作主体の「山田さん」は移動の対象にはならないが，(56)の文では，動作主体の「山田さん」も動作客体とあわせて移動の対象となっている．叙述素は，現実をより正確に反映しているといってよい．

(55) 山田さんが 荷物を 東京に 送った．[LG_2]
(56) 山田さんが 息子を 駅に(まで) 送っ(ていっ)た．[LG_1, LG_2]

叙述素の，こうした名詞2項間の関係を考慮することのすぐれた点は，次のような〈対称(SY)〉〈比較(CP)〉〈関連(CC)〉〈資格(ES)〉などの意味的関係を理解する場合に発揮される．

(57) 座標系Aが 座標系Bと 重なる．[SY_1]
(58) 太郎は 次郎より 判断力が すぐれている．[CP_1]
(59) 猿は 人間に 似ている．[CC_1]

表 2.3 叙述素の種類.

	叙述素	記号	定義	格形式の組合せ
1	空間的位置	LL 1/2	Locational Locative N_j は,N_i(+con)が存在するところである	[ガ／ヲ, ニ]
2	非空間的位置	NL 1/2	Nonlocational Locative N_j は,N_i(−con)が存在するところである	[ガ／ヲ, ニ]
3	空間的起点	LS 1/2	Locational Source N_j は,N_i(+con)が起点となるところである	[ガ／ヲ, カラ]
4	空間的着点	LG 1/2	Locational Goal N_j は,N_i(+con)が着点となるところである	[ガ／ヲ, ニ]
5	方向	DR 1/2	DiRectional N_j は,N_i が到るところ,または方角である	[ガ／ヲ, ヘ]
6	空間	SP	SPace N_j は,N_i が V する空間である	[ガ, ヲ]
7	時間	TM	TiMe N_j は,N_i が V する時間である	[ガ, ヲ]
8	範囲	RA	RAnge N_j は,N_i が V するときの範囲をあらわす	[ガ, ニ]
9	対称	SY 1/2	SYmmetrical N_j は,N_i の共同者である	[ガ／ヲ, ト]
10	関連	CC 1/2	ConCern N_j は,N_i が関連づけられる基準である	[ガ／ヲ, ニ]
11	比較	CP 1/2	ComParative N_j は,N_i の比較対象である	[ガ／ヲ, ヨリ]
12	資格	ES 1/2	ESsive N_j は,N_i の資格として存在する	[ガ, デ／ニ][ヲ, ニ]
13	内容	CT 1/2	ConTent N_j は,N_i の着点となる物事や事柄の内容をあらわす	[ガ／ヲ, ト]
14	相手	PT n/k	ParTner N_j は,物品・情報が移動する N_i の相手である	[ガ／ヲ, ニ／カラ]
15	数量	QU 1/2	QUantitative N_j は,N_i の数量をあらわす	[ガ／ヲ, ∅]

* この叙述素は,O_1e, O_1d, O_2e, O_2d に該当するものは除く.
** $PA_{gg/go/gn/gk/gd}$

各項の下段が定義

	叙述素	記号	定義	格形式の組合せ
16	起因	AS	AScriptive N_j は, N_i が V する起因である	[ガ, ニ]
17	動機	MT 1/2	MoTive N_j は, N_i が V する後の出来事をあらわす	[ガ／ヲ, ニ]
18	逆動機	AM 1/2	AntiMotive N_j は, N_i が V する前の出来事をあらわす	[ガ, カラ]
19	非空間的起点	NS 1/2	Nonlocational Source N_j は, N_i(−con)が起点となる物事である	[ガ／ヲ, カラ]
20	非空間的着点	NG 1/2	Nonlocational Goal N_j は, N_i(−con)が着点となる物事である	[ガ／ヲ, ニ]
21	対象(出現)	O 1/2e	Objective; effective N_j は, (N_i が)V する結果, 出現するものである	[ガ][ガ, ヲ]
22	対象(消滅)	O 1/2d	Objective; disappearance N_j は, (N_i が)V する結果, 消滅するものである	[ガ][ガ, ヲ]
23	対象(変化)	O 1/2c	Objective; change N_j は, (N_i が)V する結果, 変化するものである*	[ガ][ガ, ヲ]
24	対象(受影)	O_2a	Objective; affective N_j は, N_i が V する結果, 作用するが変化しないものである	[ガ, ヲ]
25	動作主	A	Agentive N_j は, 意志をもって V しうる	[ガ]
26	態度	AT	ATtitude N_j は, N_i が V する(精神活動)対象である	[ガ, ニ]
27	対象	O 1/2	Objective 21〜24 の特徴をもたないもの	[ガ][(ガ), ヲ]
28	手段	IN	INstrumental N_j は, N_i が V するときに用いる手段・道具である	[ガ, デ]
29	部分	PA**	PArtitive N_j は, N_i の部分である	[ガ, ガ／ヲ／ニ／カラ／デ]
30	焦点	FC	FoCus N_j は, N_i の側面をあらわす	[ガ, ガ]

(60) 学生は ロビーを 会場に 使った．[ES₂]

これらの例文では，下線部の名詞について，動詞とのあいだになんらかの意味的な関係を認めようとするとき，波線部の名詞句を前提としないかぎり，十全な意味がとりだせない．たとえば，例文(57)の「座標系Bと」は「座標系Aが」を前提としてはじめて〈対称〉という関係的な意味がとりだされるのであって，「座標系Aが」を抜きにして〈対称〉を理解するのは無理である．(58)～(60)についてもそれぞれの関係的意味は二つの名詞句を問題にしないと，抽出できない性質のものである．例文(60)は与格の名詞が対格の名詞の役割をはたすという意味的関係である．同様の例をいくつかしめしておく．

(61) C党が 物価安定を 公約に 掲げた．
(62) シェフは 独自の調味量を 隠し味に 使った．
(63) 山田は 息子を 留守番に 残した．
(64) 学生は B氏を 講師に 招いた．
(65) 委員会は 予備費を 会議費に あてた．
(66) 若者は 偉人の名句を たとえに ひいた．

これらの文の，与格の名詞の動詞に対する関係は，対格の名詞を考慮しないと，完全なかたちではとりだせない．ちなみに，このような文では，与格は「として」と交替できるものが多い．「として」は，あるものの資格をあらわす有標の分析的な格形式である．叙述素に参加する主格と対格の区別をすることによって，たとえば次のような〈対称〉の違いを明示化できるという利点がある．

(67) 太郎は セーターを 次郎と 交換した．[SY₁]
(68) 太郎は セーターを チョッキと 交換した．[SY₂]

つまり，(67)では，動作主体間における対称性が，(68)では対象間における対称性が問題とされているのである．

2.5 叙述素の具体例

以下に，それぞれの叙述素の具体例を示していく．なお，それらは，いずれも叙述素の典型例ともいうべきもので，実際の言語現象には典型的なタイプに

おさまらず，ある叙述素と別の叙述素との中間的なものも多数存在し，位置づけのむずかしいものがある．2.1節(f)で問題にしたように，格形式にたつ名詞は，ときに，典型的なものからずれて他のものにスライドする．

名詞の範疇的意味としては，以下のものを使う．現実に，こうした記述をすすめるには，名詞の意味するものを，ヒトあつかいする，モノ(具象語・抽象語)あつかいする，コト(事象)あつかいするといったゆるやかな処置がもとめられる．

  hum(ヒト) con(具象語) abs(抽象語) act(事象)
  loc(空間) tim(時間) qua(数量) div(特定できない)

これらのうち，humはconに，actはabsにふくまれる関係にある．動詞の範疇的意味は以下の{ }のなかに示してある．

(a) 場所に関する叙述素

ここに所属する叙述素は，N_i[ガ／ヲ]の静的あるいは動的な空間性に関わるものである．具体的もしくは抽象的空間はN_jの[ヲ／ニ／カラ／ヘ]にあらわされる．空間が具体的であるか抽象的であるかは，名詞の範疇的意味に依存し，[N_i: +con, N_j: +loc]ならば具体性を，[N_i: −con]あるいは[N_j: −loc]の場合には抽象性が読みとられる．すなわち，次のように分類される．

 [N_i: +con, N_j: +loc] 具体的空間
 [N_i: +con, N_j: −loc]
 [N_i: −con, N_j: +loc] 抽象的空間
 [N_i: −con, N_j: −loc]

1.1. ⟨空間的位置⟩LL_1 N_jは，N_iが存在するところである．
 [N_i: +con, N_j: +loc]
 {存在} 庭に　桜の木が　ある
     部屋に　学生が　残る
 (岬に燈台がある／牧場に牛がいる／月が中空にかかっている／会社に役職者だけが残る／息子が東京に住む／台所にゴキブリがひそんでいる／栗の木の陰にりすが隠れている)

{現象}　夜空に　星が　光る
　　　　ひたいに　汗が　流れる
（夜道に電灯がひかっている／朝日が湖面に輝いている／サイレンが辺りに響く／青空に雲が浮かんでいる／庭にバラの花が咲く／道路脇に雑草がはえる）

{出現}　雲間に　月が　出る
　　　　湖畔に　ホテルが　建つ
（玄関に男があらわれる／隣の家に赤ちゃんが生まれる／壁一面にかびが生じる）

{認知}　空に　三日月が　見える

1.2. 〈空間的位置〉LL_2　N_j は，N_i(+con)が存在するところである．
　　　[N_i: +con, N_j: +loc]
{存在}　部屋に　学生を　残す
　　　　病院に　友人を　見舞う
（飼い犬が腹に子をやどす（はらむ）／田に雑草をはやす／頬に涙をながす）

{所持}　手に　旗を　持つ
　　　　ひざに　娘を　だく
（ポケットにハンカチを持っている／手にボールをにぎる／手に受話器をとる／赤ちゃんを胸にだく）

{出現}　駅前に　ホテルを　建てる
　　　　家の回りに　垣根を　つくる
（大木が大地に根をあらわしている／庭にテーブルをこしらえる／屋根裏に卵をうむ）

{認知}　土手に　つくしを　見つける
　　　　公園に　彼女（の姿）を　発見する
（戸棚にお菓子を見つける／駅前に友人を見いだす）

2.1. 〈非空間的位置〉NL_1　N_j は，N_i が存在するところである．
　　　[N_i: +con, N_j: −loc]／[N_i: −con, N_j: ±loc]
{存在}　解答には　誤りが　ある

(彼の主張には一貫性が欠ける)
{出現}　両国に　戦争が　起こる
(やり方に無理が生じる／作品に師匠の影響があらわれる／日米間に経済摩擦がうまれる)
{認知}　そこには　食い違いが　みられる

2.2. 〈非空間的位置〉NL$_2$　N_j は，N_i が存在するところである．
$[N_i: +\mathrm{con}, N_j: -\mathrm{loc}]／[N_i: -\mathrm{con}, N_j: \pm\mathrm{loc}]$
{出現}　ふるさとに　事業を　起こす
　　　　会社に　野球チームを　つくる
(プログラムに談合の機会をもうける／二人の間に誤解をうむ／話し合いに冷却期間をおく)
{認知}　肺に　異常を　みとめる
　　　　子供に　才能を　見いだす

3.1. 〈空間的起点〉LS$_1$　N_j は，N_i（+con）が起点となるところである．
$[N_i: +\mathrm{con}, N_j: +\mathrm{loc}]$
{移動}　弟が　部屋から　出る
　　　　社長が　会議室から　戻る
(娘が学校から帰る／手紙が外国から来る／みんなが二階から(屋上まで)上がる／妻が客間から(奥に)下がる／男が座敷から(庭に)降りる／猿が木の枝から落ちる／名物教授が大学から去る)
{離脱}　矢が　弓から　離れる
　　　　切手が　封筒から　はがれる
(鍵がドアからはずれる／壁からポスターがはがれる／頭から髪の毛がぬける／頭から帽子がぬげる／上着から袖がとれる／皮膚から傷口のかさぶたがめくれる)
{消滅}　書類が　かばんから　なくなる
　　　　会社から　彼(の姿)が　消える
(電車の窓から富士山が消える／財布がわが身からうせる／侍が殿の御前からしりぞく)

3.2. 〈空間的起点〉LS_2　N_jは，N_i(+con)が起点となるところである．
　　　[N_i: +con, N_j: +loc]
　　　{移動}　荷物を　二階から　おろす
　　　　　　　箱の中から　球を　とりだす
　　(生徒を教室から(グランドに)移す／荷物を下宿からはこぶ／包を二階の窓からおとす／品物を店頭から(倉庫に)下げる／贈り物を自宅から(友人宅に)とどける)
　　　{離脱}　柱から　釘を　ぬく
　　　　　　　封筒から　切手を　はがす
　　(壁からポスターをはがす／風船から空気をぬく／壁から額をはずす)
　　　{消滅}　部屋から　書類を　なくす
　　(グランドから石ころを除く／この世からじゃま者を消す)

4.1. 〈空間的着点〉LG_1　N_jは，N_i(+con)が着点となるところである．
　　　[N_i: +con, N_j: +loc]
　　　{移動}　父が　会社に　いく
　　　　　　　芸人が　舞台に　あがる
　　(留学生が日本に来る／子供が家に帰る／船が港に着く／一行が頂上に達する／荷物が目的地に届く／子供達が二階に上がる／車が車庫にはいる)
　　　{方向}　車が　右に　曲がる
　　　　　　　風が　南に　ふく
　　(車が北に向かう／道が左におれている／パレードの一行が前に進む／道路が右にそれる)
　　　{付着}　矢が　的に　あたる
　　　　　　　子供が　手すりに　つかまる
　　(父が電車に乗る／観光客がホテルに泊まる／ガムが洋服にくっつく／鳥が留まり木にとまる／通行人が地面に倒れる／とげが指にささる／女がベッドに寝る／通勤客が電車の吊革につかまる)

4.2. 〈空間的着点〉LG_2　N_jは，N_i(+con)が着点となるところである．
　　　[N_i: +con, N_j: +loc]

2.5 叙述素の具体例 —— 93

{移動} 荷物を 二階に 上げる
　　　 子供を 病院に やる
(仕事部屋を二階に移す／料理の材料を台所にはこぶ／商品を支社にとどける／資料を銀行にくばる／荷物を屋上に上げる／学生をホールに集める／兵を戦地に進める)
{方向} ハンドルを 左に まわす
　　　 身体を 後ろに そらす
(針金を内側にまげる／背中を上に向ける／水道の栓を右にねじる)
{付着} 上着を ハンガーに かける
　　　 ボタンを シャツに つける
(壁に絵をかける／テーブルに食器をのせる／花瓶に花を差す／両手に手袋をはめる／胸にブローチをつける／頭に帽子をかぶる／封筒に切手をはる／パンにバターをぬる／洗濯物をひもにつるす／掲示板にポスターをとめる)

5.1. 〈方向〉DR_1　N_j は，N_i が到るところ，または方角である．
　　[N_i: +con, N_j: +loc]
{移動} 兄が 図書館へ いく
　　　 妻が 市場へ 通う
(父が台の上へ乗る／生徒が家へ帰る／社員が東京へ向かう／若者が親の元へ逃げる／子供が部屋へ隠れる／社員が玄関の前へ集まる)
{方向} 太陽が 西へ 沈む
　　　 弟が 路地を 右へ 曲がる
(道が右へおれている／身体が後方へそれる／車が前方へ進む／道路が左にはずれる／ネクタイが右にずれている)

5.2. 〈方向〉DR_2　N_j は，N_i が到るところ，または方角である．
　　[N_i: +con, N_j: +loc]
{移動} 石油を 外国へ 運ぶ
　　　 息子を 病院へ やる
(仕事部屋を二階へ移す／商品を支社へ届ける／荷物を棚へ上げる／兵を

戦地へやる)

{方向} ハンドルを 左に まわす

　　　　身を 後ろに そらす

(針金を内側へまげる／背中を上へ向ける／水道の栓を右へねじる／船体を左に傾ける／右足を前にだす／両腕を上にあげる)

6. 〈空間〉SP　N_j は，N_i が V する空間である．

　　[N_i: div, N_j: +loc]

　　　　みんなが 坂道を のぼる

　　　　車が 峠を 越す

(子供が夜道を歩く／バスが高速道路を走る／船が海上を進む／魚が川をおよぐ／鯉が滝を登る／通行人が橋を渡る／動物が野原をかけめぐる／一行は森を越える／子供がバラの垣根をくぐる／警官が夜の町をみまわる／血液が体内をめぐっている／風が木立ちをわたる　二人が家をでる／教授が大学を去る／人工衛星が軌道をはずれる／彼はしばらく家をあける)

7. 〈時間〉TM　N_j は，N_i が V する時間である．

　　[N_i: div, N_j: +tim]

　　　　子供たちが 夏休みを 過ごす

　　　　皆が 楽しい時間を おくる

(彼らは厳しい時代を生きている／多忙な日々を暮らしている／渡り鳥は当地で一冬を越す／麻雀でひまをつぶす／反骨精神で一生をつらぬく)

8. 〈範囲〉RA　N_j は，N_i が V するときの範囲をあらわす．

　　[N_i: div, N_j: +abs]

　　　　我がチームが 試合に 勝つ

　　　　この子は 数学に すぐれている

(彼は判断力にまさっている(おとっている)／A社は有能な人材に富んでいる／弟が相撲に勝つ(負ける)／彼らはスポーツに励んでいる／人生につまずく／貧困生活になれる　この試合に優勝がかかっている／この地域は起伏に富む／担当者は事情に通じている／彼のやり方は人道にはずれている／その作品は選にもれる　スポーツに自己の才能を生かしている／

将棋に生きがいを感じている／料理に腕をふるう／政府が大気汚染に対策を講じる）

(b) 抽象的関係をあらわす叙述素

ここに所属する叙述素は，N_i と N_j の範疇的意味が一致していることが特徴である．〈相手〉については二つの名詞はいずれも +hum の範疇的意味をもっている．しかし，以下の例にみるように，持ち主とその属性が表現されるとき，二つめの名詞句では属性の部分が消えて，持ち主だけがあらわされることがある．

(69) 彼の趣味は　私(の趣味)と　似ている．
(70) 彼の能力は　彼女(の能力)より　まさっている．

9.1.〈対称〉SY_1　N_j は，N_i の共同者である．

　　　［V：（主格）対称動詞］
　　　　　　甲が　乙と　たたかう
　　　　　　甲が　乙と　接する

この SY_1 がみられる動詞は，**対称動詞**（相互動詞）と呼ばれるもので，これは大きく運動をあらわすものと状態をあらわすものの2種類に分かれる．前者には，「戦う」「争う」「結婚する」「婚約する」「離婚する」などが，後者には「違う」「似る」「関わる」「異なる」などがある．「接する」「交わる」「隣り合う」はどちらの場合もある．なお，「〜合う」は非対称動詞を対称動詞化するもので，「なぐる」「信じる」などヲ格支配の動詞が「なぐり合う」「信じ合う」になると，ト格支配にさまがわりし，対称動詞としてもちいられる．

　（巨人が阪神と戦う／A国がB国とあらそう／太郎が花子と結婚する／太郎が花子と離婚する／京都府は奈良県と接している／グルジュアの景色は静岡県(の景色)と似ている／中身が表示と異なる／彼は彼女と好みがあう／労働組合は支援団体と足並みがそろう／かれは彼女と婚約がととのう／日本は中国と政治的背景が違う／新館は旧館と渡り廊下でつながっている／この町は隣の町と20キロへだたっている／アクセサリーが洋服とつりあっている）

9.2. 〈対称〉SY_2　N_j は，N_i の共同者である．

　　［V：（対格）対称動詞］

　　　　　甲を　乙と　比べる

　　　　　甲を　乙と　混ぜる

　　（日本の経済をアメリカの経済と比べる／砂糖を塩と混ぜる／青い玉を赤い玉とぶつける／ピレネー山脈はフランスをスペインとへだてている／自分の答案を正解とあわせる／西洋人形を日本人形とならべる／古い電池を新しいのととりかえる／初戦でAチームをBチームとあてる）

10.1. 〈関連〉CC_1　N_j は，N_i が関係づけられる基準である．

　　　　　甲が　乙に　似る

　　　　　甲が　乙に　あたる

　　（彼は父親に似ている／住まいが周りの環境に合っている／息子が悪い友だちに関わっている／リサイタルが試験の日にかさなる／塩が砂糖にまざる／あのひとが叔父にあたる（相当する））

10.2. 〈関連〉CC_2　N_j は，N_i が関係づけられる基準である．

　　　　　甲を　乙に　似せる

　　　　　甲を　乙に　重ねる

　　（小皿を大皿に重ねる／家具を壁の色に合わせる／謝恩セールを大売出しにぶつける／初戦でAチームをシード校に当てる／麦をご飯にまぜる／理論を現実にあてはめる／その事件を法に照らして処理する）

11.1. 〈比較〉CP_1　N_j は，N_i の比較対象である．

　　［V：（主格）比較動詞］

　　　　　甲が　乙より　まさる

　　　　　甲が　乙より　遅れる

　　（この辞書はあれよりすぐれている／兄は弟よりすべてにまさっている）／母は父より体力で劣っている／私の時計は君のより5分進んでいる／彼はトップより10メートル遅れている／この商品は見本よりおちる）

11.2. 〈比較〉CP_2　N_j は，N_i の比較対象である．

　　［V：（対格）比較動詞］

　　　　　甲を　乙より　好む

　　　　　甲を　乙より　進める

(ウィスキーより日本酒を好む／私の時計を標準時より少し進める／彼をトップのランナーよりおくらせる)

12.1.〈資格〉ES_1　N_jは，N_iの資格として存在する．

　　[N_i ハ N_j ダ，が成立]

　　　　　姉は　(生涯)独身で　通す

　　　　　父は　課長で／に　終わる

(彼は板前である／彼女はひとり身で通している／会費が1000円であがる／彼は律儀者で通っている／兄は学生時代サッカー選手でならした／かつての問題児が学校の先生におさまっている)

12.2.〈資格〉ES_2　N_jは，N_iの資格として存在する．

　　[N_i ハ N_j ダ，が成立]

　　　　　彼を　ゲストに　迎える

　　　　　辞書を　枕に　使う

(有名作家を講師に迎える／にんにくを隠し味に使う／その女性を秘書にやとう／この男を代打にだす／一人娘を嫁によこす／ゲーテのことばを例にひく／彼女をバラにたとえる／その金持ちは自分を貧乏人にみせる)

13.1.〈内容〉CT_1　N_jは，N_iの着点となる物事や事柄の内容をあらわす．

　　[N_i ハ N_j ダ，が成立]

　　{精神活動}　彼が　外国人と　わかる

　　　　　　　　雑草が　芝生に　見える

(あの人はジェスチャーからイタリア人とわかる／冗談が皮肉に聞こえる／出発が3月と決まる)

13.2.〈内容〉CT_2　N_jは，N_iの着点となる物事や事柄の内容をあらわす．

　　[N_i ハ N_j ダ，が成立]

　　{精神活動}　彼を　一人前と　みなす

　　　　　　　　娘を　綾子と　名づける

(偽物を本物といつわる／沈黙を同意と受け取る／彼女の出身地を九州と

にらんでいる／実現を無理とふんでいる／入場者を1万人とみつもる／この現象をブラウン運動と呼ぶ／締切日を3月末日と定める）

14.1. 〈相手〉PT_1　N_j は，物品・情報がいきつく N_i の相手である．

　　　$[N_i, N_j: +\text{hum}]$
　　　{授受}　甲が　乙に　本を　あたえる
　　　　　　　甲が　乙に　金を　貸す
　　　（彼女は彼に大事なものをあげる／彼は友人に借金を返す／客が店員に代金をはらう／学生が先生に本をわたす／彼女は友人にプレゼントをおくる／監督が主審に選手の交替をつげる／師匠が弟子に秘伝をつたえる／彼は回りの人に礼をのべる／彼は彼女に悪い病気をうつす）

14.2. 〈相手〉PT_2　N_j は，物品・情報がいきつく N_i の相手である．

　　　$[N_i, N_j: +\text{hum}]$
　　　{授受}　乙が　甲から　本を　もらう
　　　　　　　乙が　甲から　金を　借りる
　　　（彼は友人から本を借りる／彼は上司から書類をあずかる／スリが通行人から財布をとる／弟は兄から指示をもらう／弟子が師匠から柔道の精神をまなぶ／かれは市長から功労賞をうける）

15.1. 〈数量〉QU_1　N_j は，N_i の数量をあらわす．

　　　$[N_j: +\text{qua}]$
　　　　　　費用が　5千円　かかる
　　　　　　会議が　3時間　続く
　　　（旅費が3万円うく／約束の日が3日すぎる／時計が5分進んでいる／出発が1日のびる／（時間が）1年たつ／体重が3キロふえる／身長が5センチのびる／水かさが2メートル増す／犠牲者が3人生じる）

15.2. 〈数量〉QU_2　N_j は，N_i の数量をあらわす．

　　　$[N_j: +\text{qua}]$
　　　　　　期間を　3年　かける
　　　　　　体重を　3キロ　へらす
　　　（路線を29キロのばす／時計を5分進める／休暇を1週間ずらす／車に保

険を 1 億円かける／会員を 100 人ふやす／経費を 100 万円へらす／その仕事を 10 年つづける／出発を 3 時間遅らす）

(c) 原因・目的に関する叙述素

　ここに所属する叙述素は〈起因〉〈動機〉〈逆動機〉の三つである．いずれも典型的には N_j の範疇的意味が ＋act である．これらの叙述素がとりだされる文には二つの事柄が述べられている．一つは N_j で示される事柄であり，他の一つは N_j をのぞいた要素によって示される事柄である．二つの事柄の時間的な前後関係は，〈起因〉と〈逆動機〉については N_j によって示される事柄が他の事柄に先行し，〈動機〉については N_j によって示される事柄が他の事柄に遅れて起こる．

16. 〈起因〉AS　N_j は，N_i が V する起因をあらわす．
　　$[N_j: +\text{act}][N_i: +\text{hum}]$
　　N_i は人間であり，動詞は精神活動，とくに生理状態をあらわす．
　　{精神活動}　弟は　借金に　悩んでいる
　　　　　　　　彼女は　寒さに　ふるえている
　　（病気に苦しむ／お金にこまる／急激な改革におどろく／突然の来客にあわてる／秘密の存在にうろたえる／戦争におびえる／政治の腐敗にいかる／老母の看病に疲れる／9 回の失投に泣く　勝利に酔う／少年の顔は祝福の喜びに輝く／木の葉が風にゆれている）

17.1. 〈動機〉MT_1　N_j は，N_i が V する後の出来事をあらわす．
　　$[N_j: +\text{act}][N_i: +\text{hum}]$
　　N_i は人間であり，動詞は意志動詞，とくに移動の動詞に典型的にあらわれる．
　　{移動}　母が　買物に　いく
　　　　　　所長が　挨拶に　たつ
　　（友人の見舞いに来る／剣道の練習にでかける／問題の解決にいそぐ／勤めに通う）

17.2. 〈動機〉MT_2　N_j は，N_i が V する後の出来事をあらわす．

$[N_j: +act][N_i: +hum]$

N_j は行為名詞であり，他は人間をあらわす名詞である．

　{移動}　息子を　買物に　やる

　　　　　弟子を　修行に　出す

（子供を客のお迎えにやる／使者を挨拶につかわす／部下を偵察におくる（おくりだす）／新入社員を出張に出す）

18.1. 〈逆動機〉AM_1　N_j は，N_i が V する前の出来事をあらわす．

$[N_j: +act][N_i: +hum]$

N_j は行為名詞であり，N_i は人間をあらわす名詞である．動詞は「もどる」「帰る」といったごく限られた移動動詞である．

　　　弟が　ピアノの練習から　もどる

　　　社長が　出張から　帰る

18.2. 〈逆動機〉AM_2　N_j は，N_i が V する前の出来事をあらわす．

$[N_j: +act][N_i: +hum]$

N_j は行為名詞であり，N_i は人間をあらわす名詞である．動詞は「もどす」「帰す」といったごく限られた移動動詞である．

　　　弟子を　稽古から　帰す

なお，〈逆動機〉AM_1 と〈逆動機〉AM_2 は，きわめて限られた動詞（「もどる」「帰る」「もどす」「帰す」など）をふくむ文にのみ認められるもので，周辺的な叙述素である．$[MT_1, LG_1]$ と $[MT_2, LG_2]$ はそれぞれ独立に共起するものであるが（例文(71)(72)），$[MT_3, LS_1]$ と $[MT_3, LS_2]$ は共起できない．

(71)　a.　母が　市場に　買物に　行く　$[LG_1, MT_1, A]$

　　　b.　母親が　息子を　市場に　買物に　やる　$[LG_2, MT_2, O_1a, A]$

(72)　a.　*弟が　先生の所から　ピアノの練習から　もどる

　　　　　弟が　先生の所から　もどる　$[LS_1, A]$

　　　　　弟が　ピアノの練習から　もどる　$[MT_3, O_2a, A]$

　　　b.　*師匠が　弟子を　稽古場から　練習から　帰す

　　　　　師匠が　弟子を　稽古場から　帰す　$[LS_2, O_2a, A]$

　　　　　師匠が　弟子を　練習から　帰す　$[MT_4, O_2a, A]$

(d) 変化・作用に関する叙述素

ここに属する叙述素は，動詞のあらわす変化・作用および動作が問題となり，変化の始発の状態〈非空間的起点〉，変化の結果の状態〈非空間的着点〉，変化の主体〈対象〉，動作の主体〈動作主〉，態度的な動作の対象〈態度〉などに関わるものである．〈非空間的起点〉と〈非空間的着点〉は雑多なものをふくんでいる．

19.1. 〈非空間的起点〉NS_1　N_j は，N_i が起点となるところである．

　　　[N_i: +con, N_j: −loc]／[N_i: −con, N_j: ±loc]
　　　{変化}　娘が　眠りから　さめる
　　　　　　　信号が　赤から　（青に）　変わる
　　　（政権が A 党から（B 党に）変わる／彼は緊張から疲れる）
　　　{出現}　米から　酒が　できる
　　　　　　　水は　酸素と水素から　なる
　　　（疑問から新しい発見が生じる／平凡な夫婦から天才がうまれる／嫉妬から事件が起こる／胃の病気は疲労からでる／この病気は栄養不足からくる）
　　　{消滅}　感情から　不安が　なくなる
　　　　　　　彼女から　緊張感が　消える
　　　（顔から血がひく）
　　　{知覚}　話しぶりから　年齢が　わかる
　　　（調査結果から原因が思いつく／顔色から状況が見える（読める））

19.2. 〈非空間的起点〉NS_2　N_j は，N_i が起点となるところである．

　　　[N_i: +con, N_j: −loc]／[N_i: −con, N_j: ±loc]
　　　{変化}　娘を　眠りから　さます
　　　　　　　住まいを　アパートから　（一戸建てに）　かえる
　　　（支持政党を A 党から B 党にかえる／開催期間を 1 週間から 10 日にのばす／彼を委員からおろす／その本から多くの知識をえる／不参加者を名簿から除く／参考資料から重要な文献を見落とす）
　　　{出現}　米から　酒を　つくる

　　　　　参加者から　代表を　えらぶ
（録音から文章をおこす／たゆまぬ努力からよき結果をうむ／出席者の中から委員会を組織する）
　　{知覚}　話しぶりから　事態を　察する
　　　　　雰囲気から　ことの次第を　知る
（そぶりから事態のなりゆきを判断する／声の調子から生活の様子を想像する）

20.1.〈非空間的着点〉NG_1　N_jは，N_iが着点となるところである．
　　[N_i: +con, N_j: −loc]／[N_i: −con, N_j: ±loc]
　　{変化}　娘が　ピアニストに　なる
　　　　　信号が　（赤から）青に　かわる
（住まいが東京にうつる／JRがストに入る／政府が苦境に陥る）

20.2.〈非空間的着点〉NG_2　N_jは，N_iが着点となるところである．
　　[N_i: +con, N_j: −loc]／[N_i: −con, N_j: ±loc]
　　{変化}　水を　氷に　かえる
　　　　　息子を　一人前に　育てる
（日本語を英語になおす／文を単語に区切る／彼女の姿をカメラにおさめる／部下を支配下におく／話をふりだしにもどす／熱が氷を水にとかす
　　{出現}　毛糸を　セーターに　あむ
　　　　　思い出を　作文に　つづる
（野菜をてんぷらにあげる／千代紙を鶴に折る／黄八丈を着物に縫う／丸太を櫓にくむ／木を仏像に彫る／粘土を壺にやく／1枚の紙を切り絵にきる／まぐろを寿司ににぎる／目の前の風景を絵に描く／今の気持ちを文章に書く）

21.1.〈対象(出現)〉O_1e　N_jは，Vする結果，出現するものである．
　動詞の意味するなんらかの変化をうけるものの変化した後の事物をガ格にとり，変化したものと変化がしめされる．変化する主体を「～のN_jが」の形式であらわすことができる．
　　{出現}　家が　建つ（石の家が建つ）

2.5 叙述素の具体例──103

　　　ごはんが　たける（ささにしきのごはんがたける）
　　（子供が生まれる／（海老の）てんぷらがあがる／音楽家が育つ／柿の実がなる／写真がうつる／問題が生じる／灯がともる／湯がわく／虹がたつ／霧がかかる／氷がはる／波がたつ／霜がおく／かびがはえる／おできができる／愁いがあらわれる／衝突がおきる／騒動がもちあがる）

21.2. 〈対象（出現）〉O_2e　N_j は，N_i が V する結果，出現するものである．
　動詞の意味するなんらかの変化をうけるものの変化した後の事物をヲ格にとり，変化したものと変化がしめされる．変化する主体を「〜の N_j を」の形式であらわすことができる．
　　{出現}　妻が　セーターを　あむ（毛糸のセーターをあむ）
　　　　　　両国が　争いを　おこす
　　（料理をつくる／きびだんごをこしらえる／（海老の）てんぷらをあげる／千代紙で鶴をおる／毛糸でマフラーをあむ／（木の）仏像を彫る／ご飯をたく／風呂をわかす／水彩画を描く／手紙を書く／専門書を著わす／穴をほる／パンを焼く／熱をだす／煙をたてる／努力が天才をうむ／好成績をおさめる／水芭蕉が群れをなす／疑惑が疑惑をよぶ）

22.1. 〈対象（消滅）〉O_1d　N_j は，V する結果，消滅するものである．
　動詞の意味するなんらかの変化をうけるものの変化する前の事物をガ格にとり，変化する前の事物と変化がしめされる．
　　{消滅}　あかりが　消える
　　　　　　謎が　とける
　　（お金がなくなる／親が死ぬ／夕立があがる／笑顔が消える／希望がなくなる／気力がうせる／酔いがさめる／会が流れる／疲れがとれる／汚れがおちる／夜があける／日がくれる）

22.2. 〈対象（消滅）〉O_2d　N_j は，N_i が V する結果，消滅するものである．
　動詞の意味するなんらかの変化をうけるものの変化する前の事物をヲ格にとり，変化する前の事物と変化がしめされる．
　　{消滅}　夫が　あかりを　消す
　　　　　　先生が　謎を　とく

（邪魔者をけす／金をなくす／財布を失う／汚れをおとす／ウィスキーを1本あける／ゴミをやく／酔いをさます／不安をのぞく／連絡をたつ／晩ご飯を食べる／ビールを飲む）

23.1. 〈対象（変化）〉O_1c　N_j は，V する結果，さまがわりするものである．

　動詞の意味するなんらかの変化をうけるものをガ格にとり，変化するものと変化がしめされる．一般に変化する前の状態があらわされることはないが，変化した後の状態をあらわす要素を付加して拡大することができる．

　　{変化}　ガラスが　割れる（ガラスが二つに割れる）
　　　　　　机が　こわれる（机がこなごなにこわれる）
　　（窓が割れる／釘が曲がる／棒が折れる／家がつぶれる／箱がくだける／人が死ぬ／花が枯れる／時計が止まる／髪の毛がのびる／手がしびれる／部屋が暖まる／お茶が冷える／ドアが閉まる／水が濁る／空気が汚れる／洋服が縮む／鉄がさびる／野菜が煮える／国がほろぶ／セメントが固まる／騒ぎが静まる／部屋がかたづく）

23.2. 〈対象（変化）〉O_2c　N_j は，N_i が V する結果，さまがわりするものである．

　動詞の意味するなんらかの変化をうけるものをヲ格にとり，変化するものと変化がしめされる．一般に変化する前の状態があらわされることはないが，変化した後の状態をあらわす要素を付加して拡大することができる．

　　{変化}　弟が　ガラスを　割る（ガラスをまっぷたつに割る）
　　　　　　学生が　机を　こわす（机をこなごなにこわす）
　　（木をきる／窓を割る／釘を曲げる／棒を折る／家をつぶす／箱をくだく／虫を殺す／花を枯らす／時計を止める／髪の毛をのばす／部屋を暖める／お茶をさます／ドアを閉める／水を濁す／空気を汚す／道を広げる／野菜を煮る／国をほろぼす／セメントを固める／騒ぎを静める／部屋をかたづける）

24. 〈対象（受影）〉O_2a　N_j は，N_i が V する結果，作用するが変化に関与しないものである．

　動作主体からなんらかのはたらきかけはあるものの，それをうけるヲ格の名

詞は，はたらきかけの結果，どのような変化をうけるかには関与しない．
　　{接触}　彼女が　荷物を　もつ
　　　　　　太郎が　次郎を　なぐる
　　（子供をだく／友人をなぐる／相手をなげる／母親の肩をもむ／私の手をつかむ／恋人の髪の毛をなでる／隣の人の口をおさえる／鐘をうつ／太鼓をたたく／ボールを蹴る／床をふく／カーテンをさわる／地面をふむ）

25. 〈動作主／経験者〉A／E　N_j は，意志をもって行為しうるもので，Vが意志性をもつときは動作主，Vが意志性をもたないときは経験者である．

　運動や状態の主体と規定されるその中身はきわめて多様である．人間やみずからの行為を制御できる主体がガ格にたち，意志性の動詞とむすびつくと動作主としての意味役割(a)がよみとれ，無意志性の動詞とむすびつくと，経験者としての意味役割(b)がよみとれる．前者は，「なにをするか」に対応し，後者は「なにがおこるか」に対応する．「あわてる」「困る」「焦る」「びっくりする」は，無意志性の動詞で，経験者をガ格にとるのが普通である．もっとも，演技として，「わざとあわててみせる」「そのときは，びっくりしてやろう」というような用法がないわけではなく，「わざと」といった副詞や「みせる」「やる」といった補助動詞が動作の意志性を特徴づけている．

　（a）　ぼくが電車で行く／彼らが大声で叫ぶ／弟がいつも怒る
　（b）　ぼくが借金に困っている／彼らが師の悲報に驚く／弟が突然の来客にあわてる

26. 〈態度〉AT　N_j は，N_i がVする（精神的）対象である．N_i には，人間をあらわす名詞が，N_j には人間や人間の属性をあらわす名詞がくるのを基本とするが，それ以外のこともありうる．人間の属性とは「親の親切にあまえる」「彼のおとこらしさに惚れる」における「親切」や「おとこらしさ」などをいう．

　　{精神活動}　子供が　親に　あまえる
　　　　　　　学生が　西洋に　あこがれる
　　（まわりのひとにいばる／美人に惚れる／人妻に恋する／プリマドンナにあこがれる／主人につくす／上司にしたがう／夫につかえる／親に頼る）

Oe と Od は，Oc の下位区分にあたる．つまり，Oe は Oc にふくまれるが，さらに「出現」の意味特徴をもったものをさす．同様に，Od も Oc にふくまれるが，さらに「消滅」の意味特徴をもつものである．次の例文によって，それらの相違を確認しておきたい．括弧内は，それぞれの文からとりだされた叙述素のセットである．

(73) a. 妻は　ケーキを　やいた．[O_2e, A]
　　　b. 妻は　ゴミを　やいた．[O_2d, A]
　　　c. 妻は　魚を　やいた．[O_2c, A]
　　　d. 妻は　肌を　やいた．[O_2c, A, PA_{go}]

例文(73a)～(73d)から，それぞれ異なる叙述素がえられる．それぞれの文の対格の名詞に注目すると，これらはいずれも主格の名詞「妻」から作用をうけた対象であるという点で共通している．しかし，(73a)の「ケーキ」は「やく」動作の結果「出現」するものであるのに対して，(73b)の「ゴミ」は(普通の解釈では)「やく」という動作が完了すれば，「消滅」するものであるという点で違いがある．また，(73c)の「魚」は「やく」という動作によって，加熱して食べられる状態に「変化」するものである．この「変化」は，「出現」や「消滅」とは関わりがない．こうした意味の違いが，叙述素の違いとして反映されている．なお，(73d)は，ヲ格の名詞「肌」に「変化」が生じ，「出現」や「消滅」に関与しない点で，(73c)と共通する．しかし，(73d)には，ガ格の名詞「妻」とヲ格の名詞「肌」との間に〈全体－部分〉の関係が成立していて，この特徴(本節(f)で説明)がくわわることになる．

(e) その他の叙述素

ここには，〈対象〉O と〈手段〉IN の二つの叙述素が属する．〈対象〉O は，叙述素のなかでももっとも意味的な特徴に欠けるものである．動詞の意味を充足させる対象で，その対象が意志性をもたず，かつ，変化にも関与しないものをさす．一方，〈手段〉IN は，ある事柄を成立させるために，ガ格であらわされる動作主が，それを道具として用いるという，事柄の成立に副次的に関与する成分である．

2.5 叙述素の具体例——107

27.1. 〈対象〉O_1
　　　桜の木が　ある
　　　雪が　降る
27.2. 〈対象〉O_2
　　　みかんは　ビタミンCを　ふくむ
　　　弟が　山を　見る
28.1. 〈手段〉IN　N_jは，N_iが V するときに用いる手段・道具である．
　　　彼は　ナイフで　鉛筆を　削る
　　　父は　バスで　病院へ　通う

（f）〈全体－部分〉の関係

　ここにとりあげる〈全体－部分〉の関係は，本節（a）～（e）で示した叙述素とは異なり，動詞の意味とは直接の関係をもたない．同一の文のなかにあって，二つの名詞句のあいだに〈全体－部分〉の関係が成立しているときの特徴をいう．添字は，格形式の組合せをさす（g: ガ, o: ヲ, n: ニ, k: カラ, d: デ）．たとえば，PA_{go} は [N_i ガ, N_j ヲ] の組合せをいう．

　なぜ，このようなものを，ここでとりあげるかというと，全体と部分をあらわす名詞がそれぞれ連用の格として独立にあらわれる場合と「全体ノ部分」という形式をとって一つの連用の格としてあらわれる場合とがあって，両者の関係を把握することは日本語の文構造を理解するうえで重要であると考えるからである．「竹は地下茎がのびる－竹の地下茎がのびる」「三原山が噴火口から煙をはいている－三原山の噴火口が煙をはいている」のような例がそうである．一般に「－は－が構文」と呼ばれているものにも関わりをもっている．

　このような，二つの連用格と，それを一つにまとめた連用格との交替関係にはさまざまなものが含まれるが，同じ動詞の場合もあれば，自動詞と他動詞にまたがる場合もある．「弟は鼻血がでる－弟は血をだす」「目がまわる－目をまわす」「住まいがかわる－住まいをかわる－住まいをかえる」「目があく－目をあく」などの例がそうである．

29.1. 〈全体-部分〉PA_{gg}
   彼は　腰が　痛む
   竹は　地下茎が　伸びる
29.2. 〈全体-部分〉PA_{go}
   妻が　足を　痛める
   桜が　花を　咲かせる
29.3. 〈全体-部分〉PA_{gn}
   父親が　娘を　ひざに　だく
   薩摩芋は　根に　養分を　たくわえる
29.4. 〈全体-部分〉PA_{gk}
   妹が　目から　涙を　流す
   三原山が　噴火口から　煙を　はく
29.5. 〈全体-部分〉PA_{gd}
   弟が　ボールを　足で　蹴る
   父は　自分の目で　たしかめる

(g)〈主人-側面〉の関係

　ここでは，一つの文のなかに，二つの主格の名詞があらわれるもののうち，一方が他方の側面をあらわしている関係がとりだされる．この関係は，形容詞を述語とする文に多く認められるのであるが，動詞述語文においても，動詞が状態・性質をあらわしているときにしばしば見いだせるものである．実際の言語使用では主人(持ち主)をあらわす名詞は主格ガではなく，主題化されたハがあらわれやすい．二つの名詞は「N_i(主人)の N_j(側面)」の形式で，一つの連用格としてあらわすことができる．「二人は性質が違う－二人の性質は違う」「彼女は趣味が変わっている－彼女の趣味は変わっている」のように．

30.〈焦点〉FC
  {状態・性質}　二人は　性質が　違う
     彼女は　性格が　変わっている

2.6 叙述素の階層性

叙述素がいくつみとめられるかという問題は抽象の度合によって決まるものであるから，その数は任意である．ただし，叙述素は，名詞の格形式につよく依存しているために，その数には限界がある．ここに提示したものは暫定的な試案である．

こうした叙述素には，互いに近似していて統合してよいものもある．たとえば，〈空間的起点(LS)〉〈非空間的起点(NS)〉〈相手(PT_k)〉〈起因(AS)〉は広義の〉起点〈として，また，〈空間的着点(LG)〉〈非空間的着点(NG)〉〈相手(PT_n)〉は広義の〉着点〈として，より抽象度の高い関係的意味にまとめることができる．(a)は，ある具象物の空間上の出発点や到達点をあらわし，(b)はある物質の状態における出発や到達をあらわしている．(c)は，出発点や到達点が人である．(d)はある事柄が出発や到達になっている．これらはいずれも広義の出発や到達をあらわしていて共通した面をもっている．それゆえ，〉起点〈〉着点〈として一括することができる．それらを四つに分類したのは，おおむね，格形式＝とカラをしたがえる名詞の範疇的意味の違いにもとづくものである．

	〉起点〈	〉着点〈
(a) 空間的起点／着点 (LS：LG)	男が 部屋から 出る [LS_1, A]	男が 部屋に もどる [LG_1, A]
(b) 非空間的起点／着点 (NS：NG)	米から 酒が できる [NS_1, O_1]	米が 酒に なる [NG_1, O_1]
(c) 相手 (PT_k：PT_n)	男が 女から 本を 借りる [PT_k, O_2a, A]	女が 男に 本を 貸す [PT_n, O_2a, A]
(d) 起因／動機 (AS：MT)	男が 病気に 悩む [AS, O_1]	男が 買物に 行く [MT_1, A]

格形式の組合せは，〉起点〈についてはすべて[ガ，＝]であるが，〉着点〈については，(a)～(c)の場合は[ガ，カラ]であるが，(d)の場合にかぎって[ガ，＝]である．

これと同様に，〈空間的位置(LL)〉〈非空間的位置(NL)〉〈空間(SP)〉〈時間(TM)〉〈範囲(RA)〉は広義の〉位置〈にまとめることができる．

   (a) 空間的位置(LL)   庭に 桜の木が ある [LL_1, O_1]
   (b) 非空間的位置(NL)   解答に 誤りが ある [NL_1, O_1]
   (c) 空間(SP)   彼らが 山道を のぼる [SP, A]
   (d) 時間(TM)   彼らが 夏休みを すごす [TM, A]
   (e) 範囲(RA)   彼は 運動能力に すぐれている [RA, O_1]

(a)(b)(e)の格形式の組合せは[ガ, ニ]であり，共通している．(a)は，ある具象物の存在位置をあらわし，(b)は，ある抽象的なものの存在位置をあらわしている．(e)は，ある性質・属性の内容面での位置をしめしている．「運動能力に」は，どういう点において，とパラフレーズでき，「彼がすぐれている」ということの抽象的な存在位置である．

(c)と(d)の格形式の組合せは[ガ, ヲ]である．(a)と(c)はともに具象物の位置をあらわしているが，(a)が静的な位置であるのに対して，(c)は動的な位置である．つまり，(a)が状態の位置をあらわしているのに対して，(c)は運動の位置をあらわしている．どちらも位置をあらわしているという点では共通している．(d)は，(c)と同様の運動を意味し，違いは，(c)が空間と移動の組合せと時間と(時間的な)経過の組合せという点である．時間を広義の位置ととらえるならば，(d)は，時間における位置をあらわしているといえる．

〈資格(ES)〉〈内容(CT)〉は，まとめて〉同定〈というグループにすることができよう．

   (a) 資格(ES)   彼は 外国人で ある [ES_1, O_1]
   (b) 内容(CT)   彼が 外国人だと わかる [CT_1, O_1]

(a)と(b)は，いずれも広い意味での同定(「XハYデアル」が成立)に属し，その相違は，格形式の組合せと動詞のタイプによる．つまり，格形式の組合せは，(a)では[ガ, デ]であるのに対して，(b)では[ガ, ト]である点と，(b)の動詞が広義のモーダル動詞(精神活動をあらわす動詞)に限られるという点である．

2.7 意味上の重なりと叙述素の重なり

　叙述素は，日本語の名詞の格形式と範疇的意味および動詞の範疇的意味にもとづいて認定されている．つまり，日本語の文構造にささえられていて，日本語に固有である．言語形式を介して認められているので，形式が異なれば，それらに意味的な重なりがあるとしても，異なる性質を読み取ろうとしている．それゆえに，動詞あるいは文のあいだに類義関係が成立しても，同じ叙述素がとりだされるわけではない．以下に示すような組合せでは，類似した内容をあらわしてはいるが，それぞれ違った叙述素がとりだされるであろう．

$\begin{cases} 日光を　浴びる \\ 日光に　浴する \end{cases}$　$\begin{cases} 費用が　いる／かかる \\ 費用を　要する \end{cases}$

$\begin{cases} 相手を　負かす／やぶる \\ 相手に　勝つ \end{cases}$　$\begin{cases} 結果が　わかる \\ 結果を　しる \end{cases}$

$\begin{cases} 外国に　住む \\ 外国で　暮らす \end{cases}$　$\begin{cases} 会社に　勤める \\ 会社で　働く \end{cases}$

$\begin{cases} 病気を　恐れる／こわがる \\ 病気に　おびえる \end{cases}$　$\begin{cases} 苦痛を　こらえる／我慢する \\ 苦痛に　たえる \end{cases}$

$\begin{cases} 師匠を　しのぐ \\ 師匠に／より　まさる \end{cases}$

　ここにあげた組合せは，名詞は共通しているのに，その格形式が異なっている．格の形式が異なるのは，その名詞を要求する動詞が異なるからである．

　同じ動詞が，同じ名詞を要求して，格形式だけが異なる場合がある．それぞれ異なる叙述素が認められるが，それらのあいだに重なりが生じているとみることにする．そのような叙述素の重なりとしては，次のようなものがある．

$\quad$ LS_1/SP 　　駅から／を　出る／離れる

$\quad$ SY_1/CC_1 　父親と／に　似る／会う

$\quad$ SY_2/CC_2 　見本と／に　似せる／合わせる

$\quad$ PT_n/PT_k 　学生に／から　聞く／もらう

DR_1/LG_1	会社へ／に　いく／届く
DR_2/LG_2	会社へ／に　やる／届ける
CP_1/CC_1	甲が　乙より／に　まさる／おとる
CT_1/NG_1	甲が　乙と／に　きまる／なる
CT_2/NG_2	甲を　乙と／に　きめる／する
LS_1/SY_1	子供が　親から／と　離れる
LS_2/SY_2	子供を　親から／と　離す
A/LS_2	兄が／から　渡す／届ける

　こうした叙述素の重なりは，ある事柄が異なる言語形式で表現されるときに，事柄といくつかの言語表現とを関係づけるものである．叙述素は，ことばとして表象された語句の，広義の形式とその形式をつなぐ構造にもとづいていて，言語外的な実在と直接に対応しているわけではない．

　叙述素は，動詞や文全体の意味構造を反映するものである．動詞の多義性が，叙述素によって明示的に記述されることがある．動詞の，狭義の形式的な結合能力である格支配が，動詞の語彙的意味の多義性と一定の程度，対応しているので，そのことをまず確認しておきたい．動詞「仰ぐ」は，〈見あげる〉という意味をもつが，「N_1 ガ N_2 ヲ アオグ」という文構造を指定し，N_1 には〈ひと性〉の特徴をもつ名詞，N_2 には〈空間性〉をもつ名詞を指定する．「仰ぐ」にはこのような基本的な用法のほかにも次のような派生的な用法がみとめられるのであるが，それらは基本的な用法と異なる統語的な構造の中であらわれる．

基本用法　意味〈見あげる〉
　　N_1 ガ　N_2 ヲ　アオグ
　　N_1（ひと）　N_2（空間）
　　例文：弟が　夜空を　仰いだ．
派生用法1　意味〈うやまう〉
　　N_1 ガ　N_2 ヲ　N_3 ト（シテ）　アオグ
　　N_1/N_2（ひと，N_2 は N_1 より社会的に上位）　N_3（ひと／資格）
　　例文：父は　自分の師を　聖人と　仰いでいた．

2.7 意味上の重なりと叙述素の重なり —— 113

派生用法2　意味〈もとめる〉
　　N_1 ガ　N_2 ニ／カラ　N_3 ヲ　アオグ
　　N_1／N_2(ひと)　N_3(動作)
　　例文: 学生たちは　教授に　指導を　仰いだ．
派生用法3　意味〈上をむいて，一息に飲む〉
　　N_1(ひと)　N_2(容器)　N_3(飲物)
　　N_1 ガ　(N_2 カラ)　N_3 ヲ　アオグ
　　例文: 父は　グラスから　ウィスキーを　仰いだ．

　派生用法のいずれもが，ガ格の名詞を潜在的に要求し，それがひとをあらわす名詞(基本用法では，ときに動物がくることもありうる)であることは共通する．派生用法1では，ひとをあらわすヲ格の名詞にくわえて，そのヲ格の名詞の資格をしめす単語をト格として要求し，基本の意味とは異なる〈うやまう〉という意味をもつことになる．これは，「みなす」「たとえる」「決める」などの精神活動をあらわす動詞と共通する結合能力をもつことになる．また，派生用法2では，ひとの名詞をカラ格もしくはニ格に，ある種の動作名詞(おしえ，指導，援助，批評，裁決など)をヲ格にとることによって，基本の意味とは異なる〈もとめる〉という意味をえる．これは「うける」「もらう」「授かる」などのある種の授受動詞と共通する結合能力をもつ．さらに，派生用法3は，基本用法と同じ「～を　あおぐ」という統語構造を要求するが，ヲ格にたつ名詞が空間をあらわすか飲物をあらわすかという範疇的な意味の違いによって，後者を指定する派生用法3は，〈上をむいて，飲む〉という基本の意味とは異なる意味を獲得する．ちなみに，この用法は，容器類をカラ格にとることもありうる．そして，この派生用法の「あおぐ」は「食べる」「飲む」「かじる」といった一連の飲食に関する動詞と共通する結合能力をもつことになる．

　これらのことから，一つの単語(ここでは動詞)が，異なる意味に応じて，それぞれ違った結合能力をもっていることがわかる．単語の語彙的な意味と文法的特性である結合能力とが相互に対応しているわけである．その際，範疇的な意味が，統語的な構造に関与するものとしてとりだされているとすれば，これは単語の語彙的な意味の一般化にとどまらず，文法的な特徴をもあわせもつ

ことになる．すなわち範疇的な意味は語彙と文法とをとりむすぶものとして理解できる．範疇的意味は，単語の語形そのものとしてはあらわれていないものの，継起的な構造に関与するゆえに，潜在的な文法範疇といえるであろう．

次に示す(74)(75)の文は動詞が共通しているうえ，形式構造も一致する．
(74)　伸吾が　本を　棚の上に　あげた．
(75)　伸吾が　本を　佐和子に　あげた．
　二つの文の意味構造の違いは，格形式＝をもつ名詞の範疇的意味と，動詞「あげる」の範疇的意味の対応関係によっておこる．すなわち，(74)では，トコロ(+loc)をあらわす名詞「棚の上」と{移動}をあらわす動詞「あげる」が対応するが，(75)では，ヒト(+hum)をあらわす名詞「佐和子」と{授受}をあらわす動詞「あげる」が対応している．(74)からは，叙述素として，[LG_2, O_2a, A]がとりだされ，(75)からは[PT_n, LG_2, O_2a, A]がとりだされる．ただし，(75)の[LG_2]は副次的である．(74)の文において，「本」が「棚の上」に空間上移動することは一次的であるが，(75)の文においては，所有権の移動が一次的であり，「本」の空間上の移動は二次的でしかない．もう一つ，別の例をあげておこう．
(76)　兄が　お金を　（外に）　もちだした．
(77)　兄が　お金のことを　（話題に）　もちだした．
　二つの文は，対格の名詞の範疇的意味と動詞の範疇的意味に違いが認められる．(76)では，モノ(+con)をあらわす名詞と{移動}をあらわす動詞「もちだす」が対応しているのに対して，(77)では具象語を抽象語化する変換子「こと」によって，コト(+act)をあらわす名詞と{言語活動}をあらわす動詞「もちだす」が対応している．これらの文から，叙述素として，(76)からは[O_2a, A]が，(77)からは[O_2a, A]がとりだされる．どちらの文も格形式＝をとる名詞で文を拡大することができるが，それぞれの対格の名詞との関係において，前者は[LG_2]，後者は[ES_2]を認めることができる．つまり，(76)は「オ金ガ外ニ移動スル」のであり，(77)は「オ金ノコトガ話題デアル」という関係が成立するのである．

2.8 叙述素の特徴

ここで提示したものは，日本語の動詞文の構造を，叙述素という統語＝意味的な機能をもった関係概念によって，分類し類型化しようとしたものであった．この接近の特徴を列挙しておきたい．

(1) 名詞句と動詞との意味的関係を外的な実在にもとめず，ことばとして表象された語句の形態統語論的かつ意味論的な特徴にもとづいている．
(2) 日本語の名詞の格の体系（文法格と非文法格の区別・格形式の上位下位の区別）にもとづいている．
(3) 動詞文を構成している名詞と動詞の意味素性を考慮している．
(4) 文の中での，名詞句間の意味構造が明示される．すなわち，主格・対格以外の格形式をもつ名詞句について，その関わり先がしめされる．ある名詞句の関わり先は，一つに限定されない．文の中で成立する〈全体－部分〉〈主人－側面〉の関係がしめされる．
(5) シンタグマや文の統語構造（形式）と意味構造（内容）を統合するものである．叙述素は，名詞の格形式と，名詞と動詞の間になりたつ意味的な関係をまとめて表示している．
(6) 外的な実在との対応が，叙述素の重なりとしてしめされる．名詞の格形式に相違があっても，さししめすことが同一であれば，その旨が記される．

3
ヴォイス

文を構成するにあたって，名詞句は動詞と（またときとしては節と）いくつかの異なった文法的な関係を結ぶ．そのような関係の一つが**意味関係**であり，たとえば「殺す」という動詞を使って文を構成しようとすれば，それが表す行為の主体すなわち**動作主**と，行為の行き着くところ，そしてその結果状態変化を被る主体，すなわち**対象**とを表現する名詞句を要求する．このことから，「太郎が殺した」や「次郎を殺した」などは，文としては不完全で，省略文としてしか成り立たないという事実や，「太郎が次郎を殺した」という文では，「太郎」および「次郎」が，それぞれ動作主－動詞，対象－動詞という意味関係を結んでいると解釈され，これによって死んだのは次郎であって，太郎ではないという理解が成り立つのである．しかし，この意味関係はどのような状態でも保証されるわけでなく，それは「次郎を太郎が殺した」としても保たれるのに対して，この文の「太郎」と「次郎」の助詞を入れ替えて，「次郎が太郎を殺した」とすると維持されない．一方，同じく「次郎」を「が」で標示した文であっても，「次郎が太郎に殺された」では元の意味関係が表現される．

　ヴォイス（態）とは，このような意味関係の表出パターンにまつわる現象を指し，それは一方では動詞および文の基本形と派生形という形態的・構造的側面を，そして他方では統語範疇「主語」と動詞との意味関係という意味的側面をあわせ持つ，きわめて包括的な文法現象である．

　使役構文がヴォイスの範囲に入るかどうかという問題は，ヴォイスの定義にかかわるものである．本章の立場に立てば，使役もヴォイスの一現象として取り扱えるが，紙幅の関係上，本章では使役を論じない．

　日本語のヴォイス現象の特質を理解するためには，他言語における状況の理解が不可欠である．従来の日本文法における優れた知見にも，他言語についての知識不足による限界が見られる．本稿では日本語の普遍的特性と個別的な側面とを明確にするために，関連する事象を広く他言語に求める．

3.1 ヴォイスの形態的・構造的側面

ヴォイスの定義に先立って，用語についてひとこと述べておく必要がある．voice という術語に対しては，日本では旧来「相」または「態」という用語があてられてきたが，近年では前者を「継続相」「完了相」などというようにもっぱらアスペクトの範疇について，そして後者を「能動態」「受動態」というように，ヴォイスにあてるのが一般的である．本章もこれに従って，voice に対して「態」(および「ヴォイス」)という用語を使用する．ただし middle voice に対しては，「中相」という言い方がかなり定着しているので，これについては「相」を使う．【英語で書かれたものにおいても，voice と diathesis という用語を同義として使ったり，区別したりする論考があるが，ここではこれらを同義として解釈する．なお middle voice に対して「中間態」という用語を使うことも考えられるが，これはもっぱら，This book sells well といった英語構文(およびドイツ語その他の相当文)に対して使われているのに対して，中相という範疇はより広い構文パターンを示す．diathesis および中相については，以下で論じる．】

さて，態というものについては，能動態と受動態の対応として，特に英文法などでは図 3.1 のような対応図を用いて説明がなされるのが一般的である．

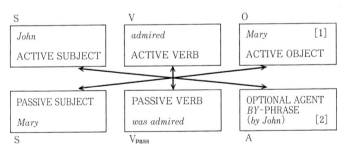

図 3.1 能動文と受身文の対応(Quirk *et al*. 1985:160)

ヴォイスについての以下の現代的な定義は図 3.1 の表すところを文章化したものと理解できる．

ヴォイスとは，[中略]文または節の構造の文法記述において，特に動詞と

の関連性のもとで使用される範疇で，文がその意味を変えることなく，動詞の主語と目的語の関係を変更させる方法を表す．その中心的な区別は能動と受動にあり[後略]．他の言語においては，さらに別のヴォイスの対立が見られることがあって，例えばギリシャ語の「中相」[中略]，さらに役割がヴォイスのものに関連するいくつかの他の構文が存在する，例えば「再帰」，「使役」，「非人称」構文[後略]．

Voice…[is] a category used in the grammatical description of sentence or clause structure, primarily with reference to verbs, to express the way sentences may alter the relationship between the subject and object of a verb, without changing the meaning of the sentence. The main distinction is between active and passive … In other languages, further contrasts in voice may be encountered, e.g. the 'middle' voice of Greek,… and there are several other types of construction whose role in language is related to that of voice, e.g. 'reflexive,' 'causative,' 'impersonal' constructions … (Crystal 1997 : 413)

以上の定義では，①動詞の一範疇としてのヴォイス，②主語と目的語という文法関係の交替，そして③態の交替は意味の変化を伴わない，という3点が態現象の特徴として挙げられている．この3点は，以下のいわゆる能動文と受身（受動）文を検討してみると日本語にも当てはまる定義であると考えられる．

(1) 太郎が次郎を殺した．
(2) 次郎が太郎に殺された．

上の文では，まず動詞について，「殺す」という基本形と派生形「殺される」との対立が見られる．さらに，能動文で主語である名詞句が受身文では主語の位置から外され，一方能動文の目的語が受身文の主語となっている．さらに，この文法関係の交替は意味の変更をもたらさないと言えよう．

ここでいう文法関係の交替ということを，より正確に言い表せば意味関係を担う**意味役割**(「動作主」「対象」など)と**文法関係**(「主語」「目的語」など)の対応の相違であって，狭義のヴォイス(態)とはまさしくこのような意味役割と文法関係の対応そのものをいう．【ここで「狭義のヴォイス」としているのは，以下の

議論で明らかになるように,ヴォイスの現象には動詞によって規定された意味役割と文法関係の対応とに納まりきらないものもあり,ヴォイスの定義ないし解釈もより広範なものにならなければならないからである.】**能動態**(active voice)とは,以下のような「動作主」と「主語」(そして「対象」と「目的語」)の対応を指すのである.【以下に検討するように,自動詞も能動・受動の対立をみせる.】

(3)　能動態　　　動作主(太郎)　　対象(次郎)　　意味役割
　　　　　　　　　　　｜　　　　　　　　｜
　　　　　　　　　　主語　　　　　　　目的語　　　　文法関係
　　　　　（太郎が次郎を殺した.）

上の「殺す」の例で分かるように,能動態とは動詞の基本形の用法における動作主＝主語,対象＝目的語という対応であり,**受動態**(passive voice)とは,動詞の派生形(「殺される」)による意味役割と文法関係の,次のような対応をいうのである.

(4)　受動態　　　動作主(太郎)　　対象(次郎)　　意味役割
　　　　　　　　　　　｜　　　　　　　　｜
　　　　　　　　　∅/斜格目的語　　　主語　　　　　文法関係
　　　　　（次郎が太郎に殺された.）

(4)の表示における「∅/斜格目的語」は,受動態においては動作主が構文要素として表現されなくても(つまり∅「ゼロ」でも),あるいは斜格目的語と呼ばれる付加詞として表されてもよい,ということを示す.つまり,受身文では,「世界では毎日たくさんの人が殺されている」「次郎は今日も学校で泣かされた」のように,動作主を表現しなくても完全な文が成立する.

　主語・目的語と,斜格目的語として一括される副詞的要素は,文の成立にあたって必須的な要素であるのか,そうでないのか,また各種の統語的な現象において中心的な役割を果たすのか,そうでないのかなどといった文法機能上の相違において区別される.主語・目的語のように統語的に中心的な働きをする文法関係を**文法項**(terms)とし,斜格目的語などを**非文法項**(non-terms)として区別し,さらに前者を統語的優位性の観点から,**主要文法項**と**二次的文法項**に区別すると,能動文と受身文は,以下のように意味役割と文法関係の対応,

つまり態のあり方において異なるとともに，項構造においても相違があることになる．

ここで注目すべきは，(6)のように他動詞を受動化した文は，構文的には自動詞文であるという点と，対象が主語と対応しているという点で，次のような自動詞文に文法的な意味と構文特性において類似性を見せるということである．

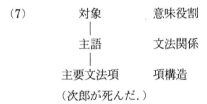

ただし，受身文と自動詞文では，態のあり方，つまり意味役割と文法関係の対応のあり方に違いがあり，前者では動作主の意味役割を担う要素が存在するのに対して，後者にはそれに相当するものが想定されていない．このことが，自動詞文「次郎が昨夜死んだ」と受身文「次郎が昨夜殺された」との間の意味的相違と相関しているのである．つまり，構文的にはともに自動詞文であるが，前者では動作主（殺し手）が関与していない状況を言い表し，後者においては，動作主の存在が前提とされている（意味構造の一部である）ということである．

以上のように，態の対立については形態的特性（日本語では，「れる」「られる」の関与）が特に注目されるが，動詞の基本形と派生形は構文自体の基本と

派生を示している．能動・受動の動詞の対応，たとえば「殺す」と「殺される」を見ると，能動文に使用される形式が無標(つまり基本形)で，受身文におこる形式には「れる」「られる」が付加され，有標の形式であることが分かる．つまり，有標性という概念において，能動と受動は次のような関係にあるということである．

(8)　無標態: 能動
　　　有標態: 受動

このことは，動作主と対象が関与する事態の言語表現は，動作主を主語とし，対象を目的語として表す(5)の対応，つまり能動文によって表現するのが普通の(無標の)やり方であって，(6)の対応を表現する受身文は特別な(有標の)表現方法であるということを示している．事実，このことと相関して，能動文と受身文の出現頻度を比べてみると，前者の方が圧倒的に高い比率で現れる．

言い換えれば，受動の標識(「れる」「られる」)は，この表現(受身文)は普通の表現形式ではない，ということを示すためのマーキングであり，有標という概念はこのような，特別な状況を示すための標識の存在を指すのである．

以上のように，日本語では有標のヴォイスが「れる」「られる」という接辞の存在によって動詞の形態的な範疇として捉えることができるが，言語によってはヴォイスの交替が一つの動詞の形態的な範疇に納まりきらず，構文というレベルによって表されるものがある．英語がその一例である．英語には，屈折範疇として受身形が存在するのでなく，受動態は助動詞 be, have, get などと，本動詞の過去分詞形の組み合わされた形式，つまり構文型式において表現されなければならない．しかし，この形式自体も受動態専用のものでなく，それは結果相や使役などを表すこともある．

(9)　受身文
　　　a. John was scolded by the teacher.
　　　　ジョンは先生に叱られた．
　　　b. John got hit on the head.
　　　　ジョンは頭を殴られた．

c. John had his bicycle stolen.
　　　　ジョンは自転車を盗まれた．
（10）結果文・使役文
　　　a. The window was broken (when I got home).
　　　　（家に帰ると）窓がこわれていた．
　　　b. John got his car washed.
　　　　ジョンは車を洗わせた．
　　　c. John had his bicycle fixed.
　　　　ジョンは自転車を直してもらった．
したがって，態を動詞の屈折範疇の一つとして認定できない場合もあるし，また有標態を一義的に表す特定の形態素・構文があるとは限らない．事実，日本語でも「れる」「られる」は受動態以外にも使用される（以下参照）．

3.2　ヴォイスの意味的側面

先に見た Crystal の定義によると，態の交替は意味の変更を伴わないものと規定されている．事実いままで観察してきた能動文と対応する受身文との間には記述内容に関わる意味の変更は認められなかった．「太郎が次郎を殺した」が真である状況では，「次郎が太郎に殺された」も真であり，またその逆も成立する．しかし，日本語の次のような文はどうであろうか．
（11）a. 太郎は母親に若くして死なれた．
　　　b. 太郎は花子に泣かれた．
　　　c. 太郎は雨に降られた．
日本文法では，これらはやはり受身文と見なされているが，これらは次の能動と考えられる文とははっきりと意味が異なる．
（12）a. （太郎の）母親が若くして死んだ．
　　　b. 花子が泣いた．
　　　c. 雨が降った．
当然 Crystal の定義が間違っているか，(11)の文を一様に受身として取り扱

ってきた日本文法が間違っていると考えなければならない．よしんば後者であるとしても，なぜ受動態を表す「れる」「られる」が(11)のような文に現れ得るのかということが納得できるヴォイスの理解が必要である．そのためには，ヴォイスと意味の関係に立ち入らなければならない．

そもそも，ヴォイスという概念は元来 Crystal の言うように，意味の変化を伴わない現象を指したのだろうか．態(または相)と訳された英語術語 voice は，ラテン語の vox(「音声」「言語」)を直訳したもので，後者はギリシャ語の文法での用語 $διαθεσιζ$(diathesis, ディアセシス・ディアテーゼ)にあてられたものである．diathesis は，ギリシャ語で「配置」「構成」「状態」「態度」「気持ち」などを語義とするが，古代ギリシャの文法家は，これを文法用語として使用した．

現存する最古のギリシャ語の文法書であり，Dionysius Thrax の手によるといわれている *Technê Grammatikê*(『文法の技巧』, 紀元前1~2世紀?)では，ギリシャ語には三つの diathesis(態)があるとし，enérgeia, páthos, mesótês の三つを次の例によって示している．

(13) a. tuptô 私は殴る．(enérgeia)
 b. tuptomai 私は殴られる．(páthos)
 c. diephthora 私は破滅している．(mesótês)
 egrapsamên 私は自分の為に書き付けた．(mesótês)

enérgeia がラテン文法の用語 activum を経て active，そして páthos が passivum を経て passive という英語の術語となった．そして，Dionysius の mesótês は語義的にはラテン語 medium 経由の middle，つまり「中相」に当たるが，Dionysius が mesótês と呼んだものは，いわゆる中相ではなく，形態と意味が混交したものを指す．すなわち，形態は páthos のものでありながら，意味は enérgeia を表すもの，およびその逆の状況を表す形式を Dionysius は mesótês と呼び，これは，enérgeia と páthos の対立に比べて，二次的な態であると見なしている．

語義に基づいた対訳は，enérgeia：active(能動)，páthos：passive(受動)，mesótês：middle(中相)となるが，Dionysius のいう páthos は，現代的な定義

3.2 ヴォイスの意味的側面

による受動態が表す意味ばかりでなく,より広い意味を表す形態範疇を指し,このことから,印欧語の研究ではこの範疇に対して middle voice(中相)という用語を当てていて,enérgeia:active(能動)対 páthos:middle(中相)というのがギリシャ語の文法書(例えば Smyth 1956)で一般的に見られる対応関係である.【Kemp(1987)は,diathesis を state と訳し,enérgeia, páthos, mesótês に対して,それぞれ active, passive, middle をあてている.】しかるに,印欧古典語における態の対立は,能動と中相(Dionysius の用語に従えば enérgeia 対 páthos)を軸にしたものであって,独立的な受動のカテゴリーは後に発達したものである.

用語上の錯綜があるものの,以上が西洋文法において文献上最も古くヴォイスについて述べたものであるが,その用語が対象とした文法的な対立には,上の(13a)(13b)のようなものばかりでなく,次のような対立も含まれていた.

(14) 古代ギリシャ語
    a. politeuô   私は市民だ.(能動)
    a'. politeuomai   私は市民として行動する.(中相)
    b. loúô khitôna   私はシャツを洗う.(能動)
    b'. loúomai khitôna   私は自分の為にシャツを洗う.(中相)

(15) サンスクリット
    a. yáj-a-ti   他人の為に生け贄の儀式を行う(能動)
    a'. yáj-a-te   自分の為に生け贄の儀式を行う(中相)
    b. devadattáh=yajnadattásya kródham ví-nay-a-ti(能動)
        デヴァダッタはヤジナダッタの怒りを鎮める.
    b'. kródham ví-nay-a-te   自分の怒りを鎮める(中相)

以上の例文から,印欧古典語における能動と中相の形態的対立は意味上の対立を表していることが明らかである.例えば,(14a)は,ただ単に「私は市民である」と言っているのに対して,(14a')では「私は市民として行動する,すなわち自分のために市民権を行使する」という意味を表す.また,他動詞文の(15b)は,他人の怒りを鎮めることを表すのに対して,中相表現(15b')は,自分の怒りを鎮めることを表し,これら二つは明確な意味の対立を示している.

さらに，Crystalのヴォイスの定義では，文法関係の変更が態現象の中心的特徴とされているが，上の例文では，文法関係の交替が観察されない．自動詞文(14a)(14a′)は，ともに主語は一人称単数である．また，他動詞文(14b)(14b′)では，両方の文において，主語は一人称単数であり，目的語はkhitôna(シャツ)である．

このように，Dionysiusがヴォイス(diathesis, 態)という用語で捉えようとしたものは意味的な対立を伴う現象であったのである．彼はこの点を明らかにするために，能動と中相の対立を，「私は殴る」(13a)，「私は殴られる」(13b)のように，主語を同一にした例で示したのである．以上の能動と中相の例からもわかるように，彼にとって能動と中相の対立の重要な点は，主語が行為を引き起こす主，すなわち動作主であるのか，それとも主語がある行為(の結果)の帰結点となっているのかという意味的な対立であったと考えられる．

古代インド(紀元前2〜6世紀)のサンスクリット文法家たちが能動・中相の対立に対して前者をparasmai padam(「他への言葉」)，そして後者をâtamane padam(「自分への言葉」)として区別していたことからも，彼らはヴォイスの形態的対立(例えば，三人称単数現在の能動形-tiと三人称単数現在の中相形-teの対立)は，意味的対立を表していると認識していたと考えられる．

以上から，3.1節で見たような，意味役割と文法関係の対応という態の定義では，能動・中相の意味対立を捉えることができないことが分かる．(14b)(14b′)の文では，両方において，主語は動作主であって，目的語は対象である．態対立が表す意味の対立を適切に捉えるためには，主語と行為の間の，より柔軟な意味的関係を問題にする必要がある．

態を主語と行為との間の意味的関係として捉え，定義するやりかたは実はいわゆる伝統文法では常識的なことであって，Crystalに代表される，統語面を強調する現代的な定義は多分に変形文法の影響に支配されたものである．また，印欧古典語の状況からも明らかなことであるが，能動・受動の対立はヴォイスの中心的な区別とは見なせず，Crystalによる定義の問題点は，英語の能動・受動の対立を態現象の原型(プロトタイプ)と見誤ったことにその原因がある．歴史的にも，類型論的にみても(以下参照)，能動・受動の区別は態対立の一つ

3.2 ヴォイスの意味的側面──129

のあり方であって, 決して唯一のものでも, 中心的なものでもない. 受動態が分化・独立していず, その意味が中相範疇に包括されている古代ギリシャ語のような状況は, 今日でもかなりの数の言語において観察される. (古代ギリシャ語では, 独立した受動範疇は未来とアオリスト・テンスにしか見られないと一般的にはされている.) また, 日本語の受身の発達についても, 中相という範疇を経てきたとする見解もある(3.7節(b)参照).

　伝統的な英文法やギリシャ語文法の定義では, 態を次のように捉えている.
　　ヴォイスとは, 動詞形式に対する名前で, それが主語との関わりにおいて表現する行為ないし状態のあり方, つまり[主語が]行為を行っているのか(能動態), [それを]被っているのか(受動態), それとも自身の行為によって影響を受けているのか(再帰態)[を示すものである].
　　Voice is the name for a verbal form according as it primarily expresses the action or state with respect to its subject, which may be represented as acting (*active voice*), or undergoing (*passive voice*), or affected by its won action (*reflexive voice*)　　　　(Kruisinga 1925:167-168)
　　能動態は主語が動詞の行為を行っていることを表す[後略].
　　中相は行為が主語との特別な関連性のもとに行われることを示す[後略].
　　受動態は主語が行為を受けていることを示す[後略].
　　The active voice represents the subject as performing the action of the verb ... The middle voice shows that the action is performed with special reference to the subject ... The passive voice represents the subject as acted on...　　　　(Smyth 1956:389, 390, 394)

最初の定義は, 英文法書から, そして二番目のものはギリシャ語の文法書からであるが, これらの定義は, ①主語(subject)という文法関係に言及にしている, ②行為(action)に言及している, そして態を③主語と動詞が表す行為との意味関係として捉えている, という3点において正鵠を得ていると思われる. 注目すべきは, 態現象が主語・目的語といった文法関係の変更を中心としたものであるとか, 対立する態(例えば能動と受動)は意味の対立を示さないなどとは述べていない点である.

特に態の現象は主語と動詞の表す行為との意味関係を対象としているということ，つまり態の対立は意味対立を前提としているという観点は，我々が態の研究対象を考える上できわめて大きな意味を持つ．以下，伝統文法で指摘されている3点について順を追って考えてみよう．

3.3 主語と態対立の分布

文法関係の一つと見られている主語をいかに定義するかという問題は複雑多岐な様相を呈するが，日本語を始め多くの言語ではこの統語範疇を形態的に他から峻別している．

一般的に言語は何らかの方法で他動詞文の動作主と対象を区別する．日本語では，次の(16a)のように動作主を「が」によって，対象を「を」によって標示することによってどちらが動作主で，どちらが対象であるかを区別している．

(16)　a. 太郎が次郎を殴った．
　　　b. 太郎が走った．
　　　c. 太郎が木から落ちた．

一方，自動詞文ではそれに起こる唯一の名詞句(これには(16b)のように動作主の場合もあるが，(16c)のように対象と考えられる場合もある)は他動詞文との関係において，他動詞の動作主名詞句と同じように取り扱う可能性，他動詞の対象名詞句と同じように取り扱う可能性，そしてこれらとは異なった取り扱いをする可能性が考えられるが，日本語では自動詞文の名詞句を，他動詞文の動作主名詞句と同じ取り扱いをし，「が」によって標示する．この結果，他動詞文の動作主名詞句と自動詞文の唯一の名詞句が一つの文法範疇(「が」によって標示される範疇)を形成する．

主語とは，このように自動詞と共起する唯一の名詞句を他動詞文の動作主名詞句と同一に取り扱うことによって得られる，つまり動作主を基盤にして形成される文法範疇のことである．

英語においても，つぎの例に見られる代名詞の格形式，語順，および一致の現象から明らかなように，自動詞文の名詞句と他動詞文の動作主名詞句が一つ

3.3 主語と態対立の分布――131

の範疇，すなわち主語を形成している．

(17) a. She likes them.
　　　b. She runs.
　　　c. She slips.

　先に述べたように，能動態とは動作主が主語と，そして対象が目的語と対応している状況を，そして受動態とは対象と主語とが対応を示し，動作主は表現されていないか，斜格目的語として表現されている状況を典型的に指す．したがって，主語という範疇ないしは文法関係が確立されていない言語においては，能動・受動の対立は認められない．

　事実，自動詞文の名詞句と他動詞文の対象とをまとめて一つの範疇を作る，能格型統語パターンを中心的に使用する言語(例えばオーストラリア先住民諸語)や，自動詞と共起する名詞句を，動作主的なものと対象的なものとに二分する，いわゆる動格タイプの言語(アメリカ・インディアンのダコタ語や東ポモ語)には，主語という範疇がなく，したがって日本語や英語で見られるような，能動・受動の対立が見られない．【能格パターンを示す構文を主要構文とする言語では，**能格態**(ergative voice)・**逆受動態**(antipassive voice)の対立が見られる．】

　このように，能動・受動は他動詞文の動作主名詞句と自動詞文の名詞句を主語に纏め上げる，いわゆる対格型構文パターンを中心的構文とする言語において見られる態の対立である．主語と能動・受動の態対立の有無関係は，前者があって初めて，後者が存在し得るという状況であるが，このことから主語があれば必ず能動・受動の対立があるとは想定できない．主語という範疇がありながら，能動・受動の対立のないケチュア語(南アメリカ)のような言語もある．【ケチュア語では，能動と中相の対立が見られ，受動の意味は中相範疇において表される．】

　このように，態対立の有無およびその様式は，主語という範疇が確立しているどうかと深く関わっていて，伝統文法の定義における主語への言及は重要なポイントである．

3.4 行為と態対立

伝統文法では，主語という範疇とともに動詞の表す意味，つまり行為(action)というものに言及しているが，英文法などではもっぱら態を他動詞との関連で述べるのが一般的であって，本章の導入部分でも能動・受動の対立は他動詞文を例に話が進められた．しかしながら，この点についても日本語などの状況と照らし合わせると，自動詞にも受身形があり，ヴォイスの現象を他動詞と直接的に結び付けることには問題があることが分かる．

事実，英語においても他動詞のすべてが能動・受動の対立を見せないことは，以下(18)の例からも明らかであるし，自動詞であっても，(19)が示すように，それと共起する前置詞の目的語が受身文の主語として起こることも可能な状況がある．

(18)　a.　John resembles Bill.
　　　a'.　*Bill is resembled by John.
　　　b.　John has many books.
　　　b'.　*Many books are had by John.
　　　c.　This suit fits you well.
　　　c'.　*You are fitted well by this suit.

(19)　a.　George Washington lived in this house.
　　　a'.　This house was lived in by George Washington.
　　　b.　Somebody must have slept in this bed.
　　　b'.　This bed must have been slept in by somebody.
　　　c.　A lot of people have sat on this chair.
　　　c'.　This chair has been sat on by a lot of people.

さらに，ドイツ語その他では自動詞も一般的に能動・受動の対立を見せるが，そこでも次のように行為動詞の場合とそうでない場合とで，受身文の成否が異なってくる．

(20)　a. Wir tanzten gestern.
　　　　 we　danced　yesterday
　　　　 我々は昨日踊った．
　　　b. Gestern　wurde　getanzt.
　　　　 yesterday　became　danced
　　　　 (意訳「昨日踊りがあった．昨日踊りが行われた．」)
(21)　a. Leute sterben oft　in diesem Krankenhaus.
　　　　 people die　often in this　hospital
　　　　 人々がよくこの病院で死ぬ．
　　　b. *? In diesem Krankenhaus wird　oft　gestorben.
　　　　 in this　hospital　become often die. PP
　　　　 (この病院では死ぬことがよく起こる．)

　このように，能動・受動の対立は行為動詞を中心とした現象であることが認められる．特に自動詞に2種類の区別を認めなければならないという点については，アメリカ・インディアンの言葉の研究において Edward Sapir などによって指摘されていたが，最近になってこの区別は，典型的に行為を表す unergative verbs (非能格動詞) と典型的に非意図的な状態変化を表す unaccusative verbs (非対格動詞) という分類のもとに，統語論における重要性が論じられてきた．
　一方，日本文法の伝統では問題の区別はかなり早くから認識されていることである．日本語などでは，他動詞は一般的に行為を表すので，動詞が行為を表すか否かは，主に自動詞を巡る問題である．このことに気づき，自動詞には行為を表すものと，状態や変化の過程を表すものとの2種類があることを明らかにしたのが，本居春庭(1763-1828)である．彼は，『詞通路』(1828)において，我々が自動詞と呼ぶものに，「おのづから然る」という意味を表すものと，「みづから然する」という意味を表すものがあるとしているが，前者が状態または状態変化を表す自動詞，そして後者が行為を表す自動詞である．
　さらに，春庭の示した，動詞の自他およびそれらに依拠する使役・受身などの派生形の対応パターンを検討すると，**おのづから然る自動詞**は，一般的に使

役とも受身とも対応しないのに対して，**みづから然する自動詞**は，これら両方の派生形と対応を見せていることが分かる．例えば，次のような対応パターンが観察できる．

(22) 他動詞
　　　a. 母親が太郎を叱った．（能動）
　　　b. 太郎が母親に叱られた．（受動）
　　　c. 母親が花子に太郎を叱らせた．（使役）

(23) みづから然する自動詞
　　　a. 太郎が一晩中踊った．（能動）
　　　b. （対応する他動詞がない）
　　　c. 母親が太郎に一晩中踊られた．（受動）
　　　d. 母親が太郎を一晩中踊らせた．（使役）

(24) おのづから然る自動詞
　　　a. 戸が急に開いた．
　　　b. 太郎が急に戸を開けた．（対応する他動詞がある）
　　　c. *太郎が戸に急に開かれた．（受動）
　　　d. *太郎が戸を急に開かせた．（使役）

このような観察は，山田孝雄(1908:282)や，三上章(1953/1972:105)，佐久間鼎(1966:209)によって動詞の分類基準とされ，特に三上・佐久間は受身形を作るか否かを出発点として，次のような動詞の分類を提示した．

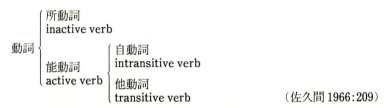

（佐久間 1966:209）

三上・佐久間は，受身形を作らない動詞を**所動詞**とし，受身形を作るものを**能動詞**とまず分類する．「ある」「見える」「売れる」「要る」などが所動詞の典型である．受身形をつくる能動詞には，「母に死なれる」や「子どもに泣かれる」などのように，迷惑の意味を表すもの（三上の言い方では，「はた迷惑の受

身」，佐久間によれば「利害の受身」)と，英語の受身文のような，はた迷惑の意味を表さない受身を作る動詞(例えば，「太郎が次郎に花子を紹介された」)，三上の言い方では「まともな」受身，佐久間によれば「本来の受身」が成り立つものがある．前者のみが可能な動詞を自動詞とし，両方の受身が成り立つもの(例えば，「太郎が花子にいじめられた」「太郎が花子に弟をいじめられた」)を他動詞とするのが，佐久間の分類である．

一方，三上は能動詞のうち「まともな受身」を作らないものと所動詞をまとめて自動詞とする．名詞句を一つ要求する，という動詞結合価の観点からすれば，三上の分類のように，所動詞と自動詞をともに自動詞とする分類が正しいと思えるが，態の対立を見せるかどうかという観点からすると，みづから然する自動詞と他を然する他動詞，つまり行為動詞を能動詞として，所動詞と明確に対立させる佐久間の分類が目的に適っている．

以上から，三上・佐久間によって所動詞と呼ばれる動詞は，態対立の範囲から除外されたもので，態現象は行為を表す動詞がその中心を占めていることが分かる．しかし，どのような動詞が行為を表すものに準じて考えられ，受身を作るのかという問題が残る．例えば，日本語の動詞「死ぬ」や「(雨が)降る」などは行為を表さないが，(迷惑)受身文を作る．この問題については，さらに以下で考えなければならない．

いずれにしても，能動・受動の対立は行為を軸に転回する現象であることが分かったが，このことと伝統的な，特に英文法などに見られる，能動・受動の対立と他動詞との関連付けについて一言触れておく必要がある．

先の Crystal の定義にもみられるように，能動・受動の対立は他動詞との関連において論じられることが多い．これについて，山田孝雄は次のように述べる．

> かく英独両文典の一致して説くが如くかれらの受身といふものは，必他動詞と必然の関係を有せるものにして，他動詞の特質は働掛けと受身と両様の文を其の動詞によりて構成しうることに存し，受身は唯他動詞に依りて存するのみなり．この故にかれらの受身は他動詞使用上の一方法にすぎざるなり．　　　　　　　　　　　　　　　　　　(山田 1908:372)

事実，英語では一般的に態の対立は他動詞にしかみられないが(ただし(19)を参照)，ドイツ語など他の印欧語では，(20b)のような自動詞の受身形も広く観察されるし，次節で見るように，印欧語族に属さない言語においても自動詞ベースの受身形は多々見られる．分布的にみて，他動詞ベースの受身形の方が，自動詞ベースの受身形に比べ広く見られるという事実はあるものの，態対立は他動詞と直接的に結びついているのではない．この関連性は次のように理解されるべきである．すなわち，能動・受動の対立は行為を中心とした現象である．他動詞は典型的に行為を表す．したがって，他動詞は態の対立を実現しやすい．

このように行為と他動詞とは強い結びつきを示すが，目的語を必要とするという統語的な基準によると他動詞でありながら，行為を表さない動詞(resemble, have, need, fit など)が英語などにはかなり存在し，また自動詞でも行為を表すものと，そうでないものとがある．このことから，統語的に規定される他動詞と，意味観点からの他動性とは合致しないことが近年認識されてきた．

元来 transitivity 他動性という概念は，動作主による行為が他に移行(transfer)する状況を捉えるものであり，これには行為という概念とその行為が他に及ぶという概念が含まれている．普通他動詞と呼ばれている動詞に目的語を要求するという統語的要請が働くのは，この意味を構造的に表現するときの必要性によるものである．しかし，この他動の意味を表す典型的な他動詞とともに，上にあげたような，統語的には他動詞と認められながら，意味的には行為や，行為の他への移行を表現しないものもあり，また統語的には自動詞でありながら，意味的には行為を表したり，さらにはその行為が他に及んでいると解釈できる自動詞もある．

このようなことから，近年では統語的な観点からの他動性に対して，**意味的他動性**というものが考えられるようになった(Hopper and Thompson 1980 参照)．そして，他動詞文でも他動性の低いもの，さらに自動詞文でも他動性の高いものとそうでないもの，といった区別がつけられるようになった．例えば，英語の次の他動詞文と自動詞文では，意味的他動性からいうと，後者の方が他動性が高いと特徴づけられる．

(25) a. John resembles Bill.
　　　b. *Bill was resembled by John.
(26) a. John has sat on this chair.
　　　b. This chair has been sat on by John.

(25)の resemble は他動詞であり，目的語を要求するにもかかわらず，行為でなく状態を表し，行為の移行も含意しない．一方，(26)の sit は自動詞であるが，行為を表すとともに，前置詞の目的語として表現された chair に対しての働きかけも認められる．このことから，(26a)の自動詞文の方が，(25a)の他動詞文よりも意味的他動性が高いといえる．受動化の成否がこのことと連動していて，(25b)(26b)の対比が得られることになる．

このように，能動・受動の対立は意味的他動性を軸に転回することが再確認されるわけであるが，注意すべき点は，態対立の可能性が常に動詞自体の意味から一義的に決まるわけではないことである．能動・受動の対立が実現できるかどうかは，その動詞が行為を表しているのかどうか，とともに，表現されている事態に行為の移行，またはそれに準じた状況が認識されるかどうかにかかっている．このことが，以下の受動化成否の鍵を握っている．

(27) a. This dress fits her marvelously.
　　　b. *She is fitted by this dress marvelously.
(28) a. The dress maker fitted her with her new dress.
　　　b. She was fitted with her new dress.
(29) a. John slept in Chicago last night.
　　　b. *Chicago was slept in by John last night.
(30) a. John slept in this bed last night.
　　　b. This bed was slept in by John last night.

3.5　主語と動詞との意味関係としての態

態についての伝統文法の定義において指摘されている最後の，そして定義の要となっている点は，態を主語名詞句の指示物と動詞の表す行為との意味関係

であるとしているところにある．このような観点は，日本文法における定義にも見られ，山田孝雄は，能動と受動を，行為(作用)と主語との関わりにおいて次のように特徴づけている．

> 動詞の有せる属性は其の主者によりて直接に行はるゝものと主者が現に直接に行ひをるものにあらぬものとの二種の区別を生ずべし．其の主者によりて直接に行はるゝものは本源的語尾を用ゐるものにして，その間接に行はるゝものは複語尾を附属せしめてあらはすなり．（山田 1908:367-368）

> 状態性間接作用とは文の主者が其の作用の主者ならずして対者ありて其者が其作用の主者として文の主者に作用を与へをる場合又は文の主者は其作用に対して主者たれども其の作用は現に行はるゝにあらずして唯行はるべき地位に立てるを示す．　　　　　　　　　　　　　　　　　（同 368）

> 即文主其者が作用の主者ならずして其の作用の発者として別に対者ありて之を起し，文主は其が影響を蒙る者これを受身といひ(後略)．
>
> 　　　　　　　　　　　　　　　　　　　　　　　　　　（同 369-370）

山田の説明には，「主者」という用語を動作主（「作用の主者」）の意味としても，主語（「文の主者」）という意味でも使用していて用語上の錯綜が見られるものの，文の主語（名詞句の指示者）が動詞語幹が表す行為を行う状況を直接作用と呼んで，これを能動と見なしている．これに対して，主語が動詞語幹の表す行為を行わない状況を間接作用とし，このうち，行為の主体即ち動作主が主語でない要素（山田の言い方では「対者」）として存在し，主語がその作用を被ることを表す状況を受身としている．

山田の表現を他動詞を基盤に考えてみると，意味役割と文法関係との対応という観点からは，能動では「動作主」と主語が対応している状況を，受動では「対象」が主語と対応している状況を指していることが明らかである．また，主語と動詞（語幹）の表す行為との意味的関係という観点からは，能動では主語が動詞の表す行為を引き起こし，受動では主語が，他の動作主によって引き起こされた行為を被るという状況を指していることが納得できる．つまり，これら二つの観点は主語と行為との関係という点についてはともに主要ポイントを捉えているといえる．

しかしながら，日本語や，先に見たドイツ語の自動詞ベースの受身などを考えると，他動詞を基盤にし，意味役割と文法関係の対応や，項構造の変化のみを強調した，つまり態対立の統語的側面に主眼をおいた捉え方には限界があり，主語と行為との間の意味的関係を前面に出した理解が必要となってくる．次節でこのことを取り上げるが，ここで伝統文法の強調する，能動と受動の意味的相違の本質について論じておく必要がある．

外国の伝統文法や山田孝雄など日本の伝統文法における態の定義は，先にも述べたように，「主語」(山田の言い方では「文の主者」)という統語範疇ないしは文法関係に言及している．つまり，ここで問題としている意味とは，この主語範疇に起こる名詞句，すなわち主語名詞句と行為(の発生)の関係を対象としている点において，**文法的な意味**(grammatical meaning)を指しているということである．言い換えれば，主語が行為を引き起こしているのか(能動)，主語が他によって引き起こされた行為による影響を被っているのか(受動)という意味対立であって，いずれにおいても，主語と行為の関係を問題として，その内容は動詞によって言い表されている行為が主語といかなる関係にあるのかというものである．

Crystalが態の対立は意味の対立を伴わないと述べているのは，実はこのような文法的な意味の対立を無視して，記述内容における意味対立のみを念頭においていたことによる．もちろん，態全般について考えた場合，能動・中相の対立のように記述内容のレベルにおいても意味の対立が見られるものがあるので，Crystalの定義にはいずれにしても問題がある．

能動・受動が文法的意味のみの対立として成り立つ点において，この態対立は，能動・中相，使役・非使役などの態対立と異なるわけであるが，能動・受動の意味対立は，文法的な意味の対立であるということを示さんがために，従来からこの対立は，次のような記述内容を同一にした文の対によって示されてきたのである．

(31) a. John killed Bill. : Bill was killed by John.
　　　b. 太郎が次郎を殺した．：次郎が太郎に殺された．

しかし，このことが逆に能動と受動には意味の対立が見られないという誤っ

た考えを助長してきた．問題の意味対立を明確にするためには，ある行為について主語がするのか，されるのかという対立が明確な，ちょうどDyonisiusが主語を同定して能動と中相の対立を示したように，次のような例で示した方がよかったのである．しかし，このような記述内容の異なる表現を用いると，今度は問題の意味対立が文法的なものである点がぼやける恐れがある．

(32) a. John killed Bill. : John was killed by Bill.
b. 太郎が次郎を殺した．：太郎が次郎に殺された．

3.6 自動詞ベースの受身

前節において，態対立には能動・中相のように記述内容に変更をもたらすものと，能動・受動のように，主語が行為とどのような関係にあるのかという，文法的な意味を表すものがあるということを明らかにしたが，伝統的な見解をまとめた次のような定義はどこまで有効か検証しなければならない．

(33) 能動態：主語が動詞語幹の表す行為を引き起こす，という意味を表す．
受動態：主語が，それ以外の動作主の引き起こす行為の作用・影響を被る，という意味を表す．

(a) 他言語における自動詞ベースの受身

今までの議論でも明らかなように，能動・受動についての伝統的な見解は他動詞文に依拠したものである．3.4節でも触れたように，山田孝雄(1908:375)などは，西洋語では「自動詞にては受身をつくることなし．この故にかれの受身は他動詞の使用上の一方法にすぎず」とし，自動詞も受身を作る日本語の状況と対比させている．

しかし，先にも見たように，西洋語にも自動詞をベースとする受身のような文が存在する．(20b)のドイツ語例以外に，いわゆる西洋語における自動詞ベースの受身と考えられるものには，次のようなものがある．

(34) a. Er word door de jongens gefloten.（オランダ語）
there becomes by the boys whistle.PP

3.6 自動詞ベースの受身

子供たちによる口笛吹きが行われている.

 b. Er word geblaft/gehinnikt/gekrast/gemiauwd.
  there becomes barked/whinnied/crowed/meowed
             （オランダ語）
  吠える・いななく・コケコッコ・ニャン，ニャンすることが行われている.

 c. Det læse ikke i Dag. (デンマーク語)
  it read.PASS not in day
  今日は読むことが行われない.

 d. Här akjut-s det (スウェーデン語)
  here shot-PASS it
  ここで射撃が行われる.

 e. Tanssi-ttiin. (フィンランド語)
  dance-PASS.PP
  ダンスが行われた.

 f. Táhar ag fás. (アイルランド語)
  is-IMPERS at growing
  育つことが起こっている(草などについて).

さらに、いわゆる西洋語以外の言語における自動詞ベースの受身として、次のようなものがある.

(35) a. hās-i-iõ (ネパール語(印欧語族))
   laugh-PASS-3SG.PAST
   (私が)笑った.

  b. Göl-de boGul-un-ur (トルコ語)
   lake-in drown-PASS-AOR
   湖で(人々が)おぼれる.

  c. Vaik-ų greit auga-m-a. (リトアニア語)
   children-GEN fast grow-PRES.PASS-PART.NEUTR
   子供たちは(本当に)早く大きくなる.

d. Snig-t-a.（リトアニア語確認受身）
   　　snow-PAST.PP-NEUT
   　　(雪が)降ったようだ.
   e. tuisi　yiʔi-wa-k（ヤキ語(メキシコ)）
   　　much　dance-PASS-PAST
   　　踊りがたくさん行われた.

　以上の諸構文は，日本語や英語に直接対応する表現がないので，翻訳が困難で，日本語では「踊りがたくさん行われた」のように，主語を立てた表現をしなければならない．しかし，以上の例文はすべて自動詞ベースのもので，受身の主語に立てるべき実質名詞句を含まない．ドイツ語やオランダ語，デンマーク語の例では，es, er, det といった形式名詞が主語の位置に来るが，これらは動詞が文頭に来るのを避けるために挿入されたもので，実質的な指示を持たないし，また副詞句などが文頭に起こる場合には出現しない．このことから，上の諸例は一般的に**非人称(構)文**(impersonal construction)ないしは**非人称受身**(impersonal passive)と呼ばれている．

　さて，問題は非人称文と呼ばれるこれらが受身と見なせるかどうかである．二つのタイプの構文が同類のものであるかどうかを判定するためには，それらの間の相違と類似を検討し，前者が後者より大きければ問題の構文は別のものであると考える必要があるし，後者が前者より大きければ，問題の2構文を一つの構文範疇の下位タイプとして取り扱うことができる．

　非人称受身文と人称受身文との相違は，実質名詞句が主語の位置に立つかどうかという点につきる．自動詞に依拠した非人称受身文では実質名詞句が主語に立たないということは，主語の位置に持ってくる（能動文の目的語相当の）名詞句がないということに起因する，きわめて当然なことである．

　この相違点に対して，非人称受身文と通常の受身文との間の類似点は多い．まず，能動文との対立がある．例えば，

　　(36)　ドイツ語
   　　a. Wir tanzten gestern.（能動文）
   　　　 we danced yesterday

我々は昨日踊った.
   b. Es wurde gestern （von uns）getanzt.（非人称受身文）
      it became yesterday by us dance.PP
      （我々によって）昨日踊られた.
   c. Gestern wurde （von uns）getanzt.（非人称受身文）
      yesterday became by us dance.PP
      昨日（我々によって）踊られた.

次に，他動詞に依拠した（通常の）受身文と比べてみると，非人称受身文はいくつかの点で類似を見せる．上の（36b, c）と次の人称受身文を比べてみよう．

(37) a. Wir töteten den Löwen.（能動文）
        we killed the lion
        我々はライオンを殺した．
     b. Der Löwe wurde （von uns）getötet.（人称受身文）
        the lion became by us kill.PP
        ライオンは（我々によって）殺された．

まず，非人称受身文と人称受身文には同様の形態素が関与している．ドイツ語ではwerden「なる」という助動詞と本動詞の過去分詞形（past participle, PP）が双方の構文に見られる．次に，動作主が主語の位置から外され，言い表す必要がない．そして，もし動作主を表現するのなら，双方の構文において von という前置詞を伴って表現される．双方の構文において，動作主が表現されなかったり，表現されてもそれは随意的な要素，付加詞として表されるということから，非人称受身文も人称受身文もともに，動詞の結合価を1減少させる，という共通性が認められる．

結合価3の複他動詞を受動化すれば，結合価2の構文が生じ，結合価2の他動詞を受動化すれば，結合価1の構文が生じる．このことから，結合価1の自動詞を受動化すれば，結合価0の，すなわち非人称文が生じることが期待される．この，受動化による動詞結合価の減少は次の状況から明らかである．

(38) 3→2

    a. Die Mutter lehrte den Kindern den Tanz.
       the mother taught the children the dance
       母親が子供たちにそのダンスを教えた.

    b. Der Tanz wurde den Kindern gelehrt.
       the dance became the children teach. PP
       そのダンスは子供たちに教えられた.

(39) 2→1

    a. Die Mutter backte den Kuchen.
       the mother baked the cake
       母親がそのケーキを焼いた.

    b. Der Kuchen wurde gebacken.
       the cake became baked. PP
       そのケーキは焼かれた.

(40) 1→∅

    a. Die Kinder pfiffen hier.
       the children whistled here
       子供たちがここで口笛を吹いた.

    b. Hier wurde gepfiffen.
       here became whistle. PP
       ここで口笛吹きが行われた.

【多くの言語においては他動詞に依拠した非人称受身文を作ることも可能である.この場合もやはり結合価が1減じる.例えば,次のウェールズ語の例のように.

    Fe'i lladdwyd (gan ddraig).
    him was. killed (by dragon)
    (竜によって)彼を殺すことが起こった.】

以上のような,非人称受身文と受身文の平行性は,他の言語についても観察され,このことから,ここで観察した類の非人称受身文を受身と見なす根拠は十分にある.さらに,この結論は非人称受身文をも包括する受動態の定義を要

求することになる．つまり，能動文の目的語に対応する主語を持つ，といった構文論的な定義も，(33)のような意味的な観点からの定義も，非人称受身文には適用できない．なぜなら，ここでいう非人称受身文には実質主語が存在しないからである．

以上から，非人称受身を取り込んだ(そしてそうあるべきであるが)より包括的な受動態の定義が要求されることが明らかになったが，果たしてそれはどのようなものであろうか．(34)〜(36)を通して観察されることは，動作主が主語の位置に立たないということであって，これこそが受動態を，動作主を主語に置く能動態と区別させている特徴である．言い換えれば，受動態とは動作主を主語の位置からはずして事態を把握する表現法である．よって，(33)の特徴づけを次のようなものに改める必要がある．

(41) 能動態: 主語が動詞語幹の表す行為を引き起こす，という意味を表す．
　　 受動態: 主語以外の(往々にして表面的に明示されていない)要素が動詞語幹の表す行為を引き起こす，という意味を表す．

つまり，能動と受動の意味対立とは，「主語が当該行為を引き起こしているのか，そうでないのか」という対立に煮詰めることができる．非人称受身の場合には，実質主語がないが，主語自体に言及しない(41)の受動態の定義はそれらにデフォールト的に適用されることになる．

(b) 日本語の自動詞ベースの受身

上の(41)における，能動・受動の意味記述は，いわゆる非人称受身も取り込んだ受動の意味を表現している．実質主語をもつ人称受身と非人称受身をともに能動文と対立させる言語においては，「主語が当該行為を引き起こしているのか，そうでないのか」という意味局面が大きな意味を持つ．しかし，能動・受動の対立の典型は，西洋語においても，他の諸言語においてもやはり，能動文と人称受身文によって実現されている．

このことは，人称受身と非人称受身の分布から分かることで，前者のみを有する言語(例えば，英語)と両方有する言語(例えば，ドイツ語)は多くあるが，後者すなわち非人称受身のみを有する言語(例えば，アメリカ・インディアン

のユート語)は非常に希である．さらに，人称受身・非人称受身ともに有する言語においても，後者は前者に比べて，出現頻度が低い(柴谷 1997b 参照)．

　非人称受身を持たない日本語にも，自動詞をベースにした構文として，次のようなものがあるが，これらは本当に受身文と見なすことができるのであろうか．

(42)　a. 花子は子供たちに一晩中泣かれた．
　　　b. 花子はいやな人に横に座られた．
　　　c. 花子は急に雨に降られた．
　　　d. 花子は可愛がっていたイヌに死なれた．

「(雨が)降る」「死ぬ」などは行為を表すのか，という問題は次節で取り上げるとして，(42)の文はいずれも行為が主語以外のものによってもたらされているという点については，(33)(41)の受動態の意味と合致する．このことから，これらの定義は日本語の自動詞ベースの受身もその範囲に取り込むことができる．

　一方，日本の伝統文法では(42)のような文は，何の疑いもなく受身と見なされている．例えば，山田孝雄は次のように言う．

　　然るに我が国語の受身といへるものは頗其の趣を異にせるものあるなり．
　　先にいへる如く所謂他動詞は必しも受身に転換しうるべからざると同時に
　　所謂自動詞にも又受身文を構成しうべき事あり．この故に吾人の国語の受
　　身といふものと英独諸国語の受身といふものとは根本的に差違あるものな
　　るを想見せざるべからず．　　　　　　　　　　　　(山田 1908:372)

諸外国語の受身と日本語の受身には根本的に差違があるのであれば，これらを同様に「受身(passive)」と見なすこと自体に根本的問題点があり，山田の上の表現も，基本的な類似を見越してのことと理解する必要がある．それにしても，日本語の自動詞ベースの受身と言われるものは，諸外国語の受身と統語的には基本的なレベルでの相違があり，(42)に代表されるものを，他動詞に依拠した受身と同じように，さらには外国語の受身と類似した構文として，「受身」と認めるためには，それなりの根拠が示されなければならない．

　日本語の自動詞ベースの受身が他の言語における受身と根本的に異なる点は，

3.6 自動詞ベースの受身

結合価のあり方においてである．本節(a)でみたように，受身化は動詞の基本的な結合価を1減少させる働きがある．これは，日本語のいわゆる「本来の受身」「まともな受身」と呼ばれる構文でも同じであって，以下の(43a)では名詞句が少なくとも二つ現れないと不完全な文，または省略文と見なされるのに対して，(43b)では，一つの名詞句が起こるだけで統語的には十全である(意味的には動作主の存在が含意されていることに注意)．【日本語では，文脈による省略と，受身文の動作主のように統語的に認可されたゼロ表現との区別が明確でない場合がある．文脈から判断できるという理由で省略される場合は，定(definite)の読みを要求する．一方，統語的に認可されたゼロの場合には，不定(indefinite,「誰かに」)の読みが可能である．】

(43) a. 先生は(今日も学校で)花子をほめた．
　　　b. 花子は(今日も学校で)ほめられた．

以上から，(43b)のような文は，統語的にも意味的にも他の言語における受身と同定することができる．一方，(42)のような，自動詞ベースの構文の場合には，結合価の減少は少なくとも表面的には見られない．「泣く」「座る」などは自動詞で，結合価1の動詞であるが，それを(42)のように受身にしてみると，主語と動作主を表す名詞句が二つ登場して，結合価増の様相を呈する．このことから，日本語の自動詞ベースの受身は，統語上は他言語の自動詞の受身に比べて，受身らしくないと結論づけなければならない．つまり，伝統的には自動詞は受身を作らないと言われている西洋語その他の自動詞ベースの受身の方が統語的には受身らしくて，自明のものとされてきた日本語の自動詞ベースの受身の方が，実は統語的には受身らしくないと言えるということである．

ここで，自動詞ベースの受身の結合価について少し詳しく検討してみよう．

受動化に伴って結合価が減じるのは，受身文では動作主を文法項としないことによるが，一般的にはこれは，受身文では動作主が表現されなくてよいということとして理解されている．事実，他の言語における自動詞ベースの受身の典型は，(34e, f)(35a, b)のように，主語も動作主の表現もない，結合価ゼロの構文である．これに対して日本語の自動詞ベースの受身では，(42)のように，主語名詞句とともに，動作主も表現されるのが普通で，ここに本構文の特異性，

すなわち結合価増の特性が認められる．したがって，この問題を考えるときには，主語名詞句の問題と，動作主名詞句の問題が考えられなければならないが，受動化に伴う結合価減は，動作主名詞句の処遇が問題となっているので，ここではまず動作主名詞句のあり方を中心に議論を進めよう．

次の例文からも観察できるように，日本語の自動詞ベースの受身は一般的に動作主を表現しないと座りが悪く，このような文は文脈から動作主が同定できない状況では使えない．

(44) a. ??花子は(一晩中)泣かれた．
　　 b. ??花子は(横に)座られた．
　　 c. ??花子は(去年の夏)死なれた．

しかし，これらにおいて動作主を補わなければならないということは，意味上の要請であって，統語上の問題でないと考えられる．すなわち，自動詞ベースの受身では(そして以下で間接受身と呼ばれる他動詞ベースの受身においても)，その主語が動詞語幹の結合価によって指定される意味役割を担わない．例えば，(42a)の主語「花子」は「泣く」という動詞によって指定されている唯一の意味役割「動作主」を表現していない(この意味役割は「子供たち」に担われている)．このことから，このような構文においては，主語と残りの構文要素が影響を被るものとそれをもたらす事態という意味基盤にたって主-述関係で結ばれるためには，二つの構文要素の間に特別な意味上の関連性が要求される．つまり，主語が残りの構文要素の述べる事態といかなる関連性があって影響を被るのかが明らかにされなければならない．自動詞ベースの受身が一般的に動作主の表現を要求するのは，(44)のようなものでは，主語と述べられている事態との関連性が不明であるからである．つまり，(44a)の例をとれば，「花子」と「誰かが(一晩中)泣く」という事態との関連性が十分に明らかにされていないということである．

この構文に「子どもに」という動作主を入れることで，言及されている子どもは花子のものであって，それが一晩中泣くことによって母親としての花子がたいへんな苦労を強いられ，子どもが泣くという事態と大いに関わっていることが明確になる．よって，「花子」をそのような事態から多大な精神的影響を

3.6 自動詞ベースの受身

受けた当事者として，受動主語の位置に立てる意味的根拠が成立するのである．

つまり，自動詞ベースの受身で動作主の表現が要求されるのは，このような関連性を明らかにするためである．

事実，不定の動作主でも問題の関連性が十分に推し量れる文脈がある場合には，動作主なしの自動詞ベースの受身が成立する．例えば，

(45) a. 花子は，横に座られるのがいやで，いつも電車では鞄をとなりに置いている．
　　 b. 死なれて有り難がるのは，葬儀屋ぐらいなものだ．
　　 c. 店先でけつまずかれたら困るので，道路を舗装した．

結合価を増すと言われる受身には，実は他動詞ベースのものもあって，次のような文は，結合価2の他動詞から結合価3の受身文を作っているように見える．

(46) a. 太郎が花子の足を踏んだ．
　　 b. 花子は太郎に足を踏まれた．
(47) a. 太郎が花子の服を汚した．
　　 b. 花子は太郎に服を汚された．

しかし，これらの受身文では，主語と目的語の間に所有の関係を認めることによって主語と事態の関連性が明確にされ得る．したがって，これらの文では比較的簡単に，動作主を表現しないものも作れる．

(48) a. 花子は満員電車で足を踏まれた．
　　 b. 花子は服を汚されるのを極端に嫌う．

このように，結合価増を伴うと言われている自動詞ベースの日本語の受身は，実はその動作主名詞句の表現は統語上必要でない．しかしながら，動詞語幹によって指定された意味役割を担わない名詞句が主語の位置に立つという特徴は，他の言語における，結合価を減じる非人称受身と比べて，なお統語的には受身らしくないと言わなければならない．これらの受身文の結合価の問題については，さらに以下で検討する．

一方，結合価以外の特徴を見ると，日本語の自動詞ベースの受身は(そして結合価を保つ(48)のような他動詞ベースのようなものも)，受身と見なされる

べき根拠がいくつかある.

　その一つは,動作主が主語の位置に現れずに,もし表現するならば,「に」を伴って文中に提示できるという通常の受身に通じる特徴である.さらに,主語が他の動作主によってもたらされた行為の作用・影響を受けるという,典型的な受動構文の定義(33)が当てはまる.

　しかし,日本語タイプの自動詞ベースの受身文,さらに結合価の観点からは自動詞ベースと同じように働く,他動詞ベースの間接/迷惑受身は,他言語に比べて日本語では特に顕著であるという事実は,山田孝雄のいう日本語受身の特性と関係があろうと思われる.

　山田(1908)は日本語の受身の特性について,「……我が国語の受身は頗精神的にして,精神なきものが文主としてたてる場合には殆ど受身を構成すること能はざるなり」(374)と述べ,日本語本来の受身文の主語はいわゆる有情物,典型的には人間に限られ,そしてその主語は,行為を「うくる者」であるが,「「うく」といふ意識の観察は実に自己がその動作作用の影響を蒙りたる一刹那の意識の状態にすぎずして決して動作作用其の者の進行をいふにあらざるなり」(375)と述べ,日本語の受身文では有情物が起こり,話者がそれと同定して事態の影響を受けることを情意的に表現するのが一般的である点を暗示している.

　これに対して,非情物が主語に来る受身文も日本古来のものであることを認めた上で,以下のような非情物主語の受身は別種であると説明する.

(49)　a. 御物思ひのほどに所せかりし御ぐずしのすこしへがれたるしもいみじうめでたきを.　　　　　　　　　　(「源氏物語」明石)

　　　b. ふたあゐえび染などのさいでのをしへされて草子のなかにありけるを見つけたる.　　　　　　　　　　(「枕草子」二)

　　　c. 年へても磯うつ浪にあらはれていはほの苔はむすひまもなし.
　　　　　　　　　　　　　　　　　　　　(「新続古今和歌集」,雑中)

以上のような例をひきながら,山田は次のように説明する.

　吾人はこの例を以てますます受身の状態性なることを明にしうべきなり.これらの例は皆一種の状態なり.他の観察者より見たる状態なり.抑受身

3.6 自動詞ベースの受身——151

といふに二種の観察点ありとす．一は動作作用の影響を受くる者其自身より見たる受身，一は傍観者ありて，一の動作作用の影響をうくる其状態を見たる場合の受身，この二は自然に異なる趣あり．始の受身にありては受くる者が自識せりと思はずば受身となることなし．これ先にいひし有情物が文主たる場合のものなり．終のに至りては非情物が文主たりとも現に吾人の見る所によれば確かに非情物甲が乙なる者の影響をうけてありと吾人が認めたる時には又受身に立てりと思惟しうるによりてこゝに受身の文は成立するなり．かゝる際の受身は決してその主文が受身を形づくる要点たるにあらずして傍観者が之を状態として見たる時に限らるゝなり．

(山田 1908：377-378)

国語に於いては受身の文に二種の状態あり．一は文主が有情物なる時，この場合には文主がその実際の主に影響を蒙る場合にも，また間接に其れが影響を受くる場合にも即所謂他動詞なる時も所謂自動詞たる時も共に受身文をなしうるなり．[中略]この種の文の主体は直接にも間接にも其の影響を受くることを自ら意識せるものと吾人が認むるものに限る．次は単純なる状態にして所謂他動詞に対する補充語たるものが，作用の影響を受くることを傍観者の地位より観察して傍観者の思想として之をあらはす場合なり．さる時は文主は非情物にても受身の文は構成せらるゝなり．

(同 380)

日本語の受身文には，その主語に立ち得るものは有情物でなければならないという制限が働き，そのことから受身表現は，話者が主語と同定化してそれの被る影響を意識できる状況を表すとする見解は国語学者において広く受け入れられていて，松下大三郎なども以下のようにいう．

人格的被動は被動の主体を一人格(意志格)として取扱った被動である．被動ははたから被る動作であるから被動の主体が一人格である以上必ず利害を受けなければならない．利害を受けるといふことが即ち人格として取扱ふことなのである．[中略]被動の主体……は皆人格が有る．利害を感ずるといふ意味において人格が認められて居る．[中略]人格的被動は必ず利害の意が有るから利害的被動と云っても善い．欧州語などの被動は一般的

被動であって利害の意がないから荷物でも被動の主体となるが，日本語では無生物は特に人格を附与して考へないかぎりは被動の主にしない．其れ故「月が人に見られる」「水が人に飲まれる」などといふと擬人であるから可笑しく感ぜられる場合がある．　　　　　（松下 1930/1974:354-355）

現代語においても，非情物が主語にくる場合には，動作主を「に」で示す受身文は容認されにくく，「によって」を要求するという，以下(50)の対比に見られる事実はつとに指摘されてきた．この非情物を主語にする「によって」受身文は，欧文翻訳による新しい表現形式であると言われてきたが，この事実が，金水(1991, 1992)によってより明確に裏付けられた．

(50)　a. 国旗は水夫??に／に由って高く檣上へ掲げられた．

　　　　　　　　　　　　　　　　　　　　　　（松下 1977:160）

　　　b. この城は秀吉??に／によって建てられた．

　　　c. この町は日本軍??に／によって破壊された．

以上から，元来の(少なくとも古典)日本語の受身には，非情物を主語にした，傍観者の立場で，作用による状態変化の結果を述べるものと，有情物，特に人を主語に立てて，話者がそのものの立場にたって情意的に行為ないし作用の影響を述べることを旨としたものがあったと考えられる．つまり，日本語の能動・受動は多分に主語の立場にたって，それが行為を引き起こしたのであるのか，それともそれが行為を被り，心理的な作用を感じるのか，という意味局面を重視したものであったと考えられる．このことが，主語の迷惑を表すことを旨とする，日本語の自動詞ベースの受身，いわゆる**迷惑受身**を発達させる契機となったのではないかと推測される．

事実，自動詞ベースの受身でも，古いものを見ると，作用が直接的に受身文の主語に及んでいると見られる場合や，主語が心理的な影響を直接的に受けている状況を表したものが主で，現代語のように，迷惑の受身が広く使われるようになったのは後年になってからのようである．例えば，以下の例では，いずれも主語が物理的・心理的作用の直接的な対象となっていて，意味的には他動詞ベースの受身に近いものと解釈できる．

(51)　a. 沫雪に降らえて咲ける梅の花　　　　　　　（「万葉集」1641）

b. 川竹の風に吹かれたる, 目さまして聞きたる.

（「枕草子」119・172）

　　c. 霞みに立ちこめられて筆のたちども知らねば, あやし

（「かげろふ日記」下）

　　d. 今は野山し近ければ春は霞にたなびかれ　（「古今和歌集」19）

　さらに, 現代語においても自動詞ベースの受身は直接的な影響を被るという解釈が優先的になる. 例えば, 「雨に降られる」や「風に吹かれる」などは, 梅雨空を室内から眺めながら, 「こう降られては, かなわない」とか, 表の強風を見て「こんなに吹かれると, 瓦が飛んでしまう」などと言えるが, 「雨に降られた」とか「浜辺で風に吹かれてきた」などは, 普通は直接的に影響を受けた状況, つまり雨にぬれたり, 風を体に受けた場合を述べるのが一般的であろう.

　以上のことから, 日本語の自動詞ベースの受身は, 有情物を主語に立て, そのものが作用を受けることを情意的に述べる, 他動詞ベースの受身文に依拠して発達したものだと考えられる.

　一方他の言語では, 受身文の主語についての制限が緩く, 能動・受動ともに情意的に中立的な表現形式として存在し, この態対立の主眼は行為が主語によってもたらされたのかどうか, という点に置かれていると考えることができる. このことが, 他言語の自動詞ベースの受身は非人称文となるのに対して, 日本語では, そのような受身が許されず, 有情物を主語に立て, それが直接・間接の作用を受けることを言い表す形式が発達したことの理由であろうと考えられる.

（c）**自動詞ベースの受身と「行為」の範囲**

　日本語の自動詞ベースの受身が受身であるとするもう一つの根拠は, それが基本的にはやはり行為を表す動詞を中心としていることにある. 3.4節でも触れたように, 能動・受動の対立は一般的に行為動詞を対象としている. 他動詞に比べ, 自動詞は特にその表す意味内容が行為（例「走る」）から状態（例「分かる」）まで広範囲にわたる. したがって, 態の対立と行為との関係は, 自動詞ベ

ースの受身の生起パターンによって，より鮮明に浮かび上がらせることができる．

3.4節で触れたように，日本語も他言語の多くにおいても，意志的な行為を表さない動詞は受身を作りにくい．しかし，日本語の受身の可能性は「死なれる」や「(雨に)降られる」などに見られるように，必ずしも行為を表すものだけに限られていない．状況は他言語でも同じであるが，肝要な点はいずれも行為動詞を中心にし，それからどこまでの範囲で受身形が作れるかという点において，個別的な相違を見せるということである．どのような言語においても，状態を表す動詞において受身形が作れて，行為動詞からは作れないということはない．

多くの言語における自動詞ベースの受身形の許容範囲は，どのような動作主が当該行為に関与しているのかという，動作主による行為タイプによって規定されている．動作主のうちの，理想化された動作主，つまり一人称の動作主を出発点とした以下の階層を基盤に，各言語が階層のどの段階で線引きをするのかということによって，それぞれの言語における受動化可能性の範囲が決められている(Shibatani 1998参照)．

1st Person ＞ Volitional human ＞ { Volit. Animate / オランダ語 / フランダース語 / Human / トルコ語 / リトアニア語 }
ネパール語　　ドイツ語
　　　　　　　(オランダ語)

＞ Animate & Potent ＞ Inanimate　　＞ No protagonist
　日本語　　　　　　アイルランド語　　リトアニア語確認的受身

最も制限されている言語は，韓国語やマラーティ語のように，自動詞ベースの受身を作らない言語である．次に来るのが，ネパール語のように，一人称の動作主が関与している事態においてのみ，自動詞ベースの受身が作れる言語である．このような言語では，「僕が家に帰る」という能動文からは対応する受動文が作れるが，「彼が家に帰る」や「ラムが笑う」などに対応する受身文は作れない(((35a))参照)．

3.6 自動詞ベースの受身

　動作主が関与する事態で最も行為らしいものは，動作主が自分の意志で行為を引き起こしたり，事態の発生を妨げたりできるもの，つまり意志的な動作主が関与するものである．意志的な一人称動作主の関与する事態という条件から一人称という制限をとると，意志的(volitional)な人間(human)が動作主として関与する事態と一般化されるが，受動化をそのような行為に制限するのがドイツ語で，この言語では，たとえ人間の関与する事態であっても，意志的に引き起こされる事態でないもの，例えば人が死ぬ場合などは受身の形で表せない((21)参照)．また，動物は意志を持たないと考えられているのか，動物が引き起こす事態も受身形で表すことができない．したがって，「イヌが吠える」などは対応する受動形がない．

　意志的(volitional)な人間(human)の関与する事態のさらなる一般化には二つの方向がある．一つは，人間に関する制限をゆるめ，意志的(volitional)な動物性(animate)のものが関与する事態とする方向である．もう一つは，意志性に関する制限を緩和し，ただ単に人間(human)が関与していれば，意志的にもたらされた事態であっても，意志性のない事態でもよいとする方向である．前者の状況は，オランダ語の一部の話者や，フランダース語にみられるもので，これらの話者は，ドイツ語で言えない「イヌが吠える」などの事態を受身形で言い表すことができる((34b)参照)．しかし，意志性の関与は依然必要で，「死ぬ」や「おぼれる」「おちる」などの事態はたとえ人間や動物が関与していても受動態で表せない．

　一方，トルコ語やリトアニア語では，人間が関与していれば，意志的に引き起こされた事態であっても，そうでなくても受動表現ができる((35b, c)参照)のに対して，「イヌが吠える」などのように動物が関与している場合は，不可能である．

　日本語の自動詞ベースの受身はどの範囲で可能かというのを明確に線引きするのはかなり困難な問題である．いままで触れてきた言語よりも広い範囲において受動化が可能であるということは，無意志的な人間が関与する事態や，動物が関与する事態も受動化を許すことから明らかである．

　(52)　a. 山田先生は奥さんにまた太られ，困惑している．

b. 花子は可愛がっていた小猫に死なれた．
　一方，動物でないものが関与している事態はどうであろうか．
(53)　a. 我は秘蔵の蘭に枯れられて大いに失望せり．　　(山田 1908:374)
　　　b. ??花子は雑草に生えられた．
　　　c. *僕はメガネに曇られた．
　　　d. *山田さんは隣の塀に倒れられた．

　(53a)は，山田孝雄の例であるが，許容しがたい話者が多いのではなかろうか．さらに，無生物でもそれ自体に事態を引き起こす能力・勢力があると認められるもの(potent)は，「雨に降られる」や「風に吹かれる」など可能である．明確に不可能なのは動物性も自然勢力も関与しない事態で，(53c, d)などを許容する話者はいないであろう．

　さらに，人間や動物が関与する事態でも，無意志的な関与の場合は，一般的には受動化が難しく，「息子に木から落ちられた」「息子に川で溺れられた」「息子に池にはまられた」などは許容度がきわめて低いと思われる．問題は，これらと(52)のようなものとの対比であるが，この違いも基本的には行為ということ，特に行為の遂行の裏にある意志ないしは意図性と関係があると思われる．上のドイツ語などの場合のように，意志性が明確に関係する状況があるし，先の階層を貫くものも根本的には意志性の有無にあると見ることができる．人間，動物，自然勢力などが関与する事態と，他方植物や無生物が関与するもの，および事態参与者(protagonist)がいない状況，これらを区別している基本概念は意志性の有無であり，そして行為からの類推による自然勢力の捉え方である．

　このことから，日本語で迷惑受身が可能な場合には，やはり当該事態をもたらすものへの意志者としての責任の帰属が認められる．「死なれた」や「太られた」のように，これらの事態への関与者は実際には意志的にその事態を引き起こしたのではないけれど，話者はそれらに対して，これらの事態に巻き込まれるべきでなかった，という意志者としての責任を帰属させていると考えられる．もちろん，現実にそのような責任は問うても仕方がない場合であっても，そのようなことが起こるべきでなかった，例えば「まだ死ぬべきでなかった」

とか「注意していれば防げるものを，太ってしまった」といった，うらみ，無念の情が込められている.

一方，「木から落ちる」や「池でおぼれる」という事故については，その関与者に対して意志者としての責任を問うことは希で，そうであるからこそ，これらの事態は「事故」として認識されるのである.

日本語より自動詞の受動化範囲が広いものとしてアイルランド語やリトアニア語の**確認的受身**(evidential passive)がある．アイルランド語では，無生物の関与する事態でも非人称受身文が作れ，「車が止まる」や「草が生える」などに対して，「(何かが)止まる(ことがおこる)」「(何かが)生える(ことがおこる)」のような表現((34f)参照)ができる．ただし，何か関与物が必要で，関与物なしで表現される気象現象などは，非人称化できない(つまり，主語によって引き起こされた事態か，そうでないかという対立が出せない)．一方，リトアニア語の確認的受身は，主語のない気象現象などでも受身化でき((35d)参照)，snig-o「(雪が)降る」に対して，受身形を用いて snig-t-a「(雪が)降ったようだ」という形式を作り出すことができる．両方の表現において「雪」を表す名詞句は出現せず，動詞語幹 snig- 自体が(英語の動詞 snow と同様)雪が降るという意味を表す．

以上のように，日本語の自動詞ベースの受身文は現象的には結合価の減少を伴わないのに対して，他言語のものは結合価の減少を伴い，それらは一般的に非人称文の一種として取り扱われる．意味的には，通常は主語に立つ動作主の事態への関与を背景化し，事態そのものの生起を強調する表現である．このように，日本語の自動詞ベースの受身と他言語のものとは構造的にも意味的にも顕著な違いを見せるが，両構文がともに述べてきたような意味的な制約を受けるという事実はこれらが根本的に同じ態現象を表していることを示している.

問題は，自動詞ベースの受身を巡る日本語と他言語との間の類似と相違をいかに捉えるかである．一つの可能性は，日本語の自動詞ベースの受身も基本的には結合価の減少を見せ，結合価の減少が起こった構文が，さらに主語と結合して構成されたものと見る分析である．すなわち，日本語にも(54b)のような非人称受身文が存在すると考え，日本語が他の言語と異なる点は，この構文が

そのままでは文として使えないことと，非人称受身文が**節述語**(clausal predicate)として，新しい主語と主-述関係を結び，いわゆる迷惑受身文を形成することにある，とする分析である．

(54) a. 誰かがいつもぴったり横に座る．(結合価1)
　　　b. いつもぴったり横に座られる．(受動化を経て結合価0)
　　　c. 山の手線では，花子はいつもぴったりと横に座られる(のでうんざりしている)．(bと新しい主語の組み合わせ)

(54b)のような文がそのまま起これないのは，日本語には非人称文が一般的に起こらないことと関係している．他言語で非人称文が使われる状況でも，日本語では一般的に不定の主語を表現しなければならない．例えば，「ここでは人々・皆が幸せに暮らしている」の「人々」や「皆」などである．しかし，希にはゼロでもって不定の主語を表す，非人称文にきわめて近い，「日本では魚をたくさん食べる」のような表現は可能であって，これに似た不定人称受身は日本語でも「山の手線では，必ず横に座られる」や「駅前では，よく自転車を盗まれる」など可能であるが，これらは他言語に見られる非人称受身とは意味的にも構文的にも異なる．他言語におこる非人称(受身)文では，主語の位置には実体のある指示物が表現されていないのに対して，日本語の不定人称文では，ゼロ主語が，「人々」「だれでも」などの不定の指示を持つ．したがって，日本語で「横に座られる」や「泥棒に自転車を盗まれる」などがそのままでは成立しないのは，やはり実質主語のない文が日本語では許されないという理由によるものと考えられる．

ここで示唆している分析では，このような非人称文が述語節として機能して，新しい主語と組み合わされた結果，いわゆる**間接受身**(または迷惑受身)ができるのであるが，このような受身は動詞結合価に含まれない要素が主語となるという特性を有する点に注目する必要がある．間接受身の主語は，動詞の結合価によって指定された意味役割を担うという資格においてでなく，述語節によって言い表されている事態との関連性によって主-述関係が成立するものである(3.6節(b)参照)．我々の主張は，このような主-述関係の意味的サポートの基盤が，人格的主語が被る物理的作用の影響を情意的に述べる，という日本語受

身文の特性にあるとするものである.【ある事態によって影響を受けたとするためには，受身主語が当該事態とどのような関連にあって，影響を受けたのかが示されなければならない．3.6節(b)で論じた，関連性の保証があって，初めて受身主語が当該事態によって影響を受けたという関係が結ばれるわけである．当該事態に無関係のものがそれから影響を受ける状況は考えられない．】

ちなみに，動詞の意味役割を担わない主語と述語節が主-述関係を結ぶことは日本語では希なことではなく，これも日本語の一大特徴といえる．例えば，「象が鼻が長い(ことは誰でも知っている)」や，「僕に(は)この本が一番面白い」などでは，述語「長い」「面白い」によって語彙的に関係づけられている(つまりそれらの意味役割を担っている)主語はそれぞれ「鼻」「この本」である．ここでは，「鼻が長い」「この本が面白い」という節自体がさらに述語として働き，もう一つの名詞句「象」「僕」と主-述関係を結んでいる．この場合にもやはりこの主-述関係をサポートする意味関係が保証されなければならない(Shibatani 1994, 2000 参照).

3.7 能動と自発・受身・可能・尊敬

(a) ラレル文の統一性について

日本語の自動詞ベースの受身を受身として認める第一の根拠は，それにも他動詞ベースの受身に出現する「れる」「られる」が関与しているという，形態論的な特徴であろう．しかし，形態的な類似や同一性は必ずしも，当該の二つの現象が同一であることを保証しない．事実，「れる」「られる」は受身以外の構文にも現れる．例えば，

(55)　a. 昔のことが思い出される．(自発)
　　　b. 太郎には英語がしゃべられる．(可能)
　　　c. 山田先生が来られた．(尊敬)

もちろん，これらのうちの(55a, b)を受身の一種と考える分析がある．例えば，松下大三郎(1930/1977)は，いわゆる自発と可能を「形式被動」と分類し，これらを我々が上に受身と呼んできたもの(松下の分類では「実質被動」と呼

ばれるもの)と同じく被動(受動)の一種と認めている．この松下の分類の長所は，受身，自発，可能に現れる「れる」「られる」を統一して捉えていることとともに，動詞の基本用法では目的語として現れる名詞句(「昔のことを思い出す」「太郎が英語をしゃべる」)が，「被動」態では主語となっているという統語特徴が把握される点にある．【ただし，可能表現には「今日は雨でゴルフに行けなかった」のような，動詞の基本用法において目的語が関与しないものもあり，問題としている統語特徴が当該諸構文において統一的に現れる保証はない．】

しかし，自発・可能と受身との類似は，形態・統語の形式面において顕著である一方，主語が作用・影響を受け，そして話者はその心理的作用について情意的に表現する，という日本語の受動態の意味的な側面は自発・可能によって共有されていない．特に，自発・可能において主格によって示される名詞句は，(55a, b)のように，無生物が一般的であり，有情物が主語であることを旨とする受身とは重要な対照を見せる．さらに尊敬においては，主語は通常動作主であって，この点において受身と尊敬は本質的な相違を見せる．

松下は，この重要な相違を形式被動・実質被動というラベルによって識別しようとするが，このような本質的相違を認識した上で，果たしてすべてのラレル文を「被動」という範疇に纏め上げる意味があるかどうか考えなければならない．この問題は，すべてのラレル文に共通の意味的・認知的・語用論的基盤を共時的に認めるべきかどうかという問題と関係していて，これについては以下において検討する．

一方，山田孝雄(1908)は，自発と可能を「自然勢」および「勢力」と呼び，これらを受身の一種と見なさないが，これらすべての間に意味的な関連を認めている．まず，能動と受身・可能(勢力)を直接作用・間接作用によって区別する．「動詞の有せる属性」が能動においては「其の主者によりて直接におこなはるる」(367頁)のに対して，間接作用の受身・可能では「文の主者が其の作用の主者ならずして対者ありて其者が其作用の主者として文の主者に作用を与へをる場合」(受身)と「文の主者は其作用に対して主者たれども其の作用は現に行はるゝにあらずして唯行はるべき位置に立てるを示す」(勢力＝可能)(368頁)場合があると論じる．

3.7 能動と自発・受身・可能・尊敬

自発(自然勢)は, 受身と可能(勢力)の混合による間接作用の一種とみなし, これについては, 「文主は自然的に受身の地位に立ちて自家の意志にて左右しうべきさまならず, しかも其は自然に発したる勢力にして他に発動者ありておこしたるにあらず. これ故に, 受身なる点と勢力なる点を具有せりと見るべく, 自己の勢力にて自己が受身となれるものなればなり」(370頁)と説明する.

このように, 過去の分析では, 受身と自発・可能(および尊敬)に本質的な相違を認めながらも, 形式的なり, 意味的なりの関連性を求めている. 問題は, このような類似を共時的な記述においていかに考えるかということである.

一つの極端な方向は, 受身・自発・可能・尊敬をあくまでも一つの抽象的な意味をもつ統一体と見なし, 受身, 自発その他の具体的な解釈は文脈によって決まるとする考えである. このような立場は, 「先生が笑われた」というような表現は, 尊敬表現とも, 受身とも解釈でき, 文脈なしには曖昧性を解消できない事実などによって一見支持されるようにみえる.

しかし, 可能形式が, 「書かれる」>「書ける」のように, 独自の形態的変化を被って発達してきた事実などを考えると, 例えば可能と受身の間には判然とした区別が認められていたと考えられる. もし, 「れる」「られる」が一つの統一体を形成していたのなら, どうして可能形(そして自発の「泣ける」など, あるもの)だけがこのような形態的変化に曝されたのか説明しがたい.

次の立場は, 受身その他を独立した構文タイプと認めながらも, それらを貫く共通の意味的, 認知的, または語用論的基盤があり, それがいわばラレル文の世界を大枠で規定し, 個々の構文タイプはその基盤に立脚しながら, 独自の意味ないしは状況把握のあり方によってそれぞれの構文特徴を形成しているとする考え方である(Shibatani 1985, Jacobsen 1991, 川村 1993, 尾上 1998 など参照). この立場が現在もっとも有力なものと思われるが, 問題は, この立場が求めようとしているラレル文を貫く共通基盤というものが共時的文法知識として認められるのかどうか, という点が必ずしも明確にされなかった点にある.

例えば, ラレル文の尊敬用法への発達には, 動作主への直接的な行為の帰属を避ける, という語用論的考慮が働いていたと大いに考えられるが, 他のラレ

ル文と同形式による尊敬表現との語用論的関係が現代の話者の(潜在的な)文法知識として働いていると考えられるだろうか．ラレル形式による尊敬表現が一旦構文として確立してしまえば，その由来に関する知識はなくてもその構文を自由に使いこなせるはずである(ちょうど，子供たちが和語と漢語についての歴史を知らなくても，自由に日本語が話せるように)．

　構文間の形態的・統語的類似は，一つの構文から他が歴史的に発達したことによることが一般的であるが，その場合の類似はあくまでも歴史的遺産であって，その発達を動機づけた推論などによる意味的拡張や語用論的論理による構文間の結び付きは共時的に意味をもたないかもしれない．このことから，形態的ないしは統語的に類似する構文すべてに通じる共通の意味特徴，または認知的・語用論的基盤を求めるには，それなりの共時的妥当性というものを考えなければならない．形態素の多義性(ポリセミー)による独立した構文間の曖昧性というものが考えられるので，先にみたような，一つの文が受身とも尊敬とも解釈できるという事実は，当該構文が共通の基盤に立っているという証拠にはならない．

　このようなことから，「れる」「られる」の現れる諸構文の関連性については，歴史的な発達という観点からの考察(通時論)と，現代日本語話者の文法知識としての側面(共時論)を明確に区別する必要がある．通時論の立場においては，一つの構文から他の構文が歴史的に発達する上で，どのような意味的・認知的・語用論的動機づけが働いたのかということについての仮説の構築が必要であり，共時的には，歴史的産物としての個々の構文がどのような関係で共存しているのかを示さなければならない．興味深いのは，歴史的発達のあり方そのものが，構文間の共時的位置づけに関係しているという点である．意味的側面の自然な変化によって得られた諸構文は共時的にも近しい関係にあるのに対して，語用論的考慮の関与を経て派生された構文は，共時体系において歴史上の母体構文と離れた位置を占めていると考えられる．

(b) **自発と受身**

　ラレル文の歴史的状況を見ると，形態的な異同と構文の発達という二つの側

3.7 能動と自発・受身・可能・尊敬──163

面に目を向けなければならない．まず形態的には，上代では「る」「らる」に対して，「ゆ」「らゆ」の形態素が自発・可能・受身として優勢な地位にあった．「ゆ」「らゆ」のその後の衰退と，これらによる尊敬用法がないという事実，さらには上代においては「る」「らる」による尊敬用法が発達していないということなどから，自発・可能・受身に対して尊敬用法は後に発達したものであると一般的に考えられている(辛島1993参照)．

したがって，文献資料から推し量れる最初の関連は自発・可能・受身の3構文においてである．これらの例を『万葉集』にあたると，以下のようなものが認められる．

(56) 自発
見るごとに音のみし泣かゆいにしへ思へば　　　　　　　(324)
瓜はめば子ども思ほゆ　栗食めばまして偲はゆ　　　　(802)
相模道の余綾の浜の真砂なす子らは愛しく思はるるかも　(3372)

(57) 可能
目には見て手には取らえぬ月の内の楓のごとき妹をいかにせむ
　　　　　　　　　　　　　　　　　　　　　　　　　　(632)
我が妻はいたく恋ひらし飲む水に影さえ見えて世に忘られず(639)
妹を思ひ寐の寝らえぬに秋の野にさを鹿鳴きつ妻思ひかねて(3678)

(58) 受身
夏の野に茂みに咲ける姫百合の知らえぬ恋は苦しきものぞ　(1500)
御幣取り三輪の祝が斎ふ杉原薪伐りほとほとしくに手斧取らえぬ
　　　　　　　　　　　　　　　　　　　　　　　　　　(1403)
汝が母に噴られ我は行く青雲の井で来我妹子相見て行かむ　(3519)

上のような例から窺えることの一つに，平安時代以前の可能表現は否定の文脈で起こるということである．この顕著な傾向は，鎌倉時代まで続く．「る」「らる」による可能表現が，最初は否定文脈に限られていたということから，これは自発・受身に比べ遅く発達したと推測される．したがって，「ゆ」「らゆ」(「る」「らる」)表現は，文献時代以前の段階では自発と受身を中心としていたと考えられる．

問題は，上代日本語以前の段階における，自発と受身の関係であるが，これについては日本語内の資料から推し量ることは困難であって，国語学者の間でも，受身＞自発（＞可能＞尊敬）とする考え（例えば，山田孝雄(1936)）と，自発＞可能・受身・尊敬とする説（例えば，辻村敏樹(1958)）がある．

一方，他言語の状況から，古代日本語の態の体系を探ろうとする研究もある．細江逸記(1928)は，印欧（古典）語やアイヌ語の状況を参考にしながら，文献期以前の日本語では自発と可能は画然と分かれていずに，両方を包括する一つの態範疇を形成していたとする考えを展開し，以下のように述べる．

> 我が国語の動詞は，太古の或時代に於ては丁度梵語の Parasmai-Pada Atmane-Pada；希臘語の Active Voice Middle Voice に比すべき二語形の並立を有して居た．予はこれを「能相」「中相」と名付けるが両形が画然と分離した当初に於ては「中相」は「能相」に「ゆ」なる語尾を附けたものであったが，やがて動詞の種類の増加し活用の複雑となるにつれて「ゆ」・「らゆ」を添へた姿となり，奈良朝期に入る前より「ゆ」・「らゆ」は「る」・「らる」に転じはじめ，平安朝期以降に至りて大方は「る」・「らる」となって仕舞った． （細江 1928:111-112）

一つの構文が他の構文から発達する状況においては，元の構文と新しい構文が判然と区別されず，一つの文法範疇に混在する状況が一般的である．先に見たように，古代ギリシャ語における中相の範疇には，再帰的な意味を表すものや，自動詞的な表現，さらには受身の意味を表すものなどが混在していた．このことから推して，細江は日本語においても，ある時期には自発（勢力）と受身（所相）を包括した中相と呼ばれるべき範疇が存在したと考えたのである．

しかし，態構文の発達パターンを広く他の言語に求めると，自発と受身の関係についてもどちらが先に成立したかを窺い知ることができる．現代印欧語の

多くにおいては，受身文が再帰形式から発達した．例えば，次のスペイン語やスウェーデン語の受身文に起こる接語のseおよび接尾辞-sは，ともに再帰代名詞(ラテン語sêおよびゲルマン祖語*sik)に遡ることができる．

(59) スペイン語

    Esos problemas se resuelven por autoridades competentes.
    these problems SE resolved by authorities competent
    これらの問題は有能な当局筋によって解決された．

(60) スウェーデン語

    Dörren öppna-s av portieren.
    door open-PASS by porter
    ドアはポーターによって開けられる．

しかし，これらは再帰表現から直接的に派生されたものでなく，再帰表現がまず次のような自動詞文を派生させ，受身はこの自動詞文に依拠して作り出されているということが分かる．

(61) スペイン語

    a. Tachita se sentó.
        SE sit down
        タチタが座った．

    b. La taza se rompió.
       the cup SE broke
       コップが壊れた．

(62) スウェーデン語

    a. Dörren öppna-s automatiskt.
       door open-REFL automatically
       ドアが自動的に開く．

    b. Dörren stäng-s
       door close-REFL
       ドアが閉まる．

(59)(60)の受身文が(61)(62)の自動詞文を経て派生したということは，後者

に相当する自動詞文がありながら，受身文を発達させていない状況は見られるが，その逆がないことから窺い知ることができる．例えば，ドイツ語では再帰形を使った自動詞文があるが，再帰形を使用する受身は発達していない．

(63) ドイツ語

    a. Die Tür öffnet sich.
       the door opens REFL
       ドアが開く．

    b. Das Buch verkauft sich gut.
       the book sells REFL well
       その本は良く売れる．

さて，上で自動詞文と呼んだものは，他動詞からの派生によるものであるが，他動詞文は動作主が関与するのに対して，派生された自動詞文は動作主の関与しない表現であり，それらはある事態が自然に生じる(本居春庭の表現を借りれば「おのづから然る」)ことを表す．他動詞文では，動作主が主語の位置に起こり，それが当該事態を引き起こすという意味を表すのに対して，問題の自動詞文は，動作主の関与なしに当該事態が生じることを表す．これに依拠した受身は，動作主を概念構造に(再度)導入し，当該事態が行為者によってもたらされたことを，動作主を明らかにせずに(または動作主を主語という統語的に中心的な位置に置かずに)表現する構文として発達した．

ここで問題としている自動詞文は，動作主が関与せずに事態が「おのづから然る」ことを表すことから，これらを自発(spontaneous)と呼ぶことも可能であり，これには，以下に述べるように，日本語の自発文に通じるところがある．

本章では，以上のような他言語における受身文の発達パターンを考慮に入れ，文献期以前の日本語において自発と受身がともに中相範疇を形成し，そのことによってこれらが「ゆ」「らゆ」という同一形態素によって表されていたとする細江(1928)の中相説を一歩推し進め，それ以前の段階では，能動・自発という態対立があり，その自発文が受身文を派生させたと考える．

日本語の自発とは，上に見た再帰構文から派生された自動詞文と異なり，表されている事態を引き起こしたり，認識したりする当事者が一般的には想定さ

3.7 能動と自発・受身・可能・尊敬――167

れている．例えば，次の(64a)のような例では，事態を引き起こした当事者は主語として明確に表されているし，その他の例でも係り助詞を取ったり，表面上現れていなかったりする場合が多いが，動作主は想定されている．

(64)　a. 自らは，さしも思ひいれ侍らねど，親達の，いと，ことごとしう思ひ惑はるるが，心苦しさに，かかる程を，見過ぐさむとてなん．
　　　　　　　　　　　　　　　　　　　　　　　　　　（「源氏物語」葵）
　　b. 尼ども食べ残して採りて多く持ちけるその茸を「死なむよりは，いざこの茸乞ひて食はむ」と思ひて，乞ひて食ひける段より，またきこり人ども も，心ならず舞はれけり．　　　（「今昔物語」）
　　c. 秋きぬと目にはさやかに見えねども風のをとにぞおどろかれぬる
　　　　　　　　　　　　　　　　　　　　　　　（「古今和歌集」169）
　　d. 暁にはとくおりなむといそがるる．　　　　（「枕草子」）
　　e. 花どものしをるるを，いと，しも思ひ染まぬ人だに，「あな，わりな」と，思ひさわがるるを，　　　（「源氏物語」野分）
　　f. 御髪の，常よりも清らに見ゆるを，かきなで給ひて，
　　　　　　　　　　　　　　　　　　　　　　　　　（「源氏物語」葵）
　　g. つらき人の御前わたりの待たるるも，心よわしや．
　　　　　　　　　　　　　　　　　　　　　　　　　（「源氏物語」葵）

したがって，日本語の自発と印欧諸語の再帰構文を経た自動詞文との間には意味的な相違が存在するが，これは動作主処遇の観点からすれば連続的なものであると考えることができる．日本語の自発は，文献資料から推し量れるところによれば，(認知過程，精神作用の主体も含めた意味での)動作主が事態を引き起こそうと意図したのでなく，多くは外的要因によってその事態を引き起こしてしまうことになった，という意味を表したものと理解できる．(64b)などは，このような意味を文脈において明確に示していて，踊りを舞った主，つまり動作主は「きこり人ども」として表現しているが，その動作主が意志的に舞う行為をなしたのではないということを，「心ならず」という副詞によって表し，舞う行為を誘発したのは動作主の意志でなく，外的要因の茸(を食べたこと)であることを明らかにしている．

(64c)においても，作者が驚く主であるということは明らかであるが，しかしこの事態は作者が意図したものでなく，「風の音」という外的要因によってもたらされたのであるという，自発の意味が表されているのである．この例文の興味深いところは，「風の音に驚く」という能動の意味と，自発の意味がその内容においてきわめて近い点にある．「風の音に驚く」といった場合でも，現実には意図して驚くわけでなく，「風の音」という外的要因によって誘発された事態である．ここに，現実世界と言語による事態把握との間の重要な関係を見ることができる．つまり，「風の音に驚く」によって表される事態と，「風の音に驚かれる」と表現される事態そのもの(現実世界)には相違はないが，能動で表現するということは，動作主がその事態を意志的に引き起こしたのだ，または少なくとも，動作主は当該事態に対して意志的コントロールができる立場にあったという，動作主主導による事態発生として当該事態を把握しているのである．それに対して，自発態を用いた場合には，動作主の意志的参与者としての関与を否定し，外的要因が事態発生の主導権を握っている，という形の事態把握を話者が行っている．能動表現と自発表現のこの相違は，前者では「決して驚くな」といった命令形が作れるのに対して，後者からは命令形が作れないことからも分かる．

以上から，能動態と自発態の意味対立は次のように表すことができる．
(65) 能動態：動作主が意志をもって事態を引き起こす，という意味を表す．
自発態：動作主の意志によらずに事態がもたらされる，という意味を表す．

動作主が意図せずに行為を行うということは，当該動作主が本来的な動作主でないことを意味する．動作主の動作主たる由縁は，それが意志ないし意図をもって行為を遂行したり，しなかったりできる点，つまり事態の生起についての支配能力(control)にある．自発態によって表される事態は，たとえ動作主が関与していても，その意志によって当該事態が生じたのではなく，それが外的要因によったり，多くの場合には明確な外的要因が不明な状況において，自然に生じると認識されたものである．ここに，日本語の自発態における，能動文と，先に見たスペイン語などの再帰構文を基盤にした自動詞文との中間的性

3.7 能動と自発・受身・可能・尊敬──169

格を認めることができる.

　能動と自発，そして(再帰起源の)自動詞文は，①動作主が主導者として事態発生に関与する(能動)，②動作主は関与するが，事態生起の根源は動作主の意志でなく，外的要因にある(自発)，そして③動作主の関与なしに事態が成立する(自動詞文)，というように事態への動作主の関与のあり方，度合いにおいて連続をなしている.

　自発の意味はさらに構文上の変化をもたらした．つまり，動作主が事態生起の主導者でないという意味特性から，動作主が主語の位置から外されるという，構造による意味の反映(**写像性** iconicity)である．動作主が意志的参与者として事態を引き起こす状況では，動作主を中心に事態を述べる構文，つまり動作主を構文上の焦点位置，主語に据えた構文が意味内容を反映したものとして適切であるが，動作主が事態生起の根源的要因でない状況では，動作主を主語の位置からはずして述べる構文が，意味内容をよく伝える形式となる.

　(64a)〜(64e)のように，意志的に事態関与しない動作主が主語的な機能を帯びている表現が多い一方で，(64a)のように，動作主主語が格助詞を伴って表現されている例は極端に少ない．たいていは，他の例のように係り助詞を伴っているか，明確に言い表されていない．また，対象名詞句がはっきりと目的語として示されている(64e)のような例も希である．これらのことから，自発文は，(非意志的)動作主を主語の位置からはずし，それに代って他動詞の対象名詞句を主語に立てる，(64f, g)のような自動詞的な構文，すなわち現代の「夏休みが待たれる」「昔のことが偲ばれる」という形式に通じるものが発達した.

　そして，このような対象を主語にした自発文が受身の母体となったとするのが本稿の立場である．自発文において主語位置から外された非意図的動作主に代わって，当該事態を意図的に引き起こした動作主を周辺的事態参与者として概念化することによって受動文が成立する．これには主語の位置に動作主が来る能動文と自発文の間の意味対立の拡張という力が働いていたと考えられる．すなわち，動作主主語が意図的に事態を引き起こす，という能動の意味と，動作主の非意図的事態参与という自発の意味との対立に対して，主語を中心に，

動作主と対象,そして行為の方向について,「動作主＝主語」対「対象＝主語」,「行為が主語から対象に向かって及ぶ」対「行為が他から主語の対象に向かって及ぶ」という能動・受動の対立構図の方が,意味的対立が大であり,このことが自発から受身を発達させる契機となっていると考えるのである(柴谷1997bおよび以下参照).【対象名詞句を主語に置いた自発文が受身文の母体となったとする本章の立場をとると,受身文は有情物をその主語とし,それの被る影響を情意的に述べるという,本来の日本語受身の特徴と言われているものは,実は古典日本語の特徴に他ならないと考えなければならない.事実,古典日本語においても,(49)のような非情物主語の受身文は存在するし,現代日本語においては,非情物主語の受身は頻繁に起こる.】

(64)の例に見るように,かつての自発は,現代語のそれに比べ,かなり広範囲の動詞が,それも「舞う」のように身体的な外的行為を表すものまでも対象とされていたことが分かる.現代語では,このような外的な行為は「泣けてくる」「笑えてくる」などのように,可能形と同一の形式においていくつかが残るだけで,現代語の自発は,「見られる」「考えられる」「悔やまれる」などの,内的な「行為」に限られてきた.この傾向は,動作の関与する事態は能動と受動の対立へと移行し,内的な認識的事態のみが,動作が関与しない,そして「思われる」などのように意図することなく起こり得るという,自発態本来の意味との整合性ゆえに現代語に生き残ったと考えられる.

先に,他言語における能動と受動の対立においては,主語が行為を引き起こしているのか,そうでないのかという意味対立が働いていると論じたが(3.6節(a)参照),この意味対立は,日本語においても,能動と自発の対立において基本的に認められ,さらにこの意味対立の拡大が能動・自発＞(能動・中相＞)能動・受動という対立への発達を促したということが,以上の仮説の要点である.【もちろん,現代語においても,「昔のことを偲ぶ」「昔のことが偲ばれる」のように,能動と自発の対立がいくつかの動詞において認められる.】

(c) 自発と可能および尊敬

可能および尊敬が自発から発達したと見るのはほぼ定説化している.先にも

述べたように,可能表現は初期には,否定と結びついていた.受身と関係する可能表現が否定と結びついているという事実は,インド・アーリア諸語などにも見られ,可能表現の成立はまず否定の文脈において見られるようである.

　日本語では,自発の否定,すなわち事態が自然に起こらないと述べることから可能否定の意味が語用論的含意(pragmatic implicature)によって導き出されたと考えられる.例えば,現代語においても,「昔のことが偲ばれない」などと,自発の否定を述べる表現は,「偲ばれる」という発言に対する否定として,「いや,昔のことなど決して偲ばれない」などということは整合的な表現であるが,このような文脈のない場合には,その文字通りの意味は,表現に値しないことがらを述べている.このような,文字通りの解釈が文脈的に意味をなさない表現は,聞き手によって語用論的な解釈を受ける.英語で,Can you open the window? といった文字通りには能力を尋ねる表現が,行為の遂行を要求する意味として理解されるのも,語用論的な解釈による.

　自発の否定表現もこれと同じく,事態の自然発生の否定という文字通りの解釈でなく,事態が自然に起こらないと言うことによって,そのようなことが起こり得ないと言おうとしているに違いないと解釈され,可能の否定の意味が導き出されたと考えられる.様相論理学では,事象の自発的発生 HAPPEN(e) は事象発生の可能性 POSSIBLE(HAPPEN(e))を含意(entail)するとしている.この論理的意味関係を基に考えれば,可能否定の意味は,HAPPEN(e) の否定表現から,NOT(POSSIBLE(HAPPEN(e))) の意味が語用論的に導出されたものであると理解できる.そして,可能否定が一般化されて,否定・肯定の両方が言い表される現代の可能表現に至ったのであろう.

　可能表現においても,自発のシンタクスを継承していて,一般的には行為の対象が主語に立ち,主語位置から外された潜在的動作主は与格で示され,文頭に立つ.(潜在的)動作主が文頭に現れるか,文中に現れるかによって,自発を基盤とした可能と受身の構文が分かれる.

(66)　a. 太郎には,これらの子供たちが教えられなかった.(可能)

　　　b. これらの子供たちは,太郎に教えられなかった.(受身)

　尊敬表現の自発からの発達についても,自発の意味と語用論的動機が認めら

れる．尊敬を含めた敬語の一大特徴は，指示対象や動作主への直接的言及の回避である．直接的言及の回避は，尊い人との距離をとるということの言語的表現であると考えられるが，敬語に婉曲表現が多いのは，この写像性による．ドイツ語その他の印欧語で，複数形（例えばドイツ語の sie 'they'）が二人称の敬称として使われたり，アイヌ語において，動詞の複数形が敬語として使われたりするのも，婉曲的な表現の一つのあり方である．

　日本語の自発表現の敬語用法も同様に，尊敬されるべき動作主と自発的事態とを結び付けることによって，動作主と行為を直接的に結び付けるのを避ける，という語用論的動機によって発達したものと考えられる．自発的に起こった事態と主語を関連付けることによって，能動文の表す，主語が動作主として事態の生起に関わったという，動作主と事態の直接的な関係付けを表現的に避けたのである．

　以上のように，能動・自発の対立から能動・受動の対立への態対立の中心が移行したこと，そしてそれを促した自発文からの受身文の発達は，主語名詞句を巡る動作主性の分布を基盤としていて，この展開は意味対立の拡張という自然な流れとして捉えられる．事実，「能動」「自発」「おのづから然る自動詞」「受身」の諸構文は図3.2のように，一枚の意味地図(semantic map)に自然な形で表示され得る．

　典型的な動作主(agent)は，行為をなし(actorであり)，その行為は意志を持って(volitionalに)行われるので，[+Act, +Vol]として表示できる．これに対して，自発的に起こる（精神的なものも含めた）行為は行うが，意志性の伴わない，つまり動作主性の低い動作主は，[+Act, −Vol]と示すことができる．動作主でないもの，ならびに動作主の不関与を[−Act, −Vol]で表すと，能動文その他を，動作主性の分布を示す一枚の意味地図上に位置づけることができる．自発[1]が(64a, e)のような，主語に非意志的動作主があると思われる歴史的な自発文で，自発[2]が主語に非動作主，そして非主語として非意図的動作主が想定される，現代語にも見られる自発文（例「昔のことが偲ばれる」）相当のものである．また，自動詞とあるのは，おのづから然る自動詞を示し，これは先のスペイン語などの例が示す，中相範疇の拡張に見られる再帰形式から

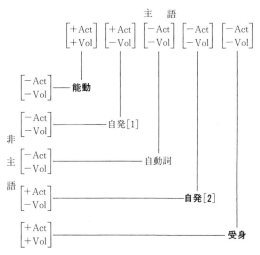

図3.2 動作主性の分布意味地図

発達した自動詞と同内容のものである．

能動・中相ないし能動・自発の対立から能動・受動の対立への変化は，意味対立の拡張に動機づけられていると先に述べたが，これは意味地図(図3.2)からも明確に読み取れ，主語名詞句における動作主性の対立と，非主語要素の動作主性の対立が，能動と受動では最大になっている．つまり，能動では，動作主性の分布が主語[＋Act, ＋Vol]，非主語[－Act, －Vol]となっているのに対して，受動ではまったく逆の主語[－Act, －Vol]，非主語[＋Act, ＋Vol]となっている．

意味地図(図3.2)において太字で示されている構文が現代日本語における(つまり共時論的な)能動，自発，受身の類似と対立の関係を示している．このように，「れる」「られる」文のうちの，自発と受身は能動との態対立という側面において共時論的にも近い関係にあるのに対して，語用論的考慮を介在して発達した可能と尊敬はこれらとは別の平面に位置していると考えられる．

可能文は自発や受身と違って状態を表し，ヴォイスでなくモダリティの領域の構文である．しかし，語用論的意味含意による意味的展開からの発達による可能文は，意味的には自発文に近いところにある．これに比べて，かなりの語

用論的跳躍が関与した自発から尊敬への発達については，それを反映する共時的関連性を求めるのは困難であろう．

事実，他の諸言語においても，受動と可能，受動と尊敬の関連はインド諸語，その他において散発的に観察されるものの，日本語のように発達した形で存在しない(ただし，インド・アーリア諸語においては，受動と可能否定は密接な関係を示す)．一方，能動・中相から能動・受動の対立への展開，つまり中相から受身への発達は広く観察されるところである．

3.8 受身文の分類

日本語の受身文は従来からいくつかのタイプに分類されてきた．例えば，松下大三郎(1930/1977:157-161)は受身(彼のいう実質被動，3.7節(a)参照)を以下のように分類する．

(一) 利害の被動　被害の主を一人格として取扱ひ其れが或るものの動作に
　　　　　　　　由って利害を被る意を表す被動
　　　　　子どもが犬に嚙まれる．
　　　　　武士が大名に抱へられる．
　　　　　女が薄情な男に捨てられる．
(二) 単純の被動　利害を被る意味その他特殊の意味の無い被動
　　　　　国旗が高く檣上に掲げられた．
　　　　　家毎に門松が立てられた．
　　　　　自治制度が布かれ国会が招集された．

そして，利害の受身をさらに次の4種類に分ける．

[1]　動作を自己へ被る
　　　　子どもが犬に嚙まれる．（他動）
　　　　子どもが犬に飛附かれる．（自動）
[2]　動作を自己の所有物へ被る
　　　　武士が敵に刀を落とされる．（他動）
　　　　武士が敵に手許へ飛込まれる．（自動）

[3] 所有物の動作に由って利害を被る
　　　亭主が女房に癪を起こされる．（他動）
　　　亭主が女房に死なれる．（自動）
[4] 他物の動作に由って利害を被る
　　　他人に名を成される．（他動）
　　　他人に成功される．（自動）
そして，上の[1]〜[4]の分類について次のようにいう．

　被動では動作に二つの方面が有る．第一方面は動作そのものとしての方面で第二方面は我に与える利害影響としての方面である．だからその利害影響はやはり動作である．この意味に於いて利害を被るのはやはり動作を被るの一種である．

　[1][2][3][4]を比較すると[1]は動作の第一，第二両方面を自己へ受ける．[2]は第一方面は所有物へ受け，第二方面を自己へ受ける．[3][4]に在っては第一方面は自己へも所有物へも受けない．ただ第二方面だけを受ける．[1][2][3][4]に共通なものは動作の第二方面を自己へ受けることである．此の共通点を捕へれば利害被害の定義が立つ．曰く利害被動は甲のものの動作より生ずる利害的影響を乙が被ることを乙の動作として表すものである． 　　　　　　　　　　　　　　　　（松下 1930/1977：160）

松下の分類は理路整然としたものであるが，その中身については吟味する余地がある．まず，単純の被動は，「日本語固有の言ひ方ではない」とし，「欧文直訳風を混和した文語の口語化にのみ用ゐられる」（松下 1930/1977：161）と特徴づける．非情物が主語に来る受身文については，日本古典のものと，欧文翻訳に由来するものとの区別の必要があることは先に論じた（3.6節（b）参照）．これらについて，被害の意味を認めないとすることには，異論のないところである．

　次に，利害の受身であるが，松下は有情物または擬人化された非情物が主語にくる受身には，すべて利害の意味，つまり上の説明では「第二方面の動作」があるとする．果たして，現代日本語にはこれが総ての場合にあてはまるだろうか．例えば，次の2文を比べて，（67b）の方に特別な利害の意味が認められ

るだろうか．

(67) a. 合図の旗が高くあげられたのを見て，我々はいっせいに飛び出した．
b. 子どもが犬に噛まれたのを見て，我々はいっせいに飛び出した．

(67b)には，松下の[4]の例に認められるような迷惑の意味が認められない．単純受身の影響かもしれないが，現代日本語では有情物を主語とする受身でも，事態を傍観者の立場から中立的に述べることが可能で，そのような場合に認められる被害の意味は，[4]に認められるものとは本質的な違いがある．

まず，松下の[1]の「動作を自己へ被る」場合の利害の意味は，語彙的な意味から来るもので，利であるのか害であるのかもそれによって一義的に決まる．「噛む」「殺す」「叱る」であれば，対象者にとっては被害であるし，「ほめる」「推薦する」「かわいがる」などでは利となる．これに比べて，松下の[2]〜[4]に見られる利害の意味は，語彙的な意味から発生するとは認められないものが多い．「雨が降る」「太郎が横に座る」「太郎がケーキを食べる」などは利害については中立的な意味を持つのに対して，これらを[2]〜[4]タイプの受身にすると，「花子は雨に降られた」「花子は太郎に横に座られた」「花子は太郎にケーキを食べられた」というように，迷惑の意味が出る．

さらに，能動ではよい意味を表すものでも，[2]〜[4]タイプの受身にすると，迷惑の意味として解釈されるものがある．例えば，「息子が出世した」や「息子が一番先に大きな魚を釣った」などは，話者にとってはよい事態を表していて，能動で表現すると自慢に聞こえるが，これを受身形にして「(私は)息子に出世された」や「(私は)息子に一番先に大きな魚を釣られた」とすれば，たちまち話者にとって不本意な事態であったという解釈が成り立つ．

最後に，「利害」の意味自体が[1]と[2]〜[4]では違う．前者に見られる利害は「噛まれる」や「殺される」に見られるように物理的な利害が基本であるのに対して，後者では，上の説明にあるように，迷惑ないしは不本意であるというタイプのきわめて情意的なものである．本章において，「迷惑の意味」「迷惑受身」として使われる「迷惑」の意味は，語義的な利害の意味でなく，当該事態が主語にとって不本意なものである，という情意的なものを指す．

3.8 受身文の分類

以上のように，松下のいう第二方面の動作，すなわち「我に与える利害影響としての」動作が[1]と[2]～[4]タイプの受身とで共通に見られるのかどうかということと，たとえそのようなものが[1]のタイプについても認められたとしても，果たしてそれは同質のものであるのかどうか疑問である．

以上の意味上の区別とともに，[1]タイプと[2]～[4]タイプとの間には，再帰形態素「自分」の解釈において次のような相違が見られる．

(68) [1]タイプ
  a. 太郎は次郎に自分の部屋で殺された．
  b. 太郎は花子に自分のバットで殴られた．
  c. 花子は太郎に自分の部屋で抱きつかれた．
(69) [2]～[4]タイプ
  a. 太郎は花子に本を自分の机の上に積まれた．[2]
  b. 花子は太郎に靴をはいたまま自分のベッドにもぐり込まれた．[2]
  c. 山田さんは奥さんに自分の部屋で死なれた．[3]
  d. 山田さんは奥さんに自分の部屋で癇癪を起こされた．[3]
  e. 太郎は花子に自分の自慢話をされた．[4]

(68)では，「自分」の先行詞として働くのは主語でしかない．たとえば，(68a)では，太郎が太郎の部屋で殺されたという解釈のみが成立して，次郎の部屋で殺されたという解釈は成り立たない．これに反して，(69)の例では，すべて主語を先行詞とする読みも，動作主を先行詞とする解釈も可能である．例えば，(69a)では，花子が太郎の机の上に本を積んだとも解釈できるし，花子が花子自身の机の上に本を積んだとも理解できる．

このように，松下の[1]タイプと[2]～[4]タイプの受身の間には，語彙的意味と離れて迷惑の意味があるかどうか，そして再帰形の解釈がどうであるか，という二点において重大な相違が見られる．[1]～[4]を並列的に分ける松下の分類では，この違いが明確にされない．しかし，松下の説明から，[1]対[2]～[4]の対立の基礎となっている意味的要因も明らかである．すなわち，[1]タイプの受身では，主語が動詞の表す動作そのものの対象となっているのに対して，

[2]以下では，主語が，この，松下のいう第一方面の動作の対象とはなっていない．例えば(69a)では，「本」が「積む」という動詞の表す行為の対象となっていて，主語の「太郎」はこの行為の対象とはなっていない．つまり，[1](および単純受身)が直接受身であるのに対して，[2]～[4]は間接受身である(3.6節(b)参照).

このような観察から，松下の単純被動と利害被動の[1]タイプを一つに纏め，[2]～[4]タイプをもう一つのグループとして纏める分類が試みられてきた．三上(1953/1972)の「まともな受身」と「はた迷惑の受身」，佐久間(1966)の「本来の受身」と「利害の受身」，Kuno(1973)の"pure passive"と"adversity passive"，そして柴谷(1978)の「直接受身」と「間接受身」の区別がそうである．このような区別は，松下の指摘する基本的な意味上の相違と，迷惑の意味の有無，そして再帰形の解釈上の相違を統一的に捉える，有意義な分類であると考えられ，これを反映すべく変形文法の枠組では2種類の受身文が次のように区別されてきた(Kuno 1973, 柴谷 1978 参照).

(70) 直接受身
    a. 深層構造
        [太郎が次郎を太郎／次郎の部屋で殺した]
    b. 表層構造
        [次郎が太郎に自分の部屋で殺された]

(71) 間接受身
    a. 深層構造
        [太郎が[奥さんが太郎／奥さんの部屋で死ぬ]られた]
    b. 表層構造
        [太郎が奥さんに自分の部屋で死なれた]

上の分析においては，まず直接受身では主語が動詞語幹の表す意味の直接的対象であること(つまり，動詞によって指定された意味役割を担うこと)が，深層構造において表されているのに対して，間接受身では主語が動詞語幹の表す意味と直接的な関係にないこと(つまり，動詞の意味役割を担わないこと)が示されている．そして，間接受身には「られる」という助動詞が深層構造に存在

し，この述語が間接受身特有の迷惑の意味をもたらすと理解できる．一方，直接受身における「られる」は変形規則によって挿入される意味のない要素として位置づけられ，これによって直接・間接の相違と，迷惑の意味の有無を関連付けている．

さらに，直接受身では，再帰化操作が能動から受動への変形の後になされるため，変形後の主語「次郎」のみが再帰形の先行詞になり得るのに対して，間接受身では深層構造のレベルにおいて主語が二つ立てられていて，さらにこの構造には，受動変形が働かないので，二つの主語のいずれもが「自分」の先行詞として働き得る．【間接受身構造では，受動変形に代わって，「主語繰上げ規則」が働き，それと他の操作によって，深層の複文が表層では単文として現れる(柴谷1978参照).】

3.9 迷惑受身の意味論

以上のように，「まともな受身」対「はた迷惑の受身」，「直接受身」対「間接受身」といった区別は有意義な分類として受け入れられてきた．しかし，近年になって迷惑の意味の出現と，「自分」の解釈が必ずしもこの分類に添っていないという事実が明らかにされてきた．

まず，間接受身に分類される[2]タイプのあるものには，迷惑の意味が認められないものがある．

(72)　a. 次郎は太郎に殴られた．[1]
　　　b. 次郎は太郎に頭を殴られた．[2]
　　　c. 次郎は太郎に弟の頭を殴られた．[4]

(72b)と(72c)はともに間接受身文であるが，その間に意味的相違が認められる．前者に比べて後者には迷惑の意味が濃く読まれる．事実，(72b)には，直接受身の(72a)とほぼ同様に，迷惑の意味が感じ取れない．松下の分類では，(72b)は[2]タイプの受身であり，(72c)は[4]タイプの受身である．このように，受身文の直接・間接といった二大別では説明しきれない事実もあることが明らかになった．

松下の分類は、[1]「動作を自己へ被る」、[2]「動作を自己の所有物へ被る」、[3]「所有物の動作によって利害を被る」、[4]「他物の動作によって利害を被る」、というようになっていて、詳細にみれば、主語と行為との間の直接度を反映したものであることが分かる．(72b)と(72c)を比べてみれば、前者では主語の身体部分に行為が及ぶことを言い表しているのに対して、後者では「殴る」という行為自体は主語に及んでいない．

このように、松下の分類は直接・間接の区別をよりきめ細かくしたものであることが分かる．しかし、迷惑の意味が出るかどうかは、このような分類でも対処できず、画然とした分類でなく、直接度の度合いを加味したものでなければならないということが、次の例から分かる．

(73) a. 次郎は太郎に髪の毛を切られた．
　　　b. 花子は太郎にお尻を触られた．
　　　c. 花子は太郎に小指を噛まれた．

これらの例では、すべて主語の身体部分が行為の対象となっていて、松下の分類では、(72b)とともに、[2]タイプに分類される．しかし、これらからは迷惑の意味が強く読み取れる．もちろん、このことは直接・間接の二大分類でも説明できない．

さらに、松下の分類では[1]タイプに属し、直接・間接の分類では、直接受身に属する、次のような文からも、迷惑の意味が読み取れる．

(74) a. 花子は太郎にじっと見つめられた．
　　　b. 花子は太郎にオフィスの外で1時間も待たれた．

以上のことから、受身における迷惑の意味の出現は、直接・間接、または松下の4分類のような目の粗いものでなく、受身主語の行為への関与の度合いという観点から説明しようとする試みがなされてきた．つまり、受身主語が当該行為に関与する度合いが低ければ、低いほど、迷惑の意味が強く出る、とする仮説である(久野1983参照)．ただ、このアプローチでは、関与度をいかに定義づけるかという問題や(柴谷1997a参照)、迷惑の意味の出現と、再帰形の解釈の問題との関係が明らかにされない．例えば、(72b)および以下の例文と、迷惑の意味が色濃く出る(73)の例とでは、どのように関与度が違うのであろう

か．両方において身体部分が行為の対象となっていて，主語はその所有者という立場で，その行為に関与している．

(75)　a．次郎は太郎に心臓を一突きに刺された．
　　　b．花子は太郎に横っ面をはられた．

　三上章(1953/1972)は，典型的な直接受身と典型的な間接受身を「まともな受身」と「はた迷惑な受身」と呼び，前者では主語が真っ向からの被害を受けるのに対して，後者でははた迷惑を感じるのであると，特徴づけているが，この視点はここで問題になっていることに対して有効であろう．迷惑の意味が出るのは，受身の主語が関心ある傍観者として，事態を観察できる立場にある場合である．つまり，「はた迷惑」を感じ取れる，「はた(端)」の立場にいなければならない，ということである．

　(72b)および(75)の例文が表す状況では，主語名詞句の表す当事者は，当該事態に全面的に巻き込まれていて，関心ある傍観者の立場に立てない．一方，周辺的な身体部分が関与していたり，インパクトの弱い行為については，身体部分の所有者は，事態に直接的に関与していながらも，傍観者としてその事態を見つめることができる．例えば，(73b)などでは，「あっ，お尻を触られている」と傍観者の立場でその事態を認識することができる．これに対して，頭を殴られる場合などは，その衝撃の大きさによって，頭を殴られることを観察する余地がない．

　このように，迷惑の意味が出るか出ないかは，動詞語幹の表す事態と，主語が関心ある傍観者としてそれを認識する，という二つの事態が認められるかどうかに関わっていると考えられる．自動詞ベースの受身では，主語が動詞語幹の表す事態と直接的に関わっていないので，それは常に関心ある傍観者の立場にあって，そのような受身文は一様に迷惑の意味が出ることになる．

　一般的に他動詞の目的語を主語とした受身では，主語は当該事態に全面的に関わっているので，傍観者の立場に立てない．しかし，「見つめる」や「待つ」などの場合には，物理的行為を被る場合と違って，見つめられたり，待たれたりする側の人間が，誰かが自分を見つめていること，待っていることを傍観者的に認識することができる．よって，(75)の例文では他動詞の目的語が主語に

対応しているにもかかわらず，迷惑の意味が出るのである．

このように，受身の主語が関心ある傍観者としてあり得るかどうかは，それが他動詞の表す行為に全面的に取り込まれていて，傍観者となれない場合と，自動詞ベースの受身の場合のように，当該事態と直接的に関係していない場合を両極にして，その間にさまざまな段階を認めることができる．

さて，一方，再帰形「自分」の解釈であるが，これも基本的には受身文の主語が傍観者として，動詞語幹の表す行為から独立した立場でその事態を認識できるのか，そうでないのかに関わっていると思われる．ただ，再帰形の解釈においては，傍観者の事態認識の行為と動詞の表す事態とが空間的に独立している必要がある．つまり，二つの空間的に独立した事象が認められれば，それぞれの事象の主体が再帰形の先行詞として機能し得るということである．

たとえば，先の(69)の例文が表す状況はすべて，主語による事態認識は，動詞語幹の表す事態から独立してなされる．一方，身体部分が関与している場合には，(73)の例のように，主語が傍観者として事態認識できても，またそのことから迷惑の意味が読み取れるものであっても，身体部分の所有者としての主語の事態認識は当該事態が起こる場所においてしかできず，当該事態とその認識は二つの独立した事象と捉えられない．このことから，このような事態を表す受身文では，主語のみが再帰形の先行詞として機能し得る．

(76)　a．花子は太郎に自分の部屋でお尻を触られた．
　　　b．花子は太郎に自分のベッドの上で髪の毛を切られた．

(76b)の文では，「髪の毛」が花子のものであるという理解においては，「自分」の先行詞は「花子」としか解せない．この場合には，花子にとって自分の髪の毛が切られているということの事態認識は傍観者の立場から可能であるが，この認識は，太郎が(花子の)髪の毛を切る事態そのものと，空間的に引き離して行えない．つまり，二つの独立した事象が想定できない．

一方，(76b)を「太郎の髪の毛」と理解した場合には，「自分」の先行詞は「花子」とも「太郎」ともすることができる．これは，花子による事態認識と太郎が自身の髪の毛を切るという事態とが空間的に独立した二つの事象として存立しうるからである．

(74)のような文においても，人に見つめられていることや，人に待たれていることの認識は，見つめる行為，待つ行為から独立した場所で行うことが可能である．このことから，次の(77a)のような文も，「自分」の先行詞は，待たれていることを認識している花子とも，待つ行為をしている太郎ともとれ，両義的である．

(77)　a. 花子は太郎に自分のオフィスの前で1時間も待たれた．

　　　b. 花子は太郎に自分の車の陰からじっと見つめられた．

以上のように，迷惑の意味が出るかどうかは，受身文の主語が傍観者の立場で，進行する事態を認識できるかどうかによっている．また，再帰形「自分」の解釈は，受身文主語による事態認識が当該事態と空間的に独立したものと解せ，事態認識と当該事態とが二つの独立した事象(event)と解釈できるかどうかによっている．これらが二つの独立事象であると認められるときには，それぞれの事象の主要関与者(受身文の主語および当該事態を引き起こす動作主)がともに「自分」の先行詞として機能し得る．これに対して受身主語による事態認識が関与しなかったり，それが当該事態と切り離して起こらない場合には，受身文は一つの事象のみを表すと認識され，この場合には受身主語のみが，「自分」の先行詞として働き得る．【文が一つの事象を表しているか，二つの事象を表しているかによって，再帰形の解釈が異なってくる現象は，使役構文においても見られる(Shibatani (in preparation)参照).】

3.10　まとめ

本章では，日本語の受動形態素「れる」「られる」は，歴史的には自発から発達し，現代語においては自発・可能・尊敬を表す同形態素と同義語(ポリセミー)の関係にあると主張した．直接受身に見られる受動形態素と間接受身に見られるものを区別して，前者は結合価を減じるのに対して，後者は結合価を増すとする従来の分析に対して，受動形態素は一タイプとして，それは他の言語における受動形態素と同じく，常に動詞結合価を1減じる働きをすると分析した．この「れる」「られる」の形態的統一に対して，構造的には二つのタイ

プの受身文，人称受身と非人称受身が存在すると仮定した．それぞれの典型は(78a)，そして(78b, c)である．これらは，ともに結合価を1減じるが，日本語においては，主語のない非人称受身文はそのままでは起これない．いわゆる間接受身と呼ばれるものは，(79)のように，この非人称受身構文を述語節として，動詞語幹の結合価に含まれない名詞句と主語-述語の関係で結ぶことによって構成される．

(78) a. ［太郎が(次郎に)殴られた］(人称受身)
b. ［(母親に)死なれた］(自動詞ベースの非人称受身)
c. ［(泥棒に)自転車を盗まれた］(他動詞ベースの非人称受身)
(79) a. ［太郎が［(母親に)死なれた］］
b. ［太郎が［(泥棒に)自転車を盗まれた］］

間接受身において，(79a)の場合のように，一般的に動作主が要求されるのは，動詞結合価の一部でない要素である主語と述語節を主-述関係で結ぶ上で要求される関連性を保証するためであって，(79b)の主語のように，「自転車」の所有者として述語節の述べる事象に関連性があることが保証されている場合には，動作主の表出は必要でない．間接受身の迷惑の意味は，関連性のもとで生起する主語に対して，受動述語の主語は動作・作用の影響を被り，話者がそのことを情意的に述べるという古典日本語の受身文の特性を附すことによって醸しだされるものである．【間接受身における主語への影響がどうして主語にとって迷惑的なものと解釈されて，都合のよいものと解釈されないのかという点については，柴谷(1997a)を参照のこと．ちなみに，間接受身文でも迷惑の意味がでない，中立的な表現が，特に新聞の報道など感情移入をしないもので散見される．例えば，

参加者達は住職から直径四十センチのハスの葉に酒を注がれ約四十センチの茎の端から吸い込むように口に含んだ．　　　　　(朝日新聞 2000 年 7 月 3 日朝刊)】

(78a)に代表される人称受身文では，主語が動詞語幹の結合価の一部であり，指定された意味役割を担っている．このような受身文が直接受身と呼ばれる所以は，主語が当該事象に時間的にも空間的にも直接的に関与して，それの関与なしには事象自体が存立し得ないからである．(例えば，殴る相手がいない状況では，殴る行為自体が成立しない．)また，このような受身文の多くは，対

応する能動文同様，一つの事象を表す．

　一方，(79)のような間接受身文の多くにおいては，非人称受身構文によって表されている事象は，主語の直接的な関与なしに生起できる．(例えば，太郎の母親は，太郎と関係なく死ぬことができる．) 間接受身における迷惑の意味は，このように受身主語が当該事象と独立した立場にあって，その事態を傍観者として認識できる立場にあるときに出現する．これは，先の関連性と連動し，主語と当該事象との関連性が低い場合には(つまり主語の，当該事象からの独立性が高い場合には)，迷惑の意味がより強く読み込まれるが，それは迷惑の意味がそのような主語と非人称受身構文述語節とを主-述関係で結ぶ為の意味的サポートを提供するからである．すなわち，(79)のように，動詞結合価の一部でない名詞句を新たに主語として立てるためには，それなりの意味的根拠が必要とされ，主語が当該事態に対して(はた)迷惑を感じる者として当該事態と関連性があるということを迷惑の意味が保証しているということである．さらに，主語がそのような迷惑を感じられるためには，それが傍観者として，当該事態を認識できる立場になければならない．

　日本語の受身で興味ある事実は，構造的には画然とした相違をみせる直接受身と間接受身が意味上は連続しているということと，迷惑の意味の出現や，再帰形「自分」の解釈が意味的連続性に依拠している点である．例えば，構造的には(79b)と同様の以下の間接受身文では，迷惑の意味は一様でなく，動作による影響の強さ，および影響を受けている身体部分が中心的なものであるのか，周辺的なものであるのかといった要因が，主語による傍観者としての事態認識の成否を決め，それによって迷惑の意味が出るかどうかが左右される．

(80)　a. ［太郎が［花子に頭を殴られた］］
　　　b. ［太郎が［花子に頭をなでられた］］
　　　c. ［太郎が［花子に髪の毛を切られた］］
　　　d. ［太郎が［花子に小指をなめられた］］

　さらに，構造的には直接受身のものであっても，以下の文のように，主語の対象名詞句が当該事態を遠く離れて認識できる立場にあるものでは，迷惑の意味が出る．

(81) a. 花子は太郎にオフィスの前で1時間も待たれた．
　　 b. 花子は太郎にじっと見つめられた．

　再帰形「自分」の解釈は，受身文が動作主によって引き起こされた事態と，主語による事態認識が二つの独立的な事象を表していると認識されるかどうかによっている．ここでも，構造的に同様の文が次のように，違った振る舞いをする．

(82) a. 花子は太郎に自分の部屋で髪の毛を切られた．
　　 b. 花子は太郎に自分のベッドのなかで髭を剃られた．

　(82a)の「髪の毛」が「花子」のものであるという理解のもとでは，「花子」のみしか，「自分」の先行詞として働かない．一方，(82b)では，「髭」は「太郎」のものとして普通は理解されるが，その場合には，「自分」の先行詞は「花子」とも「太郎」とも解釈できる．前者では，主語による事態認識と，主語が身体部分の所有者として直接的に関わっている当該事態とが独立した二つの事象として認められるための空間的距離がないのに対して，後者ではこれらが二つの独立的な事象として認識し得るからである．

　「ヴォイスとは何か？」という問は，洋の東西を問わずながらく議論されてきた．我々の以上の議論から，ヴォイスとは，行為が動作主によって意図的にもたらされたのかどうか，そしてそれが他に及んでいるのか，それともその帰結が動作主に影響を及ぼしているのかといった，行為の発生とその展開のあり方を対象とした文法現象であることが明らかになった．そのうち，特に主語との関連において行為のあり方を云々するのが，能動と受動の対立である．日本語のヴォイスにまつわる諸現象も，主語と行為の関係を巡って展開するが，それらは一方では構造的分析の限界を示唆するとともに，他方では言語構造と意味の関係がいかに複雑であるかを端的に示している．

4
副詞的修飾の諸相

品詞論において「副詞」を，また，構文論において「副詞的修飾」を，どのように位置づけるかという問題は，多くの文法研究者たちを悩ませてきた．
　例えば，「昨日学校に行った」や「学生が3人来た」などのように，単独で用言を修飾する用法を持つ時詞や数量詞をどう捉えるかとか，「ちょっと昔」や「やや右」など，名詞を直接修飾する程度副詞の用法などについては，繰り返し話題にあげられてきたし，「帽子を軽く打つ」と「帽子を軽く作る」の「軽く」を構文成分として同等と見なすか異なると見なすかという問題も，明治時代から形は変えながらも，ずっと議論されている．
　アスペクトやヴォイス，モダリティなどの研究において，副詞的修飾をテストとして用いる論文は少なくないし，個々の副詞の用法を論じる論文もそれなりに出されている．しかし，副詞や副詞的修飾の分類や機能について，真正面から取り上げている研究書や論文は，さほど多くはない．日本語文法の講座物などでも，「副詞」はしばしば取り上げられるが，副詞と名詞，接続詞，感動詞，連体詞などとの境界についてや，問題となる用法については多く取り上げられ，副詞認定の困難さは特に強調されるが，その機能や分類については，山田孝雄(1908)の分類を示す程度である．副詞的修飾は，文の骨組みを作る主要な構文関係ではなく，あくまで副次的なものであること，そして，副詞的修飾が意味的な問題であって，構文機能として十分に体系的でない(体系的に示せるのは，山田(1908)の分類で示される程度である)と考えられてきたことが，このような状況をもたらしてきたようである．
　しかし，現在，動詞や形容詞・名詞など，単語の語彙的意味の類型化が進められ，単語の語彙的な意味と構文との関わりのより詳細な分析が進められている．副詞を単発に持ち出して，直観的な機能の認定のもとにテストをするのではなく，それなりの体系的な分類の上でテストし，結果をその分類のもとで分析していくことが必要になっている．副詞的修飾は，どこまで体系的に分類できるかを，他の文法現象との関わりの中で考察することが現在求められている

のである.

　ここでは，主として，構文成分としての副詞的修飾成分(副詞句)について論じることにし，品詞としての副詞については，とりたてて詳しく論じない．副詞が副詞的修飾という構文的機能によって特徴づけられる単語であるなら，その副詞的修飾機能がどのようなものかを見ていくことによって，自ずとその範囲が決まると考えるからである．

　また，副詞的修飾成分のうち，陳述の修飾成分(陳述副詞とかモダリティ副詞と呼ばれるもの)についても，ここでは詳しくは扱わない．これらは，モダリティ論において論じられるのが適当だと考えられるからである(本シリーズ第3巻第3章参照).

　以下，4.1節では，これまでに副詞はどのように分類されてきたかを見ていき，副詞の分類と副詞的修飾関係の分類のあり方について考える．ついで，4.2節では，格成分(名詞句)と副詞的修飾成分(副詞句)との意味的な関連をもとに，情態の修飾関係の分類について検討する．4.3節以下では，具体的な言語現象をもとに，それぞれの情態の修飾関係について，検討していく．

　なお，ここでは，**副詞**は品詞名として扱い，構文成分名としては**副詞的修飾成分**(構文関係としては**副詞的修飾関係**)という語を用いることにする．日本語学では，「連用修飾」という用語が一般的だが，学校文法などでは，格成分の多くを含めて用いられるので，避けておく．

4.1　副詞の意味的分類

(a) 明治期の副詞の意味的分類

　まず，副詞がどのように分類されてきたのかを見ていこう．

　最初に，明治初期の代表的な翻訳文典である田中義廉『小学日本文典』(1874)と中根淑『日本文典』(1876)の副詞の意味的分類を見てみよう．

　(1)　田中義廉『小学日本文典』(1874)の分類
　　　位地副詞　　茲ニ　彼処ニ　其処ニ　右ニ　左ニ　前ニ　遥ニ　各処ニ　など
　　　時刻副詞　　曩ニ　以前　今　初メニ　明日　来年　時ニ　曽テ　暫ク　など

反復副詞　毎度　度々　再ビ　屢(しばしば)　不断　時々　何時モ　など
順序副詞　第一ニ　二番ニ　最始　最後　向後　など
分量副詞　多ク　少ク　僅ニ　半　全ク　十分　多量ニ　など
状態副詞　善ク　悪ク　美シク　見事ニ　強ク　弱ク　堅ク　など
決定副詞　慥(たしか)ニ　必ズ　然リ　宜　など
否不副詞　ナ(勿)　無ク　否　未　ズヌ(不)　など
種分副詞　唯　別シテ　限リテ　バカリハ　バ　ノミ　など
併合副詞　共ニ　兼テ　并ニ　一同ニ　など
推量副詞　疑ラクハ　恐ラクハ　蓋シ　など
疑問副詞　如何様ニ　何故ニ　乎(ヤ)　歟(カ)　など
発語副詞　抑　夫　偖(さて)　など

(2)　中根淑『日本文典』(1876)の分類

作為　漸晴ル　屢曇ル　善ク読ム　悪ク書ク　何ゾ知ラン　など
地位　何レニ住ク　何処ニ至ル　此処　其処　彼処　など
時刻　何時カ成ルベキ　徐ニ問フ　速ニ答フ　是ニ於キテ　ソコデ住ク　など
分量　大ニ喜ブ　多ク与フ　頗高シ　甚卑シ　など
決定　必為ス　実ニ然リ　聢(しか)ト極ムル　誠ニ嘆カハシ　など
非否　否(イヤ)　イイヘ　否否(イヤイヤ)　イヘイヘ　など

　この意味的な分類は，英文典の副詞の分類に倣ったものである．渋川敬直『英文鑑』(1840, Murray "Engelsche Spraakkunst"の翻訳)では，副詞を「添傍辞」とし，それを「日時添辞・処在添辞・分量添辞・模様添辞・比較添辞・序次添辞・扣問添辞・謂有添辞・謂無添辞・怪訝添辞」の10種に分類しているが，これと田中の分類と比べると，「位地＝処在，時刻＝日時，順序＝序次，分量，状態＝模様，決定＝謂有，否不＝謂無，疑問＝扣問，推量＝怪訝」と，かなり重なりが見られるし，中根の分類も，いわゆる「木の葉文典」(『英吉利文典』1867)に見られる「manner, situation, quantity, time, affirmative and denial」という分類とほぼ重なっている．

　このような副詞の意味的な分類は，Chamberlain『日本小文典』(1887)や金井保三『日本俗語文典』(1901)，石川倉次『はしことばのきそくのふろく』

(1901),三矢重松『高等日本文法』(1908),臼田寿恵吉『日本口語法精義』(1909)など,明治の中・後期の文典類にも引き継がれている.金井(1901)の分類は「木の葉文典」の分類そのままであるなど,まだまだ,英文典の分類の影響は強いが,次に示す石川(1901)や臼田(1909)のように,細かく分類するとともに語例を豊富に示し,現在では名詞に含めるものでも,単独の形ではなく格助詞を伴わせて示すなど,より精密な記述をもくろんでいるものも見られる.

(3) 石川倉次『はしことばのきそくのふろく』(1901)の分類

とき の そえことば	あす をそく つまり ついに など
ところ ほーがく の そえことば	ここに とをく …のうちに など
ありさま の そえことば	あいにくに さらに たしかに など
じゅんじょ の そえことば	だい一に いきなり また まず など
ぶんりょー の そえことば	あまり ずいぶん たった ほぼ など
ねがい の そえことば	あえて ぜひ せめて よろしく など
おしはかり の そえことば	あんずるに たとい たぶん など
くりかえし の そえことば	おりおり ぎりぎり くろぐろ など
あつめ の そえことば	しめて ともに まったく など
とりわけ の そえことば	いたって きわめて ことさら など
はねかえし の そえことば	いっそ いわんや かえって など
たずね の そえことば	いつ いずれ どー なぜ など
こたえ の そえことば	いや いいえ あー はい へー など

(4) 臼田寿恵吉『日本口語法精義』(1909)の分類

時に関する副詞　まだ いつ 現に 今 先刻 今日 早く 久しく など
順序に関する副詞　まず 第一に 初めに 最初に 中途で いよいよ など
地位・方向・距離に関する副詞　此処で そっちで 遠く はるばる など
程度・分量に関する副詞　唯 僅か 少し 非常に 皆な 殆んど もっと など
状態に関する副詞　美しく 静かに 突然 案外 ゆっくり とんとんと など
想像・願望に関する副詞　大抵 大概 おほかた 多分 無 定めし など
希求・願望に関する副詞　どうぞ どうか 何分 せめて など

4.1 副詞の意味的分類―― 193

　　疑問・不定に関する副詞　どう どんなに どれ程 なぜ 何で など
　　反動に関する副詞　どうして なんで など
　　確信に関する副詞　慥かに 正しく 必ず 屹度 誓って 実に 誠に など
　　仮定に関する副詞　若し たとひ よしや 万一 など
　　否定に関する副詞　絶えて 決して 何分 礁に よもや まさか など

(b) 意味的分類への批判と機能的分類

　もちろん，明治期の文典のすべてがこのような副詞の意味的分類をしているわけではなく，三土忠造『中等国文典』(1898)や吉岡郷甫『日本口語法』(1906)などのように副詞の意味的分類をしないものも少なくない．

　このような，単に副詞の分類を示さないもののほかに，積極的に副詞の意味的分類を否定するものもある．例えば，早く，大槻文彦『広日本文典別記』(1897)は，「世ノ文典ニ，副詞ヲ地位・時刻・順序・分量・決定ナド数種ニ分類シテ説ケルガアリ．若シ語義ノ分類ヲ文典上ニ説カバアラユル名詞・動詞・形容詞ノ意義分類モ皆説カザルヲ得ザラム．何ノ究極スル所ゾ．」(p.109)と述べている．

　岡田正美『解説批評日本文典』(1902)も，「副詞を意義功用の上より分類して見る」として，【解説】の部分で，「動作，存在の時節をいふもの」「動作，存在の地位，場所をいふもの」「事物の状態をいふもの」「我が情感をいふもの」「事物の色彩をいふもの」など，28種の意味的分類を示す一方で，続く【批評】において，「普通に副詞といはるるものを分ちみたれば大凡右の如くなりたり．されども，此の如きことは，実は文法書に収むべきことにあらず．さるを，普通の英文典には，如何に思ひたるにか，はた，ただ，便宜の為にか，大抵の文典に皆副詞の意義上の類別を掲げたり．是に依りて，夫等の文典の翻訳，又は直訳的なる当今の我が国文典には此の副詞の意義上の分類を掲げざるは殆どなきほどなり．皆謬れり．」(下巻 p.78)と述べている（保科孝一『日本口語法』(1911)にも同様の見解が見られる）．

(c) 山田孝雄の副詞分類

　これらは，副詞の意味的な分類を否定するだけで，新しい分類を提示するものではないが，山田孝雄『日本文法論』(1908)は，それまでの副詞の規定や分類法を批判するばかりでなく，H. Sweet の"A New English Grammar"(1891)の副詞の機能的分類，特に，independent adverb の分類を参考に，新たに副詞の機能的な分類を試みている．

　Sweet は，副詞を機能面から，単純に語(や文)を修飾する independent adverb と，語を修飾すると同時に文を完成させるための何かを予想させる dependent adverb に分け，independent adverb をさらに，word-modifying adverb(動詞や副詞，形容詞や名詞の一部を修飾する)と，sentence-modifying adverb("I certainly think so"の certainly のように文全体を修飾する)，sentence adverb("is he here?"に対する yes や no のように文を単独で構成する)の3種に分ける．

　山田は，「蓋し」という語を取り上げ，これが従来の国文典・英文典に見られる意味的な分類では取り扱いが困難であると述べ，Sweet に従えば，これは sentence-modifying adverb に位置づけることができるとする．一方，「断定」は，「主位(subject)」と「賓位(predicate)」とが「決素(copula)」によって結びつくものであり，一般の副詞は，この賓位を修飾する「賓位の修飾語(属性副詞)」であるが，「蓋し」や「もし」などは，この決素を装定する「決素副詞(陳述副詞)」であるとする．日本語では，決素のために特別な単語は用いることは少なく，多くは賓位に属して表されるので，決素副詞(陳述副詞)が決素を装定するなら，Sweet の言うような sentence-modifying ではなく，語を装定することになるとして，「語の副詞」の下に，「属性副詞」と「陳述副詞」をたて，さらに，属性副詞を抽象的な属性を表す「情態副詞」と，属性の程度を表すだけの「程度副詞」とに分ける．そして，本当に sentence-modifying の機能を果たすのは，sentence adverb の方であり，日本語で見れば，「いな」「うべ」など，応答諾否を表すものが文章全体の修飾語であるとして，これらを「感応副詞」と名付ける．

　感応副詞と属性副詞は，いずれも修飾する対象に先行し，自身より上にある

語に対してはまったく関係しないので,これを「先行副詞」と呼ぶ.これに対して,上にある文や語の意を受けて,下の語や文を裝定するものを,「接続副詞」と呼ぶ.

以上をまとめると,次のような分類になる.

(5) 山田(1908)の機能的分類

(山田 1908:483-515)

陳述の副詞は,「確説或は断言の陳述副詞」と「設説の陳述副詞」に二分され,後者は,さらに,「疑問」「推測」「希望」「仮設」「仮容」などを表すものに分けられるとし,感応副詞も「感動」と「呼応」を表すものとに分けられるとするが,情態副詞については,意味的に分類すれば多様なものとなるが,これは文典上の職務でないとする(山田 1908:523-526).

さらに,山田は,品詞としての「副詞」と構文成分としての「修飾語」との区別についても論じている.副詞は単機能であるがゆえに,この両者が混同され,形容詞の連用形は副詞か形容詞かという議論を招いていた.山田は,形容詞や動詞,名詞などに由来するものが,仮に副詞的として用いられたとしても,それは"adverbial phrase"に過ぎないのであって,本性は,やはり形容詞や動詞,名詞に変わりないとする(山田 1908:465-483).「情態の修飾語」「程度の修飾語」「陳述の修飾語」のように,修飾語の分類が行われることで,「よくそれが見える」のような形容詞の連用形のほかに,「どこまでも承知しない」「喰うだけかせぐ」「苦しいながら辛抱している」なども「情態の修飾語」として扱えるようになるのである(例は,『日本口語法講義』1922による).

(d) 山田以降の副詞の意味的分類

山田孝雄のこの分類は,橋本進吉『改制新文典別記口語篇』(1937)にも部分

的に受け継がれる.橋本は,接続副詞と感動の副詞については,従来通り,「接続詞」「感動詞(感嘆詞)」という独立の品詞として立てるが,語の副詞については,「状態の副詞」「程度の副詞」「叙述の副詞」の3分類を継承しているのである(ただし,構文成分としては,ガ格以外の格成分と副詞的修飾成分を「連用修飾語」として一括し,これが現在の学校文法へとつながっていく).

　山田の分類があまりに有名で,橋本の考えが学校文法としてあまりに流布したことにより,副詞の意味的な分類は,これ以降,なされないようにも思えてしまうが,山田以降も副詞の意味的分類は,引き続き行われている.

　例えば,岩崎春彦『国文典』(1911)は,形状・順序・希望・分量・性質・推量・疑問・応答・集合・特出・反動・頓挫・決定・時刻・場所・比較・放棄・反復・否定の19種をあげているし,芳賀矢一『口語文典大要』(1913)にも,「場所を限定する」「時間を限定する」「分量を限定する」「方法を限定する」「擬声の語で,その有様を限定する」といった意味的分類が見られる.

　昭和に入ってからも,金田一京助『新国文法』(1931)では,状態の副詞の下位分類として数量の副詞・力量の副詞・時間の副詞・比況の副詞・動態の副詞・程度の副詞の6種,叙述の副詞の下位分類として条件の副詞・推量の副詞・願望の副詞・疑問の副詞・指示の副詞の5種が挙げられている.松尾捨治郎『国語法論攷』(1936)では,時・処・程度・方法・原因理由・意見・数量・添加・選択の10分類を示したうえで,「語法学者或は「意義を闡明するのは辞書の職能であって,語法は之に関与すべきではない」と説く者もあるが,古来の用例より帰納して或語の意義語法を説くことは,決して語法の本分に反する者ではない」(松尾1936:260)と,副詞の意味的分類を肯定する考えを示している.

(e) 連用修飾語の再分類

　橋本(1937)では,「連用修飾語」に格成分を取り込んだ結果,その内容が複雑になり,その下位分類が困難になってしまった.個々の格助詞については比較的詳しく意味や用法が述べられているし,先にもふれたように,「状態の副詞」「程度の副詞」「叙述の副詞」という副詞の機能的分類もなされてはいる.

しかし，それらは，あくまで「助詞」や「副詞」という一品詞の下位分類であり，連用修飾語の分類には結びつかない．そのため，単独の格助詞については詳しくても，「について」「によって」「として」などの「連語」については，機能的な説明や分類をする場所が与えられないし，副詞の3分類は，連用修飾語には当てはめられないのである．

その後は，この連用修飾語の分類と整理が構文論の主要課題になり，必須成分と任意成分との区別や，格成分と副詞的修飾成分との区別，動詞の格体制や意味役割をもとにした格成分の分類など，構文成分の再構築が行われた．例えば，渡辺実『国語構文論』(1971)では，「構文論のはきだめ，しわよせの場所」である「連用修飾」について，かかり側とうけ側の意味（素材概念）と機能（構文的職能）との関わりから考察を進め，格成分や副詞的修飾成分を「連用成分」としてまとめるとともに，いわゆる陳述副詞などは「連用の職能」ではなく「誘導の職能」を担うとして，「誘導成分」が立てられた．この後，北原保雄(1981a)は，渡辺の連用成分を「名詞＋格助詞」の構成をとる「補充成分」とそれ以外の「連用修飾成分」とに分けるとともに，渡辺が分離した誘導成分を再び連用修飾成分に組み込んで，連用修飾成分を「陳述修飾成分」「叙述修飾成分」「時修飾成分」「程度修飾成分」「情態修飾成分」の五つに分けることを提唱した．

一方，このような伝統的な分類の流れとは別に，中右実(1980)は，日英語の文副詞の比較において，命題内に収まる副詞とモダリティに関わる副詞とを区別して，それぞれ「命題内副詞」と「命題外副詞」とする．この命題外副詞には，「価値判断の副詞」「真偽判断の副詞」「発話行為の副詞」「領域指定の副詞」「接続副詞」の5種を，命題内副詞には，「時・アスペクトの副詞」「場所の副詞」「頻度の副詞」「強意・程度の副詞」「様態の副詞」の5種をたて，さらに，価値判断の副詞と様態の副詞に「主語指向の副詞」をたてる．中右は，日英語の副詞を共通した分類で示すことについて，「以上に示した分類は，その大枠において，英語にも日本語にもあてはまる．その理由は，この分類が意味機能論的基盤によっているからである．人間の言語における普遍性を，より多く，より深く，意味の世界に求めることができるとすれば，比較のために基

準をやはり意味に求め，次にそれが言語によってどのように実現されているかをみるのは，正当化される手順であるといえよう」(中右1980:166)と述べている．

次に示すのは，益岡隆志・田窪行則『基礎日本語文法改訂版』(1992)の副詞の分類である．

(6) 益岡・田窪(1992)の副詞の分類
　　様態の副詞　　ゆっくり 堂々と 一気に さっさと わざと あえて 思わず など
　　程度の副詞　　少し かなり わりあい 最も さらに あまり 全く ちっとも など
　　量の副詞　　　たっぷり いっぱい どっさり 少し かなりなど程度副詞の一部 など
　　テンス・アスペクトの副詞
　　　　テンスの副詞　　かつて いずれ いまに もうすぐ など
　　　　アスペクトの副詞　もう すでに 突然 また いつも しじゅう めったに など
　　陳述の副詞
　　　　疑問と呼応　　　いったい はたして
　　　　否定と呼応　　　決して 必ずしも とても とうてい
　　　　依頼・命令と呼応　ぜひ なんとか どうか どうぞ
　　　　概言・確言と呼応　おそらく たぶん まず きっと 確か まさか など
　　　　伝聞と呼応　　　なんでも
　　　　比況と呼応　　　まるで あたかも さも
　　　　感動と呼応　　　なんと なんて
　　　　条件・譲歩と呼応　もし たとえ 万一 かりに いくら いかに
　　評価の副詞　　あいにく さいわい 当然 もちろん むろん 偶然 たまたま など
　　発言の副詞　　実は 実際(は) 言わば 例えば 要は 概して 総じて
　　その他の副詞　「特に，異に，単に」など限定を表すもの

「やはり，せっかく，せめて」など，ある種の評価を表す
もの　など

　この分類は，明治期の副詞の意味的分類とよく似ていると感じられるだろう．しかし，その内実は，明治期のそれとは大きく異なる．山田の「陳述副詞」の分類も，結果的に臼田や岡田の分類と重なっていたが，両者には大きな隔たりがあった．山田の陳述副詞の分類は，臼田や岡田のような副詞的修飾成分の意味による分類ではなく，「陳述」の下位分類と重ねられた，意味的分類と機能的分類とを対応させた分類であった．そこには被修飾対象である「決素」の抽出と分析があった．ここにあげた，益岡・田窪(1992)の分類も，テンスやアスペクト，陳述(モダリティ)などの被修飾成分の意味カテゴリーの検討を踏まえたうえでのものであり，単なる修飾成分の意味内容による分類ではない．
　副詞の分類には，被修飾成分の意味カテゴリーの分析が不可欠である．山田は，「情態副詞」の下位分類は文法の職務でないとしたが，単にその意味の分類ではなく，それと被修飾成分とが一定の意味的な結びつきをなすのであれば，「陳述の修飾語」の分類と同様に，「情態の修飾語」についても，意義＝機能的分類が可能となるのである．
　次節では，実際に情態修飾関係とは，どのようなものなのか，「帽子を<u>軽く</u>打つ」と「帽子を<u>軽く</u>作る」の違いをどう解釈するかという問題を軸に，情態修飾成分と格成分との意味的な関連を検討し，情態修飾関係の分類の可能性について見ていく．

4.2　情態修飾関係の分類

(a) 副詞と形容詞

　「帽子を<u>軽く</u>打つ」の「軽く」と「帽子を<u>軽く</u>作る」の「軽く」との違いについて，最も早く出された解釈は，岡田正美『日本文法文章法大要』(1900)に見られるような，前者を副詞とし，後者を形容詞とする品詞論的な解釈である．

　　従来副詞として説きたるものの内に，よく精密に考ふるときは，副詞にてあらざるものあり．

菓子を　うまく　造る

の如き文に於て, うまくは「甘く」の意とも, 亦,「巧に」の意ともなる. もし,「甘く」の方なれば,「うまく」は形容詞にして, 副詞にあらず. そは, この「うまく」が「甘く」の方なれば,「うまき菓子を造る」にて, 副詞となりて「造る」を形容せず. もし, 又,「巧に」の意とすれば「造る」の添加語にして, 副詞なること明なり.

従来形容詞の第四活用(大槻氏の文典)を副詞法として説きたるものあれども, こは明に形容詞と副詞との区別を誤りたるものなり. もとより, 第四活用も副詞として用ゐらるゝことあれども, そはその場合に於ては, 形容詞が副詞に転じたるまでなり, 凡ての形容詞が第四活用に於ては副詞になるにはあらざるなり. 故に, もし形容詞の第四活用が動詞の上に来ることあらば, 注意して精密に考ふべし, 直に副詞と速断すべからず.

今, 形容詞の第四活用の依然形容詞たるものゝ例を挙げて示さん.

　　　帽子を　軽く　造る.

こは帽子の作り方に軽き(粗末)重き(丁重)あるをいふにあらずして, 軽き帽子を造ることをいふなり. されば, この「軽く」は副詞にあらずして形容詞なり. 同し「軽く」にても次のは副詞なり. 両者を比較してその異なるところを知るべし.

　　　帽子を　軽く　打つ

なほ, 副詞に見ゆる形容詞の一二の例を示す.

　　　水　清く　流る

　　　壁を　青く　塗る

以上説くところによりて, 形容詞は必ず名詞を形容し, 副詞は動詞及び, 説述語となるべき形容詞及び, 添詞となるべき動詞形容詞及び, 他の副詞を形容することを知るべし.　　　　　　　　　(岡田1900:62-65)

芳賀(1913)にも,「名詞の下に用ゐた形容詞と副詞とを混同してはならぬ. 副詞はすぐに用言の上に用ゐるので, かういふ場合の形容詞と混同し易い. 形容詞と副詞の区別を知らうと思へば, 次の対照を見ればよろしい. 帽子を軽く(形容詞)作る/帽子を軽く(副詞)打つ　門を丈夫に(形容詞)建てた/門をうま

く(副詞)建てた 「何が軽いか」「何が丈夫か」「何がうまいか」を考へれば分る．形容詞は体言を形容するもの，副詞は用言を形容するものである」(p.101)と，同様の解釈が見られる．

(b) 同格と従属，修用と補用

これに対し，山田(1908)や松下『標準日本口語法』(1930)では，ここに構文的な違いを認める．山田(1908)は，「連用語」に「同格連用」と「従属連用」(山田1936では，「修飾連用」)の区別をし，次のように述べる．

連用語の意義職能を観察するときは二の別なる性質の存するを見る．一は二語同一の資格を以て連ねらるるものにして，例へば，

壁を白く塗る．

に於ける「白く」の如し．この時の「白く」は「塗る」ことの修飾語にあらずして，「壁」の色の説明なり．而て「白く」「塗る」相合して一の述語となれり．たとへば，「馬車にて走り過ぐ」などの如し．今かくの如きものを同格連用といふ．又下なる用言に従属してその修飾語たる関係に立つことあり．たとへば，

卿等もまた宜しく永住の決心をなすべし．

の「宜しく」の如きは「決心をなすべし」の修飾語として用ゐられたるものにして主語たる「卿等」の為に直接に用ゐられたるものにあらず．形容詞には，この用のもの多し．動詞にはこの用法のもの多からずといへども，全くなきにあらず．かくの如きものを従属連用といふ．

(山田1908:1019)

「軽く打つ」の「軽く」は，述語に従属し，修飾する「従属連用」であるのに対し，「軽く作る」の「軽く」は，本来名詞句を主語とする形容詞述語であり，後続する動詞述語と並立的な関係にある「同格連用」となるのである(このほか，「この山は高く大きし」のような並立関係も「同格連用」とする)．

一方，松下(1930)は，形容詞も動詞の一種(形容動詞)としており，この2種の「軽く」は，いずれも動詞の「連用格」とされる．「連用格」は，大きく「修飾(修用)格」と「補充(補用)格」とに分けられるが，「軽く打つ」の「軽

く」は,「他詞に従属して其の作用概念の運用の状態を表す」もので,修飾(修用)格の一種の「状態格」とされる.一方,「軽く作る」では,「作る」が対象をある状態と一致させる動作を表し,「軽く」は,この動作の運用に対して,意義の欠陥を補う補充語となるとする.この場合,「帽子」が一致する相手である状態を表すのであり,このようなものは,「補充(補用)格」の一種の「(状態の)一致格」とされる.

　状態格は,他詞の意義を修飾して詳細にするだけで,補充はしないから,これを除去しても意味が不完備にならないが,状態の一致格では,「花が綺麗に咲く=花が咲いて綺麗になる」「鉛筆を鋭く削る=鉛筆を削って鋭くする」のように動詞はみな「なる」や「する」の意を含んでおり,一致格を除去すると意味が不完備になってしまうとする.

(c) 結果修飾と様態修飾

　これに対し,堀重彰『日本語の構造』(1941)は,山田の説を踏まえて,次のように述べる.「軽く打つ」も「軽く作る」も,構文的には同じ副詞的修飾関係として扱おうとする立場である.

> 例へば「壁を白く塗る」の如きものでは「白く」は「塗る」と並列せる陳述語ではなく,「塗る」に従属し之を修飾することによって述格の一部を担当してゐると見なければならぬ.「月が白く光る」の如きものでも,「月が白い」「月が光る」の如く分析すべきものではなく,(月が)+{(白く)+(光る)}の如く分析し,「白く」と「光る」とは同格的ではなく修飾的な関係をなすものと見なければならぬのである.「月が白くさやかである」「壁を白く綺麗に塗る」などの如き関係と全く異なるものである.
>
> 　　　　　　　　　　　　　　　　　　　　　　　(堀1941:103)

　さらに,これらを副詞的修飾関係として一つにくくりながらも,そこに差異を認める見解も見られるようになる.橋本四郎(1975)は,これらを「(副詞的)修飾語」としてくくった上で,その中に,「雨ガザアザア降ル」「昔ヲナツカシク思ウ」「庭ヲキレイニ掃ク」の3種の違いを見いだし,それぞれ,「被修飾語からの属性・内容・結果を抽出した修飾語」(p.159)として区別し,情態修飾

関係の下位区分を試みている.

　ちょうどこの時期に,副詞的修飾関係の研究を脇から支える二つの研究が積極的に進められる.一つは,西尾寅弥(1972)『形容詞の意味・用法の記述的研究』および宮島達夫(1972)『動詞の意味・用法の記述的研究』による,動作概念や情態概念の検討とその分類の試みであり,もう一つは,1970年代後半から1980年代前半に盛んに行われた動詞のアスペクト研究である.これらにより,各種の意味的な素性が抽出され,情態修飾関係におけるかかり側の意味内容(修飾内容)や,受け側の意味内容(修飾対象)について,詳しく検討する材料が提供されたのである.これを受けて,新川忠(1979),鈴木泰(1980),仁田義雄(1983a,1983b),矢澤真人(1983)など,情態修飾関係を分類する試みが盛んに行われるようになる.

　新川(1979)は,副詞的修飾成分の意味類型と動詞の意味類型の組み合わせに注目し,副詞的修飾関係を「規定的なむすびつき」と「状況的なむすびつき」に二分し,規定的なむすびつきには,「質規定的」「結果規定的」「量規定的」「方法規定的」の4種,状況的なむすびつきには,「空間的」「時間的」「原因」「目的」の,それぞれ4種の下位分類を立てる.ここにさらに,意味的な観点からの分類が加えられ,例えば,質規定的なむすびつきは,「人,いきもの,物に共通する動きや変化の特徴づけ」「特に人の動作の特徴づけ」「現象・知覚の明瞭さ」など6種に分かたれ,この「人,いきもの,物に共通する動きや変化の特徴づけ」には,「はやさ」「ゆれ幅」「力のつよさ」といった細分が行われ,きわめて詳細な分類がなされている.

　一方,鈴木(1980)は,「ぐるぐると」と「ぐるぐるに」のように,「−ト」型の語尾と「−ニ」型の語尾をとり得る擬態語について観察し,「−ト」型の語尾による修飾と「−ニ」型の語尾による修飾に,橋本(1975)の「属性」と「結果」の修飾語に相当する対立のあることを指摘し,それぞれ「過程の修飾」「結果の修飾」とよんでいる.

　さらに,仁田(1983a,1983b,1993)は,副詞的修飾成分を大きく「言表事態修飾語」と「言表態度修飾語」とに分け,特に前者をさらに,動きそのものの実現のされ方を表す「様態の修飾語」と,動きが実現した結果の主体や対象の

状態のあり方に言及した「結果の修飾語」、主体の状態のあり方に言及した「主体めあての修飾語」、状態や関係の程度性を取り出した「程度性の修飾語」、主体や対象の数量規定を行った「数量の修飾語」、動きの時間のあり方を限定した「時間関係の修飾語」、出来事生起の回数的なあり方を表した「頻度の修飾語」に分けている．

(7) 仁田義雄(1993)の副詞の分類

言表事態修飾語
　　結果の修飾語　　　　　　塀がこなごなに崩れている
　　様態の修飾語　　　　　　塀ががらがら崩れている
　　主体めあての修飾語　　　彼はわざと出ていかない
　　程度性の修飾語　　　　　雪がすごく積もった
　　数量の修飾語　　　　　　虫が無数にいる
　　時間関係の修飾語　　　　彼を一晩中看病した
　　頻度の修飾語　　　　　　しばしば彼女にあった
言表態度修飾語
　　評価的な態度　　　　　　あいにく明日は休みだ
　　程度性を伴った推し量り　おそらく明日は晴れるだろう
　　聞き手への促し　　　　　どうぞ此方へ来てください
　　事態の構成要素の把握の仕方　たった千人しか集まらなかった

　また，矢澤(1983)は，情態の修飾成分と「～ている」の表す意味との関わりや，副詞的修飾成分の現れる語順などから，情態修飾成分を大きく，コトのあり方(事態の存在)を頻度の面から修飾限定する「存在相修飾成分」と，動きのサマを表す「様態相修飾成分」，動きに関わるモノのサマを表す「状態相修飾成分」の三つに分けている．様態相修飾成分は，さらに，「突然」「おもむろに」など，イベントの起こり方を表す「生起相修飾成分」と，プロセスのあり方を表す「過程相修飾成分」とに分け，過程相修飾成分は，「少しずつ」「次第に」など過程の進行・展開のあり方を表す「進行相修飾成分」と，「ゆっくり」「ガタガタと」など，動きの質を表す「動作相修飾成分」とに分ける．また，状態相修飾成分は，動詞が結果動詞か否かによって，「花が赤く咲く」のよう

に，動作・作用の結果に現れるモノのサマを表す「結果相修飾成分」と，「海が赤く輝く」のように動作・作用の最中に現れるモノのサマを表す「状況相修飾成分」とに分かれるとする（「昔を懐かしく思う」のような橋本(1975)の「内容の修飾語」も，「昔」の情態を表すこと，「思う」という動作・作用と同時の情態であるところから，「状況相修飾」に含める）．

そして，これらは，「しばしば→突然→徐々に→ゆっくりと→赤く」のような語順で現れるのが普通であること，「している」の意味の制約の面でも，「ゆっくり」「徐々に」は「結果残存」を制約し，「突然」は「結果残存」「動作進行」を制約するというように，制約の序列があることを主張し，情態修飾関係が階層構造をなすことを主張する．

(8) 矢澤真人(1983)の情態修飾関係の分類

```
存在相修飾成分              彼はしばしば突然せき込んだ
            ┌生起相修飾成分  株が突然少しずつ上がりはじめる
様態相修飾成分│進行相修飾成分  歯車が次第に速く回る
            └動作相修飾成分  風船がゆっくり大きくふくらむ
状態相修飾成分┌結果相修飾成分  花が赤く咲く
            └状況相修飾成分  海が赤く輝く
```

これらはいずれも，情態修飾成分の意味とその修飾対象である動詞の意味との対応関係に注目することにより，情態修飾関係の分類を試みたものである．

次節以下，結果の修飾関係や様態の修飾関係について，具体的にそこにどのような対応関係が認められるか見ていく．

4.3 結果の修飾関係

(a) 結果の修飾関係の構成要素

結果の修飾関係は，モノの状態を表す修飾成分が被修飾成分である動詞の変化の側面を修飾対象として構成する修飾関係である．被修飾成分が変化自動詞ならば，主体の変化した結果の状態を，変化他動詞ならば，対象が変化を被った結果の状態を表す．また，結果の修飾関係は，もとの変化動詞の素性に特段

の変化は与えないので，そのまま全体で変化動詞句となる．

(9)　　白い溶液が　<u>赤く</u>　変化する

(10)　太郎が　太い大根を　<u>細く</u>　切り刻む

(9)の「白い」や(10)の「太い」が「変化する」「切り刻む」という動作・作用が及ぼされる前の「溶液」や「大根」の状態を示すのに対し，「赤く」や「細かく」は，動作・作用が及ぼされて，その結果に生じた状態を示す．

山田は，結果の修飾関係を「同格連用」と見なすが，「白い溶液が赤い」「太い大根が細く」のように名詞句(格成分)と直接関係を結んでいると解釈するよりは，「変化する」「切り刻む」という動作・作用によってもたらされると解釈するのが自然であろう．「赤く」や「細く」は，「変化する」「切り刻む」という動詞の変化を表す側面を修飾対象とすることで，その変化主体である「白い溶液」や「太い大根」と意味的な関係が構成されると考えられるのである．

結果の修飾成分は，基本的に「モノの状態を表す修飾成分」であるが，「ゆっくり」「速く」など，動態を表す修飾成分も，「コト」の状態変化を表す場合には，次のように結果の修飾関係を構成することがある．

(11)　a．回転を　<u>ゆっくり(に)</u>　する

　　　b．回転を　<u>ゆっくりに</u>　調整する

(12)　a．回転の速度を　現在よりも　<u>速く</u>　する

　　　b．回転の速度を　現在よりも　<u>速く</u>　設定する

また，変化動詞がすべて被修飾成分になれるのかというとそうではなく，状態変化動詞や生産・発生動詞と比べて，消滅動詞や位置変化動詞は，結果の修飾関係を作りにくいとされる．仁田(1997)は，変化動詞が結果の修飾関係を構成するかしないかについて，「テイル形が結果状態の持続を表しながら，結果の副詞を取る動詞と取らない動詞との違いは，前者が状態の変化を表すのに対して，後者が状態を招来する動きを表すといったところにある」と述べ，結果の副詞をとらない動詞として，「帰る，戻る，届く，座る，寝る，入る，出る，乗る，立つ，並ぶ，寝転ぶ」などの「状態招来の動きの動詞」をあげている (p.271-272)．しかし，仁田自身が「立つ」や「寝転ぶ」のような姿勢変化の動詞は，「彼ハ仰向ケニ寝転ンダ」のように結果の副詞を取る可能性があると

4.3 結果の修飾関係 —— 207

指摘している．

「消える」や「なくなる」「(取っ手が)とれる」などの消滅動詞は，モノの消滅を表すのであるから，そのモノが動作の結果，どんな状態であるか表しようがない．これらの結果の状態は，「全部消える」「すっかりなくなる」「残らずとれる」など，数量・程度的な修飾関係で表現するのが普通である．「雪がきれいに消える」「料理をきれいに平らげる」「事件をきれいに忘れる」のようなものも，雪や料理，事件などの結果の状態というよりは，消滅の程度と見なした方がよいだろう．しかし，「雪がまだらに消える」となると，消滅後のモノの状態と言えそうである．「髪をきれいに刈る」も，丸坊主にするとも，刈りそろえるとも解釈できる．この後者も，結果の修飾関係と解釈できそうである．

「行く」や「来る」などの典型的な位置変化動詞も結果の修飾関係を作りにくいが，「校庭にまっすぐに並ぶ」とか「キャンバスの隅に小さく置いたスミレの花」などは，結果の状態とも言えそうであり，仁田のいうように，「結果の副詞を取るか取らないか，といったことは，截然と分かたれ切るものではない」(仁田 1997: 275)のである．

また，一般に副詞的修飾関係が成立するためには，修飾のタイプばかりでなく，語彙的な意味の整合性が必要となる．例えば，「花が赤く咲く」と「穴を大きく掘る」はともに結果の修飾関係であるが，「花が大きく咲く」が言えて「穴を赤く掘る」が言えないのは，「咲く」によってもたらされる状態が形状でも色でもよい，つまり，形状の変化も色の変化も予測可能であるのに対し，「掘る」は，普通，形状変化は予測できても色の変化は予測されないからである．

(b) 結果と様態の両義性

「軽く」はモノの状態とも動きの様態とも解釈できるので，変化動詞「作る」との組み合わせでは，変化した状態を表す結果の修飾関係となり，非変化動詞「打つ」との組み合わせでは，動きの強さを表す様態の修飾関係となる．一般に，「作る」は動きの強さを問題にせず，「打つ」は変化の側面を持たないので，(13a)と(13b)はそれぞれ一義になるが，修飾対象が動詞の変化の側面とも動

きの側面とも解釈できるような場合は，次の(14)や(15)のように両義文となる．
- (13) a. 太郎が　帽子を　<u>軽く</u>　作った
    b. 太郎が　帽子を　<u>軽く</u>　打った
- (14) a. 板前は　活け作りを　<u>かっこうよく</u>　盛りつけた
    b. 板前の盛りつけた活け作りの状態がかっこうよい
    c. 板前の活け作りを盛りつける様子がかっこうよい
- (15) a. 彼は　要点を　<u>簡単に</u>　まとめた
    b. 彼が要点をまとめて簡単なかたちにした
    c. 彼にとって要点をまとめるのは簡単なことであった

「軽く」には，モノの重さや動きの強さのほか，「彼は<u>軽く</u>基準点をクリアした」のように，動きのたやすさを表す用法がある．(13a)も，「太郎にとって，帽子を作ることは軽いことだ」のように解釈される可能性もあるのだが，なかなかそう解釈しにくいだろう．しかし，(16)のように，「軽く」を「帽子を」の前に位置させると，(13a)よりは解釈しやすくなる．同様に，(14a)や(15a)よりは，(17)や(18)の方が様態の修飾関係と解釈しやすくなるだろう．

- (16) 太郎が　<u>軽く</u>　帽子を　作った
- (17) 板前は　<u>かっこうよく</u>　活け作りを　盛りつけた
- (18) 彼は　<u>簡単に</u>　要点を　まとめた

(c) 結果の修飾成分の出現位置

このような傾向は，語順調査からもうかがうことができる．

次の(19)と(20)は，「割る」「掘る」に対して，それぞれ，指定された9つの中から任意に選んだ4つの連用成分を最も自然な語順に並べるというテストを行った結果である(矢澤1992,1997)．表の数値は，左の成分が上の成分に先行する割合を示している．ここから，動作の及ぶ対象を表す「皿を」や「地面を」のような対象ヲ格は，「思いきり」や「ざくざくと」のような様態の修飾成分とは比較的語順が置き換わりやすい((19)の7-8，(20)の6-7)のに対し，これらと「粉々に」や「深く」のような結果の修飾成分とは語順が置き換わることが少なく((19)の7-9,8-9，(20)の6-8,7-8)，また，同じヲ格でも，変

化によって生じる「穴を」のような結果ヲ格のほうが，働きかけの対者を表す「地面を」のような対象ヲ格より，結果の修飾成分と語順が置き換わりやすいこと((20)の8-6, 8-9)などが知られる．

(19)　「割る」にかかる連用成分の相互の位置関係

		1	2	3	4	5	6	7	8	9
1	ねえねえ		100	100	100	100	100	100	100	100
2	昨日	0		80	86	93	100	98	97	100
3	太郎が	0	20		50	81	99	96	100	100
4	花子と	0	14	50		60	93	94	95	100
5	庭で	0	7	19	40		90	86	90	100
6	金槌で	0	0	1	7	10		66	63	97
7	思いきり	0	2	4	6	14	34		55	100
8	皿を	0	3	0	5	10	37	45		88
9	粉々に	0	0	0	0	0	3	0	12	

(20)　「掘る」にかかる連用成分の相互の位置関係

		1	2	3	4	5	6	7	8	9
1	きのう		95	100	100	100	100	100	100	100
2	太郎が	5		83	100	98	100	97	100	100
3	裏庭で	0	17		100	100	100	100	100	100
4	地面に	0	0	0		31		82	94	98
5	スコップで	0	2	0	69		71	79	92	91
6	地面を	0	0	0	29	0		64	92	
7	ざくざくと	0	0	0	18	21	36		89	65
8	深く	0	0	0	6	8	8	11		58
9	穴を	0	0	0	2	9		35	42	

文献の用例調査からも，同様の結果が見いだせる．色を表す修飾成分について見ると，例えば，「染める」は，対象ヲ格と色の修飾成分を取りやすいが，次に示すように「対象ヲ格→色の修飾成分(結果の修飾成分)」の語順で出てくるのが普通である．

(21)　朋輩に借りていたずらをしたのか，両手の親指の爪だけを赤く染めていた．　　　　　　　　　　　　　　　　　(三島由紀夫「金閣寺」)
(22)　着物がないので，母親のセルの着物を黒くそめ，へたでもじぶんでぬ

った.　　　　　　　　　　　　　　　　　　（壺井栄「二十四の瞳」）

　次の(23)のように，結果ヲ格と結果の修飾成分との組み合わせや，(24)のような状態が現れるのが動きと同時の場合（状況の修飾関係）には，「色の修飾成分→ヲ格」の語順を取るものも見られる．特に，(25)や(26)のように，ヲ格の付着する場所格が現れる場合には，「場所格→色の修飾成分→ヲ格」の語順で現れることが少なくない．(27)の「染める」は，「色の修飾成分→ヲ格」の語順を取っているが，(21)や(22)と異なり，場所ニ格と結果ヲ格（「日の丸」）をとる生産動詞として用いられているのである．

(23)　渚が白く弧を描いて，右は岬の崖に到り，左はそこに死に絶えた河に切れ込んでいた．　　　　　　　　　　　　　　　（大岡昇平「野火」）
(24)　大きな鮭や鱒がきらっきらっと白く腹を光らせて空中に抛り出されて円い輪を描いてまた水に落ちました．（宮沢賢治「銀河鉄道の夜」）
(25)　私が言うと，男はこめかみに青黒く血管の筋を浮かべて怒鳴りはじめた．　　　　　　　　　　　　　　　　　（沢木耕太郎「一瞬の夏」）
(26)　小菊を置いた地文に，ばっと白く雪持の松を浮かせたのは光琳画式というふぜいで　　　　　　　　　　　　　　（石川淳「処女懐胎」）
(27)　白地に赤く日の丸染めて　　　　　　　　　　　　（文部省唱歌）

　以上のように，情態の修飾関係は，修飾対象となる動詞の側面から見ても，語順の傾向性から見ても，結果の修飾関係と様態の修飾関係とに区分することができるのである．

(d) 状況と位置変化

(1) 状況の修飾関係

　結果の修飾関係は，被修飾成分（動詞）は変化動詞に限られ，その状態は動作の結果生じ，対象ヲ格や様態修飾成分より動詞に近い位置に現れる，といった特徴が見られた．以下では，修飾成分が変化主体や変化対象の状態を表しながらも，その他の条件から外れる修飾関係について見ていく．

(28)　青い海が　赤く　輝く
(29)　電球が　白く　光る

(30) 針金が　青く　燃える

　(28)〜(30)の修飾関係は，主体の状態を表す点では，普通の結果の修飾関係と同様だが，動作・作用の結果に現れる状態ではなく，動作・作用の最中に現れる状態を表すという点で異なっている．(31)〜(33)のような普通の結果の修飾関係と比べると，その違いがはっきりするだろう．(28)の「海」は，輝く前は青く，輝いている最中に赤いことが示されているが，輝いた後の色は問題にされていない．(31)の「柿」は，色づく前は青いが，色づいている最中の色は問題にはされず，色づいた後が赤いのである．(29)や(30)も同様に，動作の最中に修飾成分の表す状態が出現するが，(32)(33)のように被修飾動詞を「点く」や「焼ける」に変えると，動作の結果に，それぞれの状態がもたらされることになる．

(31)　青い柿が　赤く　色づく
(32)　電球が　白く　点く
(33)　針金が　黒く　焼ける

　(28)〜(30)などの修飾関係をどう捉えるかについては，見解が分かれるところである．例えば，山田(1908)は，「帽子を軽く作る」などの結果の修飾関係と同様に，同格連用と見なしており，新川(1979)も，「色をさししめす〈赤く，白く，青く，黒く〉などは，動詞とのくみあわせにおいて，もっぱら結果規定的なくみあわせをつくる．副詞として他の用法はない」(p.187)とし，これらを結果の修飾関係と見なしている．

　一方，仁田(1997)は，被修飾成分である動詞に注目し，「主体運動を表す自動詞は，様態の副詞を取ることはあっても，結果の副詞を取ることはない」(p.269)とする．「光る」もこの「主体運動」の動詞に含めることから，これらは，様態の修飾関係と見なされることになる．

　今，これらを**状況の修飾関係**と呼ぶが，この修飾関係は，モノのサマとコトのサマとの境界に位置すると言えそうである．状況の修飾関係と様態の修飾関係との違いは，そのサマが，動作によってモノにもたらされると見なせるかどうか，という点にある．(34a)は，「輝いて海が美しくなっている」と解釈できるので，状況の修飾関係と見なし，(34b)は，「踊って花子が美しくなって

いる」ことを表すとはいいにくいので，様態の修飾関係と見なすのである．

(34) a. 海が 美しく 輝く
b. 花子が 美しく 踊る
c. 柿が 美しく 色づく

状況の修飾関係は，動作によってモノにサマがもたらされるという点で，結果の修飾関係と共通する．(34c)も「色づいて柿が美しくなっている」と解釈できるのである．一方，状況の修飾関係と様態の修飾関係とは，(34a)や(34b)のように，そのサマが動作の未完了時にのみ有効であるという点で共通し，動作の完了時にサマが有効になる結果の修飾成分と区別されるのである．一方，いずれも被修飾成分の動作概念を修飾対象とする点は共通するので，「海の輝き方が美しい」「花子の踊り方が美しい」「柿の色づき方が美しい」といったように，いずれも動作のし方として捉えることができるのである．

(2) (対象の)付帯状況の修飾関係

次の(36)～(38)の状態デ句も，「次郎をトレパン姿にして」とか「花子をしらふのままで」といったように，対象の状態を表している．

(35) 太郎は 次郎を トレパン姿で 追い出した
(36) 太郎は 次郎を はだしで 砂の上に 降ろした
(37) 刑の執行人は 罪人を 白装束で 広場にさらした
(38) 太郎は 花子を しらふで 連れ戻した

これらの状態デ句は，常に対象の状態を表すわけではない．(39)や(40)のように，動詞をかえると，対象の状態を表さなくなってしまうし，同じ動詞であっても(41a)では対象の状態とも解釈できるのに，(41b)では，対象の状態とは解釈しにくくなってしまう．(35)～(38)のように，対象への働きかけが強い変化動詞では，対象の状態と解釈できるのに対し，(39)～(40)のように，対象への働きかけが弱い他動詞では，対象の状態とは解釈しにくくなるのである．(41a)の「送る」は，「送り出す」と同様，位置変化他動詞として用いられているが，(41b)の「送る」は，「ついていく」と同様，対象への働きかけよりは，主体動作を表す側面が強いのである．

(39) 太郎は 次郎を トレパン姿で 追いかけた

(40)　太郎は　花子を　しらふで　エスコートした
(41)　a. 花子は　良子を　エプロン姿で　舞台に　送った
　　　b. 花子は　良子を　エプロン姿で　駅まで　送った

　また，この状態デ句と対象ヲ格の位置を替えると，(42)～(45)のように，「太郎ははだしになって」とか「太郎は酔いもしないのに」といったように主体の状態を表すような解釈が可能になる．

(42)　太郎は　トレパン姿で　次郎を　追い出した
(43)　太郎は　はだしで　次郎を　砂の上に　降ろした
(44)　刑の執行人は　白装束で　罪人を　広場にさらした
(45)　太郎は　しらふで　花子を　連れ戻した

　このように，(35)～(38)の修飾関係は，他動詞で対象の状態を表す点，動詞による制約，語順の傾向など，結果の修飾関係とよく似たふるまいをしている．しかし，両者には，次のような違いがある．

(46)　a. 傷ついた　レンタカーを　原状に　戻します
　　　b. 傷ついた　レンタカーを　原状で　戻します

　(46a)は，レンタカーの状態を変化させて「原状」にすることを意味するが，(46b)は，返却する際に，レンタカーが「原状」であることを意味する．動作による対象の状態変化ではなく，動作が及ぼされる際の対象の付帯的な様子を表すという点から，このような修飾関係を**(対象の)付帯状況の修飾関係**と呼ぼう．結果の修飾関係における対象の状態は，動作の結果にもたらされるものであるのに対し，(35)～(38)の「次郎」や「花子」などは，追い出すとか連れ戻すとかいった動作の前や最中，後のいずれの段階でも「トレパン姿」や「しらふ」であってかまわないのである．

　(35)～(38)や(41b)のような状態デ句は，付帯状況の修飾成分の中でも動詞の制約が強く，これまで見たような位置変化動詞や(47)のような状態変化動詞，(48)のような生産動詞など，変化対象への働きかけを表すものに限られるが，(49)の「食べる」のような非変化動詞でも成立することがある．

(47)　その母親は　子供を　はだしで　育てた
(48)　カンガルーは　子供を　未熟児で　産む

(49) 鹿肉を 生で 食べる

さらに,「～まま(で)」は,動詞の制約が状態デ句より弱く,状態デ句では対象の付帯状況と解釈しにくい場合でも,「～まま(で)」だと許容度が上がることがある.

(50) a. ?太郎は 次郎を パジャマ姿で 殴った(次郎がパジャマ姿の読みで)

b. 太郎は 次郎を パジャマ姿のままで 殴った

結果の修飾関係と状況の修飾関係,付帯状況の修飾関係は,いずれも動作に関わるモノのサマを表すという点で共通するが,結果の修飾関係と状況の修飾関係とは,被修飾成分が変化動詞か非変化動詞かという点でも,状態がもたらされるのが動作の完了時か動作の最中かという点でも対立的である.付帯状況の修飾関係は,変化動詞を被修飾成分とすることも非変化動詞を被修飾成分とすることもあるし,(35)～(38)のように,動作後にそういう状態であることを表す,より結果の修飾関係に近い修飾構成になる場合もあれば,(47)や(49)(50b)のように,動作の最中にそういう状態であることを表す状況の修飾関係に近い修飾構成になる場合もある.いわば,結果の修飾関係と状況の修飾関係を両極にして,付帯状況の修飾関係がこの二つを結びつけるような形になっている.このような点から,この三つを**状態の修飾関係**としてまとめながら,それぞれを下位分類として分けるのである.

(3) 位置変化の修飾

次の(51)や(52)のような位置変化動詞を被修飾成分とする修飾関係も,所属が微妙である.

(51) 故郷から 遠く 離れる
(52) 旗を 高く 上げる
(53) 種が 広く 散らばる

新川(1979)は,これらを「結果規定的なむすびつき」ではなく,「量規定的なむすびつき」と捉える.そして,「移動,あるいは位置変化をさししめす動詞が,その結果として主体や客体がある位置に到達していることをあらわすとき,くみあわせをつくる〈たかく,ひくく,ふかく〉はへだたりの量(たかさ,

ふかさ)をあらわす」とする(新川 1979:192).

　これに対し,仁田(1997)では,「《位置替え》の動詞」は,状態変化動詞と比べて結果の副詞を取りにくく,また,結果の副詞か様態の副詞かの微妙な場合が少なくないとし,「旗を高く上げる」の「高く」を例にして,「上げた結果,旗は高い位置にあるわけだが,これは,『旗ヲ高々ト上ゲル』に近く,『上ゲル』そのものに内属する側面からの上げ方の表現とも考えられる」(仁田1997: 268)と言う.

　新川は,「遠く」「高く」「広く」など,場所のあり方を表す修飾成分には,(51)～(53)のような位置変化動詞と結びつくもののほか,(54)や(55)のように,「空中で行われる動きをさししめす動詞」とのくみあわせで動きが行われる位置の高さを示すもの(新川 1979:192)や,(56)や(57)のように,「空間規定的な結びつき」をなし「近くに,遠くに(で)」と同じような「位置＝場所」を表すもの(新川 1979:196)があるとする.

(54) 飛行機が　低く　飛ぶ
(55) ヒバリが　高く　舞う
(56) 遠く　帆船が　走る
(57) 遠く　かすみが　光る

　しかし,(56)や(57)は,次の例のように,場所ニ格や場所デ格が共起することもあり,「空間規定的」とするのは難しく,これらをまとめて,「飛ぶ」「舞う」「走る」「光る」といった動作・作用の最中のモノの位置を状態的に表したものとするのがよいだろう.

(58) 水平線の彼方に　遠く　帆船が　走る
(59) 遠く　山のふもとで　かすみが　光る

　また,次のようにカラ格と場所ヲ格とを比較してみよう.(60a)では,離れることによって,故郷からの距離が遠くなることを表すのに対し,(60b)では,むしろ遠いところで離れた状態を維持することを表すようである.後者が単なる位置関係ではなく,維持動作であることは,(61)のように「街」ではいえないことからも知られよう.また,場所格と「遠く」を逆転すると,今度は,カラ格の方は相対的に許容度が下がるが,ヲ格の方はほとんど変わらないか,か

えって自然になる．実際の用例からみても，「～から遠く離れる」が最も多く，「遠く～を離れる」も少しは見られるのに対し，「遠く～から離れる」や「～を遠く離れる」は，ほとんど用いられていない．

(60) a. 故郷から　遠く　離れる　（＝(51)）
　　　b. 故郷を　遠く　離れる
(61) a. この街は　故郷から　遠く　離れている
　　　b.?この街は　故郷を　遠く　離れている
(62) a.?遠く　故郷から　離れる
　　　b. 遠く　故郷を　離れる

先に見たように，結果の修飾成分は，動詞に最も近い位置に出現しやすい．この点で，(51)～(53)のようなものは，結果の修飾関係の一種と見なしてもさしつかえないだろう．これに対し，(54)や(55)はより様態の修飾関係に近いと言える．(56)や(57)や(62b)などは，存在のあり方を表すものに近くなっているようである．

(e) 副詞的修飾成分と格成分との意味的関係

状態の修飾格成分は，ガ格かヲ格の名詞句の状態を表し，受け身や使役などを除いては，他の格の状態を表すことはきわめて稀である．「山に雪が白く降る」のように「山＝白く」のようにも受け取れる修飾関係は存在するが，これも雪が山に付着して起こるもので，やはり「白く」は雪の状態である．「表面にゴムを薄く膜状に塗る」も，結果的に「薄い膜状」になったとしても，やはり，「薄く」はゴムの状態である．

「はだしで追い出す」のような状態デ句による修飾関係も，(63)のような敬意を表すニ格や受け身・使役のニ格などの状態を表すことがあるが，一般的には，主体か対象の状態に限られる．(64)の「パジャマ姿で」や「素手で」「立ったままで」は，いずれも相手の状態とは解釈しにくい．

(63) a. 先生には　礼装で　ご発表を　なされたとのこと……
　　　b. 春子は　夏子に　はだしで　追いかけられた
　　　c. 秋子は　パジャマ姿で　冬子に　踊らせた

(64) a. 春子は　夏子に　<u>パジャマ姿で</u>　事情を話す／教える／伝える
　　 b. 春子は　夏子に　<u>素手で</u>　試験管を　渡す／返す／貸す／借りる
　　 c. 太郎は　次郎に　<u>立ったままで</u>　勝った／挨拶する／会う

このような名詞句と副詞的修飾成分との意味関係は，連体修飾成分を副詞的修飾成分に置き換えても意味が変わらない場合があるという，いわゆる**形容詞移動**と呼ばれる現象でも見られる．これは，(65)のように，結果の修飾成分と生産物，生産動詞という組み合わせのほか，(66)のような持続的な様態の修飾成分と持続的な事柄名詞，継続動詞の組み合わせや，(67)のような出来事の修飾成分と出来事名詞，出来事の発生を表す動詞の組み合わせでも見られる．(66)の「人生」は「送る」という動きの継続中に派生している持続的な事柄名詞であり，その期間中，ずっと「幸せ」という状態が維持される．これに対し，(67)の「事故」は出来事名詞であり，「突発的」はその出来事の発生のし方を表している．同じ「会議」でも，(68)では持続的な事柄名詞として用いられ，(69)の「会議」は出来事名詞として用いられている．(70)のようにニ格名詞との間で形容詞移動が生じるものもあるが，許容度はガ格やヲ格名詞と比べて落ちるようである．

(65) a. <u>深い</u>　穴を　掘る
　　 b. 穴を　<u>深く</u>　掘る
(66) a. <u>幸せな</u>　人生を　送る
　　 b. 人生を　<u>幸せに</u>　送る
(67) a. <u>突発的な</u>　事故が　発生した
　　 b. 事故が　<u>突発的に</u>　発生した
(68) a. <u>静かな</u>　会議が　続く
　　 b. 会議が　<u>静かに</u>　続く
(69) a. <u>急な</u>　会議が　生じた
　　 b. 会議が　<u>急に</u>　生じた
(70) a. <u>不意の</u>　事故に　遭遇した
　　 b. 事故に　<u>不意に</u>　遭遇した

いわゆる数量詞移動でも，一般的に数量詞の表す数量はガ格やヲ格名詞のも

ので，それ以外の格ではまれである．

(71) a. 3人の 学生が 来る
b. 学生が 3人 来る
(72) a. 500グラムの 肉を 食べる
b. 肉を 500グラム 食べる
(73) a. 3人の 学生に 相談した
b. ?学生に 3人 相談した

ガ格やヲ格名詞とは意味的に結びつきにくく，他の格と優先的に意味的な関係を結ぶようなものは，情態の修飾成分にはない（「仲良く」や「一緒に」などとト格については後にふれる）．情態修飾成分の表すサマは，通常，動作主体の動きの側面と，対象への働きかけの側面との，大きく二つの方向で解釈されると言ってよいだろう．

4.4 様態の修飾関係

(a) 様態の修飾関係とアスペクト的意味の制限

様態の修飾関係は，動きのあり方を表す修飾成分が，動詞の動きの側面を修飾対象として成立する修飾関係である．動詞の「～ている」の形が表すアスペクト的意味の一つである結果継続は，動きの側面が表に出ると制限されるので，(74b)のような結果の修飾関係では制限されないが，(74c)や(74d)(75b)のように，様態の修飾関係が成立すると，結果継続の読みは制限されてしまう．(74c)や(74d)では動作継続か経験（過去の事態の存在）に，(75b)のような時間の幅を捨象するものでは，動作継続の読みも制限され，経験の読みしか許されなくなる．

(74) a. 風船が ふくらんでいる
b. 風船が 大きく ふくらんでいる
c. 風船が ゆっくりと 大きく ふくらんでいる
d. 風船が 少しずつ 大きく ふくらんでいる
(75) a. 子供が 倒れている

b．子供が　突然　倒れている
　　　c．（この間の）朝礼で　子供が　突然　倒れている
「ばたりと」「べたべたと」「ずるずると」などの〜ト型オノマトペも結果継続の読みを制限するので，様態の修飾成分に含めることができるし，先の(11)(12)のような「こと」名詞の変化に用いられたものを除く「速く」「素早く」「ゆっくり」「急いで」など，動きの速さに関わるもの，「次々と」「続々」「順番に」「繰り返し」などのような複数動作の連続を表すもの，「徐々に」「次第に」「急激に」のような状態の深化や進展を表すもの，「突然」「いきなり」「突如」「にわかに」「不意に」「おもむろに」「やおら」のような事態の起こり方を表すもの，さらには，「最初に」や「はじめに」「ついで」など事態の順序を表すものなども，やはり結果継続を制限する．

　「いつも」「たびたび」「よく」「たまに」などの頻度を表すものは，「私が覗くと，しばしば寝ている」のように，「寝ている」状態が「しばしば」あることを表すこともあり，制限の仕方が異なっている．これらは，モノのあり方や状態のあり方を表すことができるという点で，様態の修飾成分とは区別できる．

（76）　a．あの売店では　次々と／突然／最初に　特売がある
　　　b．?あの売店には　次々と／突然／最初に　特売品がある
（77）　a．あの売店では　たまに／時々　特売がある
　　　b．あの売店には　たまに／時々　特売品がある
（78）　a．?彼は　徐々に／不意に／はじめに　機嫌が悪い
　　　b．彼は　いつも／時々　機嫌が悪い

（b）出来事の修飾関係

　では，様態の修飾関係の下位分類の可能性を探ってみよう．
　まず，先に挙げたいくつかの様態の修飾成分のうち，「突然」「いきなり」「にわかに」などや「最初に」「はじめに」などと，それ以外のものとを比べると，前者は，同時の「〜ながら」節には収まりにくいのに対し，それ以外のものは，これに収まることができる．

（79）　a．突然　立ち上がりながら，大声を　出した

  b. 突然「立ち上がりながら，大声を出す」ことをした
  c.?「突然立ち上がること」をしながら，大声を出した
(80) a. <u>最初に</u>　立ち上がりながら，大声を　出した
  b. 最初に「立ち上がりながら，大声を出す」ことをした
  c.?「最初に立ち上がること」をしながら，大声を出した
(81) a. <u>急いで／徐々に／繰り返し</u>　立ち上がりながら，大声を出した
  b. 急いで／徐々に／繰り返し「立ち上がりながら，大声を出す」ことをした
  c. 「急いで／徐々に／繰り返し立ち上がること」をしながら，大声を出した

　さらに，「次々と」「続々」など，複数動作の連続を表すものを除いて，相互の語順から見ると，「突然」や「いきなり」などの修飾成分は，それ以外のものよりも先に来るのが自然である．また，これらは，動作主体ガ格に先行することも珍しくないが，先に見たように，「思いきり」や「ざくざくと」は，対象ヲ格と位置の交替はしても，動作主体ガ格とは交替しにくい（「にわかに」について，実際の用例を調査すると，「～が→にわかに」と「にわかに→～が」は，ほぼ6対5の割合となり，拮抗していることがわかる．なお，「～は→にわかに」と「にわかに→～は」では4対1の割合となる）．

(82) a. <u>突然</u>　ざくざくと　掘りはじめた
  b.?ざくざくと　突然　掘りはじめた
(83) a. <u>突然</u>　徐々に　赤く　染まっていった
  b.?徐々に　突然　赤く　染まっていった
(84) a. <u>いきなり</u>　太郎が　思いきり　皿を　割った
  b. 太郎が　いきなり　思いきり　皿を　割った

　「突然と」や「にわかに」などは，一般の動作動詞や変化動詞ばかりでなく，「目撃する」や「（事故に）遭う」といった「完成相の動詞」とも修飾関係を構成でき，特に，「～はじめる」や「～てくる」など，局面の新たな展開を表す表現と共起しやすいことから，これらは，動詞句における出来事(event)の側面を修飾対象とすると考えられる．そして，「突然と」や「にわかに」「おもむ

ろに」「不意に」などは、いずれも、出来事がどのように起こるかを表している。このような修飾関係を**出来事の修飾関係**と呼ぶことにする．

「おもむろに」や「やおら」は、速さの点で「徐」であることを表すが、「ゆっくり」と異なり、「〜ている」の動作継続の意味を制約してしまう。これらは、動きそのものの速さだけでなく、出来事の生じ方をも表しているのである．「おもむろに」や「やおら」はしばしば「突然」とか「不意に」とかいった意味で誤用されることがあるが、これも、これらが出来事の修飾成分であるからである．

(85) a. 風車が　ゆっくり　回っている　（動作継続で）
　　　b.?風車が　おもむろに　回っている
(86) a. おもむろに　徐々に　赤く　染まっていき、ついで　急激に……
　　　b.?徐々に　おもむろに　赤く　染まっていき、急激に　ついで……

出来事の修飾関係は、それ全体がひとまとまりの出来事として扱われる。このため、動作連続を表す「次々に」などによって、強制的な連続性の読みが当たらない限り、修飾関係の成立した全体は、非変化性・非過程性の動詞句になるので、この「〜ている」形は、(75)のように、結果継続の読みも動作継続の読みも制限されるのである．

「最初に」や「はじめに」などは、「第一に」「まず」「さらに」などと同様、序列を表す側面も合わせ持つが、「第一に」や「まず」が(87a)のように事柄を並べ上げるのに用いることができるのに、これらは、(87b)のような状態のならべたてでは不自然になりやすい。そこでこれらも出来事の起こり方を修飾対象としているとみなすことができる．「まず」や「さらに」などが、(88a)のように出来事の生起する順番を示す場合も、出来事の修飾関係と見なしてよい．

(87) a. あいつは　まず　ケチだし、さらに　意地悪だし……
　　　b.?あいつは　最初に　ケチだし、ついで　意地悪だし……
(88) a. 朝起きたら　まず　顔を洗い、さらに　歯も磨こう
　　　b. 朝起きたら　最初に　顔を洗い、ついで　歯も磨こう

(c) 進展の修飾関係

(1) 状態進展の修飾成分と動作連続の修飾成分

　次に,「徐々に」「次第に」「急激に」のような状態の深化や進展を表すものについて見ていこう．これらと,「ゆっくり」「急いで」「べたべた」「ずるずる」などとの相互の語順は,(89)(90)のようになるのが普通である．

(89) a. 次第に　ずるずる　滑り落ちていった
　　　b.?ずるずる　次第に　滑り落ちていった
(90) a. 徐々に　ゆっくり　回りはじめた
　　　b.?ゆっくり　徐々に　回りはじめた

　これらの修飾成分は，先の出来事の修飾成分同様,「～はじめる」や「～てくる」「～ていく」などと共起しやすく，さらに動作継続の「～ている」を制限しないところから，これらは，過程性と局面の展開性の両面を修飾対象とすることが知られる．

　ト型オノマトペや動きの速さなどの修飾成分に先行し,「～はじめる」や「～てくる」「～ていく」などとも共起しやすく，動作継続の「～ている」を制限しないという点では,「次々と」「続々と」「順番に」「繰り返し」などのような複数動作の連続を表すものも同様である．「徐々に」や「次第に」などが，単一動作の質的な展開を表すのに対し，これらは，同種の動きが相次いで生じるという，複数動作の量的展開を表すのである．

(91) a. 次々と　ずるずる　滑り落ちていった
　　　b.?ずるずる　次々と　滑り落ちていった
(92) a. 順番に　ゆっくり　回りはじめた
　　　b.?ゆっくり　順番に　回りはじめた

　この複数動作の展開には，(93)のように,「次々と(に)」「続々と」「順番に」などによって，動作主体や動作対象などに複数性を要求して，連続化を図るものと，(94)のように,「繰り返し」「重ねて」などによって，同一主体の同一対象に対する同一の動作を複数回要求して，連続化を図るものとがある(Kuno(1970)では，前者を succession，後者を repetition と呼ぶ)．(95)のような度数の修飾成分も動作連続を表すのに用いることがあるが，これも同一動作の連

続化を表す．これらは，どのように単位動作を設定するかによって，数量的解釈の違いが生じることがあり，それにより，出現位置が変わることがある（普通，(96a)の位置では「それぞれの先生」，(96b)の位置では「それぞれの先生」か「それぞれの学生」，(96c)では「それぞれの先生」か「それぞれの学生」「それぞれのレポート」のように解釈され，「それぞれ」以下の単位動作の反復可能性をそれより上の名詞句から探すという形をとる）．しかし，動作連続を構成して，全体を過程的な動詞句にするという点では変わりない．

(93) a. 先生が　順番に　1人の学生を　呼び出した
　　　b. 1人の先生が　順番に　学生を　呼び出した
　　　c.?1人の先生が　順番に　1人の学生を　呼び出した
(94) 　1人の先生が　繰り返し　1人の学生を　呼び出した
(95) 　太郎は　花子の部屋のドアを　何回も　ノックし続けている
(96) a. 先生が　それぞれ　学生に　語彙論と文法論のレポートを　課した
　　　b. 先生が　学生に　それぞれ　語彙論と文法論のレポートを　課した
　　　c. 先生が　学生に　語彙論と文法論のレポートを　それぞれ　課した

「少しずつ」や「一つ一つ」などの配分量を表す修飾成分は，動作が複数回連続して行われることを表す一方で，その一回一回の動作による漸次的な量の増減も表す．

(97) a. 少しずつ　ずるずる　滑り落ちた
　　　b. 触媒を　ひとつひとつ　ぼちゃんと　入れていった

状態進展の修飾成分や動作連続の修飾成分，配分量の修飾成分などと，被修飾成分の過程的な側面とで構成される修飾関係を**進展の修飾関係**と呼んでおく．

(2) 内部分割化と動作の複数化

　進展の修飾関係は，全体を過程的な動詞句とする．この際，強制的に過程性を補った解釈が要請される．この過程化の解釈には，状態進展の修飾成分による内部分割化と，動作連続の修飾成分による動作の複数化との二つの型がある．

内部分割化とは，仮に，主体や対象が非分割的で，動作も一回的かつ一体的であっても，その主体や対象を部分の集合と捉えて，動きを細分化し，強制的に過程性を読み込むことである．(98)では，「死ぬ」や「割れる」という動きが「人」や「岩」の部分部分に及ぶものとして細分化されることによって，過程性の解釈が可能になっている．ただし，これは，瞬間性が強い動詞や外的に瞬間性が付与されている動詞句には及ぼせない．

(98) a. 人は 少しずつ 死んでいくのだ
 b. 岩が 徐々に 割れているのが わかるでしょう
(99) a. ?少しずつ 一瞥する
 b. ?徐々に ぱかっと 割れる

また，**動作の複数化**とは，動作主体や動作対象を複数想定するか，同一動作の繰り返しと解釈することで，過程性を認めることである．(100)では，「人」や「岩」に複数性を読み込ませ，(101)では，本来非可逆的な「死ぬ」という動作を可逆的なものと読ませることで，過程性の解釈が可能になっている（ただし，「一瞥する」のように一回性が語彙的に含まれるものは，動作の複数化の解釈ができない）．

(100) a. 人は 次々に 死んでいくのだ
 b. 岩が 次々に 割れているのが わかるでしょう
(101) プロメテウスは，繰り返し 死につづける という 罰を 得た

「突然」のような出来事の修飾関係が成立した完成的な動詞句は，内部分割化はできないが，動作の複数化による再過程化はできる．

(102) a. 子供が 突然 倒れている
 b. 子供が 次々と 突然 倒れている

(3) 共動性の修飾成分

「仲良く」「ともに」「お互いに」など，**共動性の修飾成分**も，意味的に主体や対象に複数性を要求する．

動詞の中には，主体や対象に複数性を要求するものがある．従来，対称動詞とよばれていたものがこれである．これらは，ト格を必須格として要求するといわれるが，他動詞におけるヲ格や位置変化動詞における場所ニ格と同様に

「必須」と言うわけではなく,主体や対象に複数性の解釈が可能であれば,ト格は必要としない.

(103) a. 太郎が 花子と 喧嘩した
　　　b. 太郎と花子が 喧嘩した
　　　c.（太郎と花子の）夫婦が 喧嘩した
(104) a. 春子が 白玉を 赤玉と ぶつけた
　　　b. 春子が 二つの玉を ぶつけた
(105) A社が B社と その製品を 共同開発した
(106) 花子が 太郎と 結婚する

(103)や(104)のト格は,「相手」と解釈されるのが普通だが,(105)や(106)のようなものと合わせて,まず,意味的に複数性を要求する動詞として括っておく.これらは,直接「相手」を要求するのではなく,主体や対象の複数性が名詞句内で満たされるか,ト格によって複数性が補われることを意味的に要求し,その複数性が動詞の動作概念によって対称的に捉えられて,「相手」と解釈されるのである.「話す」のような動詞は,(107a)のような相手＝格をとる2項動詞と,(107b)(107c)のような主体の複数性を要求する1項動詞とがあると解釈するのである.

(107) a. 総理が 蔵相に 金融政策について 話した
　　　b. 2人が 金融政策について 話した
　　　c. 総理が 蔵相と 金融政策について 話した

これらは内的に複数性を要求する動詞だが,外的にも,「〜あう」や「あわせる」「〜交わす」などにより,複数性を要求する複合動詞になったり,「仲良く」「ともに」「一緒に」などの共動性の修飾成分により,複数性を要求する動詞句になったりする.

(108) a. 太郎が 花子と 本を 読み合わせた
　　　b.?太郎が 本を 読み合わせた
　　　c. 2人が 本を 読み合わせた
(109) a. 太郎が 花子と 本を 仲良く 読んだ
　　　b.?太郎が 本を 仲良く 読んだ

　　　　c．2人が　本を　仲良く　読んだ

「仲良く」や「一緒に」「ともに」などは，「突然」より後に位置し，次項にのべる動きの質を表す修飾成分より前に位置しやすいという点から，進展の修飾成分ときわめて近いといえそうである．しかし，共動性の修飾成分は，次のように必ずしも，結果継続を規制しない点で，一般の様態の修飾成分と異なっている．

(110)　a．太郎が　突然　花子と　仲良く　本を　読みはじめた
　　　　b．?太郎が　花子と　仲良く　突然　本を　読みはじめた
(111)　a．太郎が　花子と　仲良く　座っている
　　　　b．パンジーとスミレが　花壇に　一緒に　咲いている

　共動性の修飾成分は，「一緒に」「同時に」など，動きの同時性を表すものと，「仲良く」「親密に」など，動きの際の状態を表すものとに分けられる．前者は，「喧嘩する」「交際する」などのような対称動詞と共起すると，さらに複数性を要求するが，「仲良く」や「親密に」は必ずしもさらなる複数性を要求しない．

(112)　a．太郎が　花子と　交際している
　　　　b．?太郎が　同時に　交際している
　　　　c．?太郎が　花子と　同時に　交際している
　　　　d．太郎と次郎が　同時に　花子と　交際している
(113)　a．太郎が　花子と　交際している
　　　　b．?太郎が　親密に　交際している
　　　　c．太郎が　花子と　親密に　交際している

(d) 動質の修飾関係

　様態の修飾成分の中で，もっとも動詞に近い位置に出現しやすいのが，動きそのものの質を表す**動質の修飾成分**である．ト型のオノマトペや，動きの速さのほか，動きの大きさや美しさ，強さなどもこれに含まれる．大きさや美しさなどを表す修飾成分は，(114)や(115)のように，動質の修飾成分としても，結果の修飾成分としても用いられることがある．(114a)や(115a)は，舞ったり振ったりすることで花子や旗が美しくなったり小さくなったりするのではない．

4.4 様態の修飾関係

(114) a. 花子が 美しく 舞った
　　　b. 花子が 美しく 育った
(115) a. 太郎は 旗を 小さく 振った
　　　b. 太郎は 旗を 小さく 畳んだ

ト型オノマトペの副詞的修飾成分のうち，いわゆる擬情語を除く畳語形のものは，「徐々に」や「次々に」などと同様に，全体を過程的な動詞句にする．この過程化にも，やはり，(116)のように動作の複数化の解釈が可能なものと，(117)のように内部分割化の解釈が可能なものとがある．「一瞥する」のように語彙的一回性を含むものが過程化できないのも，同様である．

(116) a. 人が ばたばたと 死んでいる
　　　b. 柿の実が ぽたぽた 落ちる
(117) a. こうやって じわじわと 死んでいくのだ
　　　b. 木の葉が ひらひら 落ちる
(118) ?ちらちらと 一瞥した

「ばたっと」「ぽたりと」のような非畳語形オノマトペは，一回性かつ瞬間性を付与し，過程性を制限する．ただし，語彙的に過程性の強い動詞では，不自然になることがある．

(119) a. 人が ばたっと 倒れる
　　　b. 柿の実が ぽたりと 落ちる
(120) a. 廊下を どたどた 歩く
　　　b. ?廊下を どたりと 歩く

一方，「ふーっと」「ごおーっと」のような長音形の非畳語形オノマトペは，一回性は付与するが，瞬間性を付与するとは限らず，過程性が維持される場合がある．

(121) a. 今，息を ふーっと 吹いている
　　　b. 今，電車が ごおーっと 通り過ぎている

いわゆる擬情語のオノマトペでは，このような畳語形＝過程的，非畳語形＝一回的・瞬間的という対立が崩れ，畳語形オノマトペでも一回的で瞬間的な動作が表されたり，非長音形の非畳語形オノマトペでも過程的な動作が表された

りすることがある．
 （122）a. 車道に　うかうか　踏み出した
    b. 車道を　うっかり　歩いている

オノマトペの副詞的修飾成分は，きわめて動詞の語彙的な意味との結びつきが強いため，「?ひらひら倒れる」や「?どたりと吹く」のように，修飾成分と被修飾成分との意味的な整合性がすぐに崩れてしまう．このように，語彙的な結びつきの強いものでも，上にみたように，動詞のアスペクチュアルな側面と一定の関連性を示すのは，やはり，それが動作概念を修飾対象としているからである．しばしば指摘されるように，オノマトペの副詞的修飾成分は，（123）のように形容詞と修飾関係を結ぶこともある．この場合，状態概念を修飾対象とするため，騒がしさや湿っぽさ，冷たさの質を表すと同時に，それらの状態の程度がどんなであるかを表す．それぞれ，「ざわざわ」や「べたべた」「ひんやり」と比べると，状態の質ばかりでなく，騒がしさや湿っぽさ，冷たさに程度差が感じられよう．

語彙的な意味としては同じであっても，動作と関わるか状態と関わるかによって，「がやがや騒ぐ」のような過程性や「がやがや騒がしい」のような程度性が現われるのである．
 （123）a. 隣のクラスが　がやがや　騒がしい
    b. 湿度が高く　じめじめ　湿っぽい
    c. きーんと　冷たい　ビール

(e) 主体めあての修飾関係

付帯状況の修飾関係でふれた状態デ句のうち，「はだしで」や「パジャマ姿で」「半死半生で」などは，動詞によって対象の付帯状況を表し得たが，次のような精神状況を表すデ句は，主体の状態しか表さない．
 （124）a. 太郎は　半信半疑で　次郎を　追い出した
    b. 春子は　本気で　花子を　教えた

これは，デ句に限らず，「わざと」や「故意に」「うっかり」「誇らしく」「慎重に」「楽しそうに」など，意向や精神状況を表す副詞的修飾成分はいずれも

4.4 様態の修飾関係

主体のサマを表す.このようなものを**主体めあての修飾関係**と呼んでおこう.

中右(1980)は,「主語指向の副詞」を二つに分け,「賢明にも」「親切にも」「さすがに」などを「価値判断の主語副詞」,「故意に」「意図的に」「わざと」などを「様態の主語副詞」と呼び,前者を命題外,後者を命題内のものとしている.

ここでも,中右の見解を踏襲し,「様態の主語副詞」に相当するものを情態修飾成分の一種としてたてておく.

これらは,受け身や使役のニ格の状態を表すことはあるが,「見せる」や「教わる」など,単独の動詞のニ格の状態を表すことができない.

(125) a. ?太郎は 花子に <u>慎重に</u> 絵を 見せた(「花子が慎重に絵を見る」場合)
　　　b. 太郎は 花子に <u>慎重に</u> 絵を 見させた
(126) a. ?春子は 夏子に <u>本気で</u> 英語を 教わった(「夏子が本気で英語を教える」場合)
　　　b. 春子は 夏子に <u>本気で</u> 英語を 教えられた

状態デ句は,対象の状態は動詞による制限があるが,主体の状態には語彙的な意味の整合性以外,動詞の制限がなく,単独の動詞のニ格の状態を表さない.次のようなものは微妙であるが,bの読みが不自然だと感じられるならば,これらも主体めあての修飾成分の一種と考えられるだろう.

(127) a. 太郎は 花子に <u>立ったままで</u> 踊りを 見せた
　　　b. 花子が立ったままで踊りを見る
　　　c. 太郎が立ったままで踊りを見せる
(128) a. その医者は 患者に <u>パジャマ姿で</u> 治療を施した
　　　b. 患者がパジャマ姿で治療を受ける
　　　c. その医者がパジャマ姿で治療する

主体めあての修飾成分の多くは,「突然」や「不意に」など出来事の修飾成分に先行もするし後続もする.

(129) a. 太郎は 突然 故意に 意地悪する
　　　b. 太郎は 故意に 突然 意地悪する

(f) 頻度の修飾関係

先に述べたように,様態の修飾成分が動きのサマを表していたのに対し,**頻度の修飾成分**は,ある事態が時間軸上においてどのくらい存在するかという,事態の存在のあり方を表す.ここでいう事態とは,ある場面において知覚される状況(situation)である.いくつかの関連した出来事によって構成されることもあるし,コトやモノの存在や一時的にその対象に付与される状態もまた事態である.先に(77)(78)で見たように,頻度の修飾成分は,動きだけでなく,コトの存在も修飾単位としえるのである.

(77) c. あの売店では　たまに／時々　特売がある
　　　d. あの売店には　たまに／時々　特売品がある
(78) e.?彼は　徐々に／不意に／はじめに　機嫌が悪い
　　　f. 彼は　いつも／時々　機嫌が悪い

この頻度の修飾成分の修飾対象となるのが,動詞句の事態の存在を表す側面であり,これを明示的に分出するのが,「(～する／した)ことが　ある／ない／多い／少ない」といった表現である.頻度の修飾関係は,全体の意味を損なわずに,頻度の修飾成分を「～ことが」と「ある」との間に入れることができることも,頻度の修飾成分が単なる動きのサマではなく,事態の存在(コトがアル)を修飾対象とすることを示すといえる.

(130) a. 太郎は　しばしば　花子と　喧嘩した
　　　 b. 太郎は　花子と　喧嘩したことが　しばしば　ある
(131) a. 太郎は　よく　花子と　喧嘩する
　　　 b. 太郎は　花子と　喧嘩することが　よく　ある

また,「ある」が存在にも所有にも用いられることを反映して,この側面もある事物における事態の所有にも用いられることがある.頻度の連用修飾成分によって習慣が表されたり,いわゆる経験や記録が表されるのはこのためだと考えられる.

度数の修飾成分は,次のように,出来事の修飾成分の前にも後にも出現することがある.

(132) a. 太郎は 何度も 突然 鼻を かんだ
　　　 b. 太郎は 突然 何度も 鼻を かんだ

(132a)のように，出来事の修飾成分の前に出現する場合は，「突然鼻をかむ」という出来事がどれほどあったのかという事態のあり方を表し，後に出現する場合は，「鼻をかむ」という動きの連続を表している．前者は，頻度の修飾成分相当，後者は動作連続の修飾成分相当であるとみなせよう．ただし，頻度の修飾成分が，出来事も状態も修飾対象としえるのに対し，度数の連用修飾成分は，出来事しか修飾対象としえない．

(133) a. あの売店では 何度か 特売が ある
　　　 b. ?彼は 何度か 機嫌が 悪い

さて，「機嫌が悪い」「特売品がある」のように変化する状態の場合(つまり，「機嫌がよい」とか「特売品がない」といった場合も想定できる場合)は，「いつも」や「ときどき」でも修飾対象とすることができるが，「非常口がある」とか「背が高い」のように，恒常的な状態の場合(つまり，「非常口がない」とか「背が低い」といった場合が想定しにくい場合)には，不自然になる．頻度の修飾成分は，特定の個体において，その事態が見られる場合の多寡を表すのである．

(134) a. あの売店には たまに 特売品がある
　　　 b. ?あの売店には たまに 非常口がある
(135) a. 彼は 時々 機嫌が 悪い
　　　 b. ?彼は 時々 背が 高い

これに対し，「通常」「普通」「一般的に」のような**傾向性の修飾成分**は，恒常的な状態でも修飾対象とすることができる．これらは，特定の集合において，その事態が見られる場合の多寡を表すのである．

(136) a. ?あの手の売店には たまに 非常口がある
　　　 b. あの手の売店には 普通 非常口がある
(137) a. ?女性よりも 男性の方が 時々 背が高い
　　　 b. 女性よりも 男性の方が 一般的に 背が高い

「珍しく」は，評価的な修飾成分であるが，その評価性は，やはり「場合の

多寡」を問題にしている．ある事態が見られる機会や個体（または特定集合）がそうでない場合と比べてきわめて僅少であり，例外的であるという判断を表す（この場合，しばしば，全体を「～では」で表し，「珍しく」の前に置かれる）．
 (138) a. あの売店では　珍しく　今回　特売が　あった
    b. あの売店は普段特売をしないが，今回は……
 (139) a. あの手の売店では　珍しく　あの売店で　特売が　あった
    b. あの手の売店は普通特売しないが，あの売店では……

頻度の修飾成分も傾向の修飾成分も，事態の存在する多寡を表すという点では共通する．この点から，これらを**事態存在の修飾成分**としてまとめることができよう．

4.5　情態の修飾関係の階層性

最後に，これらの情態の修飾関係全体をどのように捉えるのかについて，触れておこう．情態修飾関係は，それぞれがばらばらに述部を修飾するのだと考えられてきた．しかし，様態の修飾成分は，結果の修飾成分に先行し，意味的にも，結果の修飾関係は様態の修飾関係に組み込まれるという修飾構成になる．とすると，この二つの修飾関係は，平板的な構造ではなく，結果の修飾成分は様態の修飾成分の内側にあり，動作概念の変化の側面は，動きの側面の内側にあって，結果の修飾関係を様態の修飾関係が包み込むという階層的な構造と捉える方が適当であろう．動詞の変化の側面を元にする「～ている」の結果継続が様態の修飾関係の成立により規制されるのも，このためだと考えるのである．
 (140) （様態の修飾成分（結果の修飾成分　変化の側面）動きの側面）

変化や過程的な動きも，全体を出来事として捉えて，どのように起こるかを述べることもできるし，そのような起こり方が，時間軸上にどれだけあったかを述べることもできる．

修飾成分の相互の語順や，その修飾構成から考えると，出来事の修飾関係が，結果の修飾関係やその他の様態の修飾関係を包み込み，さらに，頻度の修飾関係がこれを包み込むという構造が考えられる．

4.5 情態の修飾関係の階層性 —— 233

(141) (頻度の修飾成分（出来事の修飾成分（様態の修飾成分（結果の修飾成分　変化の側面）過程の側面）出来事の側面）事態の存在の側面）

　以上，情態の修飾関係の主なものについて述べてきたが，このほか，「3時間」や「しばらく」などの期間性を表す修飾成分や，「3個」「何人も」「たくさん」など数量を表す修飾成分，「ひどく」「とても」「なかなか」など程度を表す修飾成分，「まだ」「もう」「すでに」など，時の修飾成分については，ふれる余地がなくなってしまった．

　しかし，修飾関係の分類・整理には，修飾成分そのものの意味だけでなく，その修飾対象にも注目すること，格成分との意味的な関係やそれらとの相互の位置関係にも注目することといった，基本的な捉え方は示すことができたと思う．

参考文献

第 1 章

大槻文彦(1897)：『広日本文典』『広日本文典別記』大槻文彦発行
奥田靖雄(1985)：『ことばの研究・序説』むぎ書房
佐藤里美(1997)：「名詞述語文の意味的なタイプ」『ことばの科学8』むぎ書房
鈴木重幸(1972)：『文法と文法指導』むぎ書房
鈴木重幸(1996)：『形態論・序説』むぎ書房
寺村秀夫(1968)：「日本語名詞の下位分類」日本語教育 12 号
西尾寅弥(1972)：『形容詞の意味・用法の記述的研究』秀英出版
仁田義雄(1980)：『語彙論的統語論』明治書院
仁田義雄(1997)：『日本語文法研究序説』くろしお出版
橋本進吉(1934)：『国語法要説』明治書院
橋本進吉(1959)：『橋本進吉博士著作集・7・国文法体系論』岩波書店
服部四郎(1950)：「附属語と附属形式」言語研究 15 号
樋口文彦(1996)：「形容詞の分類」『ことばの科学7』むぎ書房
松下大三郎(1901)：『日本俗語文典』誠之堂書店
松下大三郎(1908)：「山田氏の日本文法論を評す」国学院雑誌 14 巻 10 号
松下大三郎(1928)：『改撰標準日本文法』中文館書店
宮島達夫(1972)：『動詞の意味・用法の記述的研究』秀英出版
森岡健二(1994)：『日本文法体系論』明治書院
山田孝雄(1908)：『日本文法論』宝文館
Leonard Bloomfield(1933)：*LANGUAGE*, Henry Holt，三宅鴻・日野資純訳『言語』(1962, 大修館書店)

第 2 章

石綿敏雄(1999)：『現代言語理論と格』ひつじ書房
奥田靖雄(1968-72)：「を格の名詞と動詞のくみあわせ」教育国語 12, 13, 15, 20, 21, 23, 25, 26, 28 号，むぎ書房
川端善明(1986)：「格と格助詞とその組織」『論集日本語研究(一)』明治書院

木村睦子(1997):『日本語における表層格と深層格の対応関係』(国立国語研究所報告113)三省堂

言語学研究会(1983):『日本語文法・連語論(資料編)』むぎ書房

小矢野哲夫(1980):「形容詞のとる格」日本語学4巻3号

小矢野哲夫(1991):「名詞と格」『講座日本語と日本語教育 日本語の文法・文体(上)』明治書院

佐久間鼎(1957):「修飾の機能」『日本文法講座』第5巻,明治書院

佐久間鼎(1961):「動作を表現する構文とその構造図式」国語学47集

柴谷方良(1978):『日本語の分析』大修館書店

柴谷方良(1984):「格と文法関係」月刊言語13巻3号

情報処理振興事業協会技術センター(1987):『計算機用日本語基本動詞辞書IPAL』情報処理振興事業協会

情報処理振興事業協会技術センター(1990):『計算機用日本語基本形容詞辞書IPAL』情報処理振興事業協会

城田俊(1981):「格助詞の意味」国語国文50巻4号

城田俊(1983):「文と語構成」国語国文52巻7号

城田俊(1993):「文法格と副詞格」仁田編(1993)所収

鈴木重幸(1972):『日本語文法・形態論』むぎ書房

鈴木泰(1997):「古典文法をどう見直すか」日本語学14巻4号

中川裕(1992):「文法格の表示法」月刊言語21巻2号

西尾寅弥(1972):『形容詞の意味・用法の記述的研究』(国立国語研究所報告44)秀英出版

仁田義雄(1982):「日本語」『講座日本語学 外国語との対照1』明治書院

仁田義雄編(1993):『日本語の格をめぐって』くろしお出版

仁田義雄(1993):「日本語の格を求めて」仁田編(1993)所収

仁田義雄(1995):「格のゆらぎ」月刊言語24巻11号

丹羽哲也(1989):「無助詞格の機能」国語国文58巻10号

高橋太郎(1975):「文中にあらわれる所属関係の種々相」国語学103集

橋本萬太郎(1984):「格表現の諸タイプ」月刊言語13巻3号

益岡隆志(1987):『命題の文法』くろしお出版

松下大三郎(1930):『標準日本口語法』中文館書店

松村一登(1993):「「格」と認識」月刊言語22巻10号

まつもとひろたけ(1993):「名詞の「主体=客体格」の用法と問題点——奄美大島北

部方言(龍郷町瀬留)」仁田編(1993)所収
三上章(1955):『現代語法新説』刀江書院
水谷静夫(1996):「現代語の格 試論」計量国語学 20 巻 7 号
水谷静夫(1997):「広義結合価を数学書に見る」計量国語学 20 巻 8 号
水谷静夫(1999):「戦後小説での格結合型」計量国語学 21 巻 8 号
宮島達夫(1972):『動詞の意味・用法の記述的研究』(国立国語研究所報告 43) 秀英出版
宮島達夫(1986):「格支配の量的側面」『論集日本語研究(一)』明治書院
宮島達夫(1987):「格の共存と反発」『計量国語学と日本語処理』秋山書店
村木新次郎(1987):「動詞の結合能力からみた名詞」国文学 解釈と鑑賞 52 巻 2 号
村木新次郎(1993):「格」国文学 解釈と鑑賞 58 巻 1 号
森山卓郎(1988):『現代日本語動詞述語文の研究』明治書院
矢澤真人(1992):「格の階層と修飾の階層」文芸言語研究言語篇 21
矢澤真人(1994):「「格」と階層」『森野宗明教授退官記念論集言語・文学・国語教育』三省堂
山田孝雄(1936):『日本文法学概論』宝文館
山梨正明(1987):「深層格の核と周辺」『言語学の視界』大学書林
山梨正明(1993):「格の複合スキーマモデル——格解釈のゆらぎと認知のメカニズム」仁田編(1993)所収
渡辺実(1971):『国語構文論』塙書房
Anderson, J. M. (1971): *The Grammar of Case. Towards a Localistic Theory*, Cambridge University Press.
Apresjan, Ju. D. (1972): *Ideen und Methoden der modernen strukturellen Linguistik*, Max Hueber Verlag.
Blake, B. J. (1994): *Case*. Cambridge University Press.
Bühler, K. (1934, 1965): *Sprachetheorie*, Gustav Fisher Verlag.
Eroms, H.-W. (1981): *Valenz Kasus und Präpositionen*, Carl Winter Universitätsverlag.
Fillmore, Ch. J. (1968): "*The Case for Case*" *Universals in Linguistic Theory*, Holt, Rinehart and Winston.
Fillmore, Ch. J. (1971): *Some Problems for case grammar*, Working Papers in Linguistics, Ohio State University.
Fillmore, Ch. J. (1977): "*The Case for Case Reopend*" *Syntax and Semantics* 8, Aca-

demic Press.
Helbig, G. (1992): *Probleme der Valenz- und Kasustheorie*, Max Niemeyer Verlag.
Jakobson, R. (1936): *Beitrag zur allgemeinen Kasuslehre. Gesamtbedeutungen der russischen Kasus*, in *Travaux du Cercle Linguistique de Prague* Ⅳ.
Meiner, J. W. (1781): *Versuch einer an der menschlichen Sprache abgebildeten Vernunftlehre oder philosophischen und allgemeine Sprachlehre*, Leipzig.
Rickmeyer, J. (1977): *Kleines Japanisches Valenzlexikon*, Helmut Buske Verlag.
Šaumjan, S. K. (1974): *Applikativnaja Grammatika kak semantičeskaja Teorija estestvennyx Jazykov*, Akademia Nauk.
Tesnière, L. (1959): *Éléments de syntaxe structurale*, Klincksieck.
Willems, K. (1977): *Kasus, grammatische Bedeutung und kognitive Linguistik*, Gunter Narr Verlag.

第3章
尾上圭介(1998・1999):「文法を考える5 出来文(1)」~「文法を考える7 出来文(3)」日本語学17巻7号, 10号, 18巻1号
辛島美絵(1993):「「る」・「らる」の尊敬用法の発生と展開——古文書他の用例から」国語学172集
川村大(1993):「ラル形式の機能と用法」『国語研究』(松村明先生喜寿記念会編)明治書院
金水敏(1991):「受動文の歴史についての一考察」国語学164集
金水敏(1992):「欧文翻訳と受動文——江戸時代を中心に」『文化言語学 その提言と建設』三省堂
久野暲(1983):『新日本文法研究』大修館書店
佐久間鼎(1966):『現代日本語の表現と語法』恒星社厚生閣
柴谷方良(1978):『日本語の分析』大修館書店
柴谷方良(1997a):「迷惑受身の意味論」『日本語文法 体系と方法』(川端善明・仁田義雄編)ひつじ書房
柴谷方良(1997b):「言語の機能と構造と類型」言語研究第112号
柴谷方良(印刷中):「言語類型論と対照研究」『対照言語学』東京大学出版会
辻村敏樹(1958):「いわゆる受身・尊敬・可能・自発の助動詞」国文学12月増刊号, 学燈社

松下大三郎(1928/1974):『改撰標準日本文法』勉誠社
松下大三郎(1930/1977):『標準日本口語法』勉誠社
三上章(1953/1972):『日本語法序説 シンタクスの試み』くろしお出版
細江逸記(1928):「我が国語の相(Voice)を論じ,動詞の活用形式の分岐するに至りし原理の一端に及ぶ」『岡倉先生記念論文集』
山田孝雄(1908):『日本文法論』寳文館
山田孝雄(1936):『日本文法学概論』寳文館
Crystal. D. (1997): *A Dictionary of Linguistics and Phonetics* (Fourth Edition). Blackwell, Oxford.
Hopper, P. and Thompson, S. (1980): Transitivity in grammar and discourse. *Language*, 56, 291-299.
Jacobsen, W. (1991): *Transitive Structure of Events in Japanese*. Kurosio Publishers, Tokyo.
Kemp, A. (1987): The *Technê Grammatikê* of Dionysius Thrax. D. J. Taylor (ed.), *The History of Linguistics in the Classical Period*. 169-189, John Benjamins, Amsterdam.
Kruisinga, E. (1925): *A Handbook of Present-day English*. Part 3. Kemink en Zoon sver den te Utrecht.
Kuno, S. (1973): *The Structure of the Japanese Language*. MIT Press.
Quirk, R., Greenbaum, S., Leech, G. and Svartvik, J. (1985): *A Comprehensive Grammar of English Language*. Longman, London.
Shibatani, M. (1985): Passive and related constructions: A Prototype analysis. *Language*, 61:4.
Shibatani, M. (1994): An integrational approach to possessor raising, ethical datives, and adversative passives. *Proceedings of the 20th Annual Meeting of the Berkeley Linguistics Society*.
Shibatani, M. (1998): Voice parameters. Kulikov, L. and Vater, H. (eds.), *Typology of Verbal Categories*. 117-138, Niemeyer, Tübingen.
Shibatani, M. (2000): Non-canonical constructions in Japanese. *Kobe Papers in Linguistics*, 2, 神戸大学文学部言語学研究室
Shibatani, M. (in preparation): Japanese and Korean causatives revisited. Japanese/Korean Linguistics Conference 10. UCLA.
Smyth, H. (1956): *Greek Grammar*. Harvard University Press, Cambridge,

Mass.

第4章

『英吉利文典』(木の葉文典)(1867):『日本英語文化史資料』(杉本つとむ編)八坂書房,1985所収

石神照雄(1981):「比較表現から程度性副詞へ」『島田勇雄先生古稀記念ことばの論文集』明治書院

石神照雄(1978):「時の修飾成分」文芸研究88

石川倉次(1901):『はしことばのきそくのふろく』金港堂書籍

井上和子(1978a):『日英語対照日本語の文法規則』大修館書店

井上和子(1978b):『変形文法と日本語(上)』大修館書店

岩崎春彦(1911):『国文典』皇学書院

臼田寿恵吉(1909):『日本口語法精義』松邑三松堂

大鹿薫久(1985):「連用修飾の一側面――「～で」の場合」ことばとことのは2集,和泉書院

大島国千代訳(1888):『容易独習 スキントン氏英文典直訳』東京書林金刺氏

大槻文彦(1897):『広日本文典別記』大槻家蔵

岡田正美(1900):『日本文法文章法大要』吉川半七

岡田正美(1902):『解説批評日本文典』博文館

沖久雄(1983):「小さな程度を表す副詞のマトリックス」渡辺編(1983)所収

奥田靖雄(1978):「アスペクトの研究をめぐって」(上・下)教育国語53,54号,むぎ書房

奥田靖雄(1971):「で格の名詞と動詞とのくみあわせ」『日本文法・連語論(資料編)』言語研究会編(1983)所収

奥津敬一郎(1969):「数量的表現の文法」日本語教育14号

奥津敬一郎(1976): The Japanese Verb naru (become) Requires a Complement Sentence『研究報告 日本語文法の機能的分析と日本語教育への応用』(昭和50年度科研費試験研究,研究代表者 井上和子)

奥津敬一郎(1978):『ボクハウナギダの文法』くろしお出版

奥津敬一郎(1983a):「数量詞移動再論」人文学報160号,東京都立大学

奥津敬一郎(1983b):「変化動詞文における形容詞移動」渡辺編(1983)所収

金井保三(1901):『日本俗語文典』宝永館

神尾昭雄(1978):「数量詞のシンタクス」月刊言語6巻8号

北原博雄(1998):「移動動詞と共起するニ格句とマデ格句――数量表現との共起関係に基づいた語彙意味論的考察」国語学 195 集
北原保雄(1981a):『日本語助動詞の研究』大修館書店
北原保雄(1981b):『日本語の世界 6 日本語の文法』中央公論社
金田一京助(1931):『新国文法』武蔵野書院
金田一春彦編(1978):『日本語動詞のアスペクト』むぎ書房
工藤浩(1974):「「たった」は副詞か連体詞か」言語生活 275 号
工藤浩(1977):「限定副詞の機能」『松村明教授還暦記念国語と国語史』明治書院
工藤浩(1978):「「注釈の副詞」をめぐって」国語学会昭和五三年度春季大会発表要旨
工藤浩(1983):「程度副詞をめぐって」渡辺編(1983)所収
工藤精一講述(1894):『須因頓氏大文典講義録』東京開新堂
工藤真由美(1982):「シテイル形式の意味記述」武蔵大学人文学会誌 13 巻 4 号
工藤真由美(1995):『アスペクト・テンス体系とテクスト』ひつじ書房
国広哲弥(1980):『日英語比較講座 2 文法』大修館書店
小林典子(1987):「序列副詞――「最初に」「特に」「おもに」を中心に」国語学 151 集
佐伯哲夫(1975):『現代日本語の語順』笠間書院
佐治圭三(1969):「時詞と数量詞」月刊文法 2 巻 2 号, 明治書院
佐野由紀子(1998):「比較に関する程度副詞について」国語学 195 集
澤田治美(1978):「日英語文副詞類(Sentence Adverbials)の対照言語学的研究――Speech act 理論の視点から」言語研究 74 号
柴谷方良(1978):『日本語の分析――生成文法の方法』大修館書店
渋川敬直訳『英文鑑』(1840; Murray *Engelsche Spraakkunst* の翻訳:杉本つとむ編著『英文鑑――資料と研究』ひつじ書房, 1993 による)
新川忠(1979):「「副詞と動詞のくみあわせ」試論」『言語の研究』(言語研究会編)むぎ書房
鈴木一彦(1973):「〈資料 1〉近代文法書及び辞書の連体詞一覧」鈴木・林編(1973)所収
鈴木一彦・林巨樹編(1973):『品詞別日本文法講座 5 連体詞・副詞』明治書院
鈴木康之(1979):「規定語と他の文の成分との移行関係」『言語の研究』むぎ書房
鈴木泰(1980):「情態副詞の性質についての小見」山形大学紀要人文科学 9 巻 3 号
竹内美智子・渡辺瑳久江・星野園子(1973):「〈資料 2〉現行辞書における副詞一覧」鈴木・林編(1973)所収
田中義廉(1874):『小学日本文典』猶穴書屋

塚原鉄雄(1973):「修飾語とはなにか」鈴木・林編(1973)所収
寺村秀夫(1991):『日本語のシンタクスと意味3』くろしお出版
中右実(1980):「文副詞の比較」国広哲弥編(1980)所収
中北美千子(1993):「形容詞・形容動詞と形式動詞「する」との結合について」目白国文32号, 日本女子大学国語国文研究室
中北美千子(1995):「結果の副詞について——様態の副詞・程度表現との相関」目白国文34号, 日本女子大学国語国文研究室
中北美千子(1996):「結果の副詞の適格性に関与する意味的要因」日本語教育89号
中根淑(1876):『日本文典』森屋治兵衛
西尾寅弥(1972):『形容詞の意味・用法の記述的研究』秀英出版
仁田義雄(1980):『語彙論的統語論』明治書院
仁田義雄(1983a):「動詞にかかる副詞的修飾成分の諸相」日本語学2巻10号
仁田義雄(1983b):「結果副詞とその周辺」渡辺編(1983)所収
仁田義雄(1993):「現代語の文法・文法論」『日本語要説』工藤浩他編, ひつじ書房
仁田義雄(1997):『日本語文法研究序説』くろしお出版
野田尚史(1984):「副詞の語順」日本語教育52号
芳賀矢一(1913):『口語文典大要』文昌閣
萩原孫三郎訳(1886):『ピネヲ氏英文典獨案内』神戸甲子二郎
橋本四郎(1975):「修飾——連体と連用」『日本語と日本語教育 文法編』文化庁
橋本進吉(1937):『改制新文典別記口語篇』冨山房
林奈緒子(1996):「意味素性による程度副詞の記述」筑波応用言語学研究3号, 筑波大学文芸・言語研究科応用言語学コース
林奈緒子(1997):「程度副詞と命令のモダリティ」日本語と日本文学25号, 筑波大学国語国文学会
原田登美(1982):「否定との関係による副詞の四分類——情態副詞・程度副詞の種々相」国語学128集
保科孝一(1911):『日本口語法』同文館
堀重彰(1941):『日本語の構造』畝傍書房
堀川智也(1993):「ニ格名詞の結果を表す「結果の副詞」について」日本語教育80号
益岡隆志(1981):「文法関係と数量詞の遊離」神戸外大論叢32巻5号
益岡隆志(1987):『命題の文法——日本語文法序説』くろしお出版
松尾捨治郎(1936):『国語法論攷』文学社
松下大三郎(1930):『標準日本口語法』中文館書店

三上章(1953)：『現代語法序説』刀江書院，1972年復刊くろしお出版
三土忠造(1898)：『中等国文典』冨山房
三土忠造(1906)：『女子国文典』冨山房
三矢重松(1908)：『高等日本文法』明治書院
南不二男(1993)：『現代日本語文法の輪郭』大修館書店
三原健一(1998)：「数量詞と結果の含意 上・中・下」月刊言語27巻6,7,8号
宮島達夫(1962)：「カカリの位置」計量国語学23号
宮島達夫(1972)：『動詞の意味・用法の記述的研究』秀英出版
宮島達夫(1983)：「情態副詞と陳述」渡辺実編(1983)所収
森山卓郎(1988)：『日本語動詞述語文の研究』明治書院
矢澤真人(1983)：「状態修飾成分の整理――被修飾成分との呼応及び出現位置からの考察」日本語と日本文学3号，筑波大学国語国文学会
矢澤真人(1985a)：「情態修飾成分と〈シテイル〉の意味」日本語学2巻2号
矢澤真人(1985b)：「連用修飾成分の位置に出現する数量詞について」学習院女子短期大学紀要23号
矢澤真人(1986)：「反復の連用修飾成分――「動詞句の素性と反復表現の構文論的考察」試論」国語国文論集15号，学習院女子短期大学
矢澤真人(1987a)：「頻度と連続・連用修飾成分の被修飾単位について」学習院女子短期大学紀要25号
矢澤真人(1987b)：「連用修飾成分による他動詞文の両義性――状態規定の「～デ」と他動詞文の修飾構成について」国語国文論集16号，学習院女子短期大学
矢澤真人(1988)：「連用修飾成分による他動詞文の両義性(続)1――「語」の修飾と「句」の修飾」国語国文論集17号，学習院女子短期大学
矢澤真人(1989a)：「修飾語と並立語」『講座日本語と日本語教育4 日本語の文法・文体(上)』(北原保雄・山口佳紀編)明治書院
矢澤真人(1989b)：「連用修飾成分による他動詞文の両義性(続)2――「語」の修飾と「句」の修飾」国語国文論集18号，学習院女子短期大学
矢澤真人(1991)：「序列と連用――コトの中のモーダルな修飾成分の取り扱い」国語国文論集20号，学習院女子短期大学
矢澤真人(1992)：「格の階層と修飾の階層」『文藝言語研究 言語篇』21，筑波大学文芸・言語学系
矢澤真人(1993a)：「副詞句と名詞句との意味的相関をめぐって」国文学解釈と鑑賞58巻1号，至文堂

矢澤真人(1993b):「いわゆる形容詞移動について」『小松英雄博士退官記念論集』三省堂
矢澤真人(1994):「「格」と階層」『森野宗明教授退官記念論文集 言語・文学・国語教育』三省堂
矢澤真人(1997):「発生構文と位置変化構文」筑波日本語研究2.号,筑波大学日本語学研究室
安井稔(1983):「修飾ということ」日本語学2巻10号
山田孝雄(1908):『日本文法論』宝文館
山田孝雄(1922):『日本口語法講義』宝文館
山田孝雄(1936):『日本文法学概論』宝文館
山梨正明(1993):「格の複合スキーマモデル」『日本語の格をめぐって』(仁田義雄編)くろしお出版
吉岡郷甫(1906):『日本口語法』大日本図書
吉岡郷甫(1912):『口語文語対照語法』光風館書店
渡辺実(1971):『国語構文論』塙書房
渡辺実編(1983):『副用語の研究』明治書院
和田萬吉(1905):『日本文典講義』早稲田大学出版部
Brown, G(1885): THE FIRST LINES OF ENGLISH GRAMMAR(「ブラウン英文典」大阪同志社による)
Chamberlain, B. H. (1887):「日本小文典」文部省編輯局
Kuno, Susumu(1970): *Feture-Changing Rules in Semantics, Mathematical Linguistics and Automatic Translation*, Report NSF-24, Computation Laboratory of Harverd University, Cambridge.
Nesfield, J. C. (1895): *Idiom, Gramma, And Synthesis for High School*(Tokyo Seito shiobo ; 刊年記載なしによる)
Quackenbos, G. P. (1880): *An English Grammar*, New York.
Shibatani Masayoshi(1972): "three reasons for not derivating 'kill' from 'cause to die' in Japanese" *Syntax and Semantics*, 1.
Sweet, H(1891): *A New English Grammar*, Oxford.
Swinton, W(1886): *NEW LANGUAGE LESSONS : Elementary Grammar and Composition*(「スキントン小文典」(1886, 六合館による)

索引

あ 行

アスペクト 28
位格 79
依拠格 80
異形態 19
イ形容詞 30
依存文法 75
意味関係 119
意味素性 33
意味的他動性 136
意味のネットワーク 73
意味役割 121
ヴォイス 28, 119
受身文 171
動き動詞 33
音便語幹 23

か 行

格 49
　――の融合 49
格支配 61
格助詞 25
格助辞 25, 52
確認的受身 157
格文法 57
学校文法 3
カテゴリカルな語義 15
感覚形容詞 43
関係格 80
完結性 40
感情形容詞 43
間接受身 158, 178
基本語幹 23
逆条件形 26
共動性の修飾成分 224

屈折形 49
経験・完了 38
傾向性の修飾成分 231
形態 19
形態素 19
形容詞 42
形容詞移動 217
形容動詞 30
系列的 21
結果の修飾関係 205
結合価 56
結合能力 56
言語学研究会 13
原辞 9
語彙的意味 14, 78
語彙-文法的なカテゴリ 28
拘束形態素 20
語幹 23
語基 20, 23
語形 20
語形形成 22
語形系列 21
語形変化 20
語順 50
語尾 23

さ 行

詞 9, 11
辞 11
子音動詞 23
持続性 36
事態存在の修飾成分 232
始動相 39
自発態 168
自発文 166
写像性 172

自由形態素　20
終止形　27
主格　79
主語　76
主題　77
主体運動動詞　35
主体変化動詞　35
主体めあての修飾関係　229
述定　42
主要文法項　122
純粋に文法的なカテゴリ　28
状況格　80
状況の修飾関係　211
条件形　26
状態動詞　34
状態の修飾関係　214
助詞　17
叙述素　82
　原因・目的に関する——　99
　抽象的関係をあらわす——　95
　場所に関する——　89
　変化・作用に関する——　101
所動詞　134
助動詞　17
深層格　58
進展の修飾関係　223
数量格　80
数量詞の遊離　81
節　23
接辞　20
節述語　158
潜在的な文法範疇　114
線条性　50
装定　42
属性　35
属性形容詞　43
属性動詞　34

た 行

対格　67, 79
対格言語　50
対象　119
対称動詞　95
他動性　136
断句　9
単語　14, 21
直接受身　178
程度副詞　32
出来事の修飾関係　221
統合的　20
動作主　119
動作の複数化　224
動質の修飾成分　226
動詞の活用（形）　22
度数の修飾成分　230

な 行

内部分割化　224
ナ形容詞　30
二次的文法項　122
能格　50
能格言語　50
能動詞　134
能動態　168

は 行

場所格　79, 80
範疇的語義　15
範疇的な意味　78, 113
判定詞　19
非対格動詞　133
非人称受身　142
非人称（構）文　142
非能格動詞　133
非文法項　122
非臨界性　40
品詞　30
頻度の修飾成分　230
複語尾　6
副詞　190
副詞形　26
副詞的修飾関係　190

副詞的修飾成分　　190
付帯状況の修飾関係　　213
文節　　10
文法　　14
文法格　　79, 80
文法関係　　121
文法項　　122
文法的な意味　　139
並列形　　26
母音動詞　　23
補語　　75

ま 行

名詞の語形変化　　28
迷惑受身　　152, 179

や 行

様態の修飾関係　　211, 218
与格　　79

ら 行

臨界性　　40
連語　　55
連体形　　26

■岩波オンデマンドブックス■

日本語の文法1　文の骨格

	2000年 9月27日　第1刷発行
	2004年 1月15日　第2刷発行
	2017年 1月13日　オンデマンド版発行

著者　仁田義雄（にった よしお）　村木新次郎（むらき しんじろう）
　　　柴谷方良（しばたに まさよし）　矢澤真人（やざわ まこと）

発行者　岡本　厚

発行所　株式会社　岩波書店
　　　　〒101-8002　東京都千代田区一ツ橋2-5-5
　　　　電話案内　03-5210-4000
　　　　http://www.iwanami.co.jp/

印刷／製本・法令印刷

© Yoshio Nitta, Shinjiro Muraki,
Masayoshi Shibatani, Makoto Yazawa 2017
ISBN 978-4-00-730562-7　　Printed in Japan